Recht – Staat – Kritik 2
Rechtskritik mit Louis Althusser

AG Rechtskritik (Hg.)

Recht – Staat – Kritik 2

Rechtskritik mit Louis Althusser

BERTZ + FISCHER

Bibliografische Information der Deutschen Nationalbibliothek
Die Deutsche Nationalbibliothek verzeichnet diese Publikation in der Deutschen Nationalbibliografie; detaillierte bibliografische Daten sind im Internet über <http://dnb.dnb.de> abrufbar.

Umschlagentwurf:
kv, Berlin

Lektorat:
Maurice Lahde und Till Kadritzke

Franz-Mehring-Platz 1, 10243 Berlin
Druck und Bindung:
UAB Standart Impressa
www.standart.lt, Vilnius, Litauen
ISBN 978-3-86505-805-8

Inhalt

Einleitung

Die Notwendigkeit einer Rechts- und Staatskritik im Anschluss an Karl Marx und seine grundlegenden gesellschaftstheoretischen Einsichten hat seit der Herausgabe von *Recht - Staat - Kritik 1*[1] nicht an Aktualität eingebüßt. Herrschaft, Ausbeutung und Fremdbestimmung prägen unser Zusammenleben, das kapitalistische System ist von Krisenhaftigkeit geprägt, wobei die Verlaufsformen der hierdurch provozierten Konflikte in die engen Bahnen des Rechts geleitet, formalisiert und systemkonform neutralisiert werden. Es war immer das Anliegen der *AG Rechtskritik*, diese Zusammenhänge zu begreifen. Ausgehend von den formgenetischen Überlegungen zum Recht des sowjetischen Rechtstheoretikers Eugen Paschukanis erschien es der AG ausgesprochen wichtig, den Blick zu weiten und die darin steckenden Erkenntnisse über die reproduktive Rolle des Rechts in einen größeren gesellschaftstheoretischen Kontext einzubetten. Für einen entsprechenden Versuch steht der Theoretiker der »ideologischen Staatsapparate«, Louis Althusser. Er hat sich in theoretisch neuartiger und bis heute provokanter Weise mit den Phänomenen des sogenannten »Überbaus« beschäftigt: Recht, Staat, Ideologie. Dabei kritisierte Althusser auch den traditionsmarxistischen Begriff des Überbaus selbst als unbeholfene Metapher, an deren Stelle die zusammenhängende begriffliche Darstellung von Recht, Staat und Ideologie zu treten hätte. Nicht zuletzt wegen seines Aufsatzes *Ideologie und ideologische Staatsapparate* (IISA) aus dem Jahre 1977 wurde Althusser, trotz seiner politischen Nähe zur KPF, zu einem der wichtigsten Vertreter eines unorthodoxen »westlichen Marxismus« (Perry Anderson).

Der AG Rechtskritik war es bei ihrer Auseinandersetzung mit der marxistischen Rechtskritik immer wichtig, sich in einer radikalen Weise mit ihrem theoretischen Gegenstand zu befassen, ohne dabei von den engen Dogmen des traditionellen Marxismus-Leninismus geleitet zu sein. Zugleich konnte hinter die Einsicht der grundsätzlichen Verwiesenheit von Rechtsform und Kapitalverhältnis nicht zurückgefallen werden. Die Anwesenheit der Gewalt der gesellschaftlichen Verhältnisse im Recht stellt zudem das emanzipatorische Potenzial von (Menschen-)Rechten tagtäglich aufs Neue in Frage. Was nun die Beschäftigung mit Althusser betrifft, besteht die Gefahr, die objektiven materiellen Verhältnisse weitgehend auszublenden und eine hiervon losgelöste Subjektkritik zu betreiben. Der Stellenwert des Subjekts in Althussers Überlegungen ist unbestritten hoch, doch droht der Rückfall hinter bestimmte Erkenntnisse seiner Theorie, wenn gesellschaftliche Strukturen und Zwänge tendenziell nur noch indirekt anhand ihrer subjektiven (psychoanalytischen) Wirksamkeit thematisiert werden und die Theorie der Anrufung von der gesellschaftlichen Materialität der ideologischen Praktiken isoliert wird. Ausgehend von Paschukanis scheint die Verankerung der (Rechts-)Subjektkritik in den ideologischen Staatsapparaten und die damit einhergehende Reformulierung des Begriffs der Produktionsverhältnisse folgerichtig. Gerade dieses Anliegen von Althussers Theorie, die gesamtgesellschaftliche »Reproduktion der Produktionsverhältnisse« mit der Subjektivität zu vermitteln, begründet seine fortwährende Relevanz für eine Kritik des Rechts auf der Höhe der Zeit.

Besonders aufschlussreich erscheint hierfür das posthum veröffentlichte Manuskript *Über die Reproduktion*, das die Grundlage für den IISA-Aufsatz bildete, und das seit 2012 in deutscher Übersetzung vorliegt. Hier wird vor allem auch der zentrale Stellenwert des Rechts offenkundig, den es in Althussers Überlegungen zur Reproduktion der gesellschaftlichen Verhältnisse in institutioneller und ideologischer Hinsicht einnimmt. Umso erstaunlicher ist darum, dass Althusser nahezu sämtliche Passagen über das Recht für die Veröffentlichung des IISA-Aufsatzes gestrichen hat, was Anlass zur Diskussion bietet.

Im Zuge des in der letzten Dekade zu verzeichnenden Anstiegs der Beschäftigung mit Althussers Schriften nimmt außerhalb des deutschsprachigen Raums die explizite Auseinandersetzung mit ihrem rechtstheoretischen Gehalt zu.[2] Gleichwohl werden innerhalb der verschiedenen theoretischen Strömungen des Marxismus, nicht zuletzt in Deutschland, Positionen vertreten, die die Epistemologie und Methodik des Strukturalismus Althussers rundweg ablehnen, da in ihr weder die Geschichtlichkeit, noch der Klassenkampf, noch das Moment der Spontaneität (im Sinne individueller Freiheit) ihren Raum fänden. Der Nutzen von Althussers Überlegungen für eine marxistische Theorie der Gesellschaft und des Rechts bleibt daher – auch innerhalb der AG Rechtskritik – durchaus umstritten, nicht zuletzt da Althussers politischer Werdegang und die Tötung seiner Frau Hélène Rytmann 1980 immer wieder die Diskussionswürdigkeit seiner Schriften in Frage stellen.

Vom 5. bis 7. Mai 2017 veranstaltete die AG Rechtskritik in Kooperation mit der Rosa-Luxemburg-Stiftung – Gesellschaftsanalyse und politische Bildung e.V., der »Helle Panke« e.V. Rosa-Luxemburg Stiftung Berlin und dem arbeitskreis kritischer juristinnen und juristen an der Humboldt-Universität zu Berlin (akj-berlin) in den Räumen der Schule für Erwachsenenbildung in Berlin-Kreuzberg die dritte Marx-Frühjahrsschule zum Thema »Rechtskritik mit Althusser«. Die erste und zweite Marx-Frühjahrsschule thematisierten die rechtstheoretischen Gehalte der Kritik der Marx'schen politischen Ökonomie und der Arbeiten Eugen Paschukanis'. Damit hatten sie Grundlagentexte marxistischer Rechtstheorie zum

Gegenstand. Demgegenüber bedeutete die Diskussion der Arbeiten Althussers einerseits, sich mit seinem Ziel der Erneuerung des Marxismus kritisch auseinanderzusetzen. Andererseits mussten die rechtstheoretischen Gehalte seiner Schriften herausgearbeitet werden. Den entsprechenden Versuch unternahmen über 90 Teilnehmende in mehreren Workshops und Podiumsdiskussionen. Die in diesem Band versammelten Texte stammen von den auf der Frühjahrsschule Vortragenden und einzelnen Autor*innen, die aus Anlass der Tagung Beiträge abgefasst haben. Auch hier gilt wie im 2017 erschienen Sammelband zu den ersten beiden Frühjahrsschulen (*Recht – Staat – Kritik 1. Rechts- und Staatskritik nach Marx und Paschukanis*), dass die jeweiligen Beiträge nicht zwangsläufig die Auffassung der AG Rechtskritik oder der übrigen Kooperationspartner*innen wiedergeben.

In seinem Text »Louis Althusser über ›das Recht‹ und die ›juristische Ideologie‹. Lektüre einer gedoppelten Darstellung« verfolgt *Frieder Otto Wolf* den doppelten Stellenwert des Rechts in Althussers Manuskript *Über die Reproduktion* im Sinne einer ›Kritik der Politik‹. Dabei wird das Recht einerseits als (ideologischer) Staatsapparat begriffen, andererseits als ideologische Alltagspraxis in Form der juristisch-moralischen Ideologie. Durch seine akribische Rekonstruktionsarbeit liefert der Text einen Überblick über das gesamte Manuskript, sodass er als Einführung in die Problematik empfohlen werden kann.

Ingo Kramer zeichnet in seinem Beitrag »Der ›Fetischismus des Menschen‹. Zum Verhältnis von Recht und Ideologie bei Althusser« die kontinuierliche Beschäftigung Althussers mit der Kategorie des Rechts anhand zentraler Texte nach. Er unterstreicht mit ihm, dass staatstheoretische Bestimmungen zum Kategoriengerüst der Kritik der politischen Ökonomie hinzutreten müssen. Kramer skizziert den Einfluss von Freuds Psychoanalyse auf Althussers Ideologiekonzeption und betont seine Kritik am »Fetischismus des Menschen«, der die Rechtsform und den Staat zu überhistorischen Merkmalen des menschlichen Daseins macht. Dies werfe auch ein Licht auf Marx Begriff des Warenfetischismus, der nur durch die Berücksichtigung der ideologischen Staatsapparate recht verstanden werden könne, da durch sie der in der Kritik der politischen Ökonomie abwesende Diskurs des Rechts und des Staates hervorgekehrt werde.

In »Althusser und dekoloniale Rechtstheorie. Naturrechtliche Legitimationen kolonialer Landnahme und transatlantischer Versklavung bei Thomas Hobbes und John Locke« nutzt *Katja Diefenbach* in einer doppelten Bewegung die im IISA angelegte begriffliche Differenzierung der Instanzen der Ideologie, um einerseits anhand des Werks und Wirkens dieser Klassiker modernen Rechts- und Staatsdenkens den Stellenwert kolonialer Herrschaft in der Genese des Kapitalismus aufzuzeigen. Andererseits ermögliche dies, den in Althussers Schriften über Hobbes und Locke enthaltenen eurozentristischen Verkürzungen nachzuspüren. Althussers Überlegungen zu den Ursprüngen der juristischen Ideologie seien mit der Einsicht zu verknüpfen, dass ihre Existenz mit der »rassistischen Produktion entrechteter und enteigneter Lebensformen« einhergehe.

Laurent de Sutter greift in »Louis Althusser und der Prozess als Bühne« dessen Beschäftigung mit dem Theater, insbesondere dem Piccolo Teatro von Giorgio Strehler und Paolo Grossi auf, um herauszustellen, dass Althussers Kritik des Theaters, d.h. seiner Genres, seiner klassischen Stilelemente, wie der Held*innenfigur oder auch der Schauspieler*in als Interpret*in, in ähnlicher Weise in seiner Kritik des Rechts am Werk sei. Althusser sei es, wie auch diesem Theater, an der Verweigerung der Kategorie des Subjekts und auch der Schuld gelegen. Er fordere demnach für den Prozess in der Rechtspraxis ein Ende von Techniken, »durch die sich das bürgerliche Recht als ein Recht der Subjekte inszeniert«.

Hanna Meißner greift in »Die prekäre Figur des Subjekts« die Frage nach der Konstituierung des Subjekts und den Bedingungen der Möglichkeit ihrer emanzipatorischen Transformation auf. Unter Bezugnahme auf Althusser (Althussers Anrufungsszene) und Judith Butler (Butlers Diskurstheorie) stellt sie das Nicht-Gelingen von Anrufung als Moment heraus, in dem das Subjekt als einfache Funktion der gesellschaftlichen Verhältnisse überschritten werde. Sowohl das von Althusser erwähnte »Knirschen« zwischen ideologischen Staatsapparaten, das mit widersprüchlichen Subjektivierungsweisen einhergehe, als auch die Tatsache, dass das bürgerliche Subjekt immer die von diesem Subjektstatus Ausgeschlossenen voraussetzt, weise auf die Möglichkeit widerständiger Momente hin.

Christian Schmidt geht in seinem Aufsatz »Zwischen Gewalt und Ideologie« der Frage nach, welche Funktion das Recht in Althussers Theorie der repressiven und ideologischen Staatsapparate übernimmt. Er zeigt hierbei, wie der Staat mittels rechtlicher Prozeduren zur Reproduktion der kapitalistischen Verhältnisse beiträgt, ohne sich dabei ausschließlich auf den repressiven Staatsapparat zu stützen. Vielmehr operiert die staatlich-juristische Praxis auf der Ebene der Ideologie, durch die die Produktionsverhältnisse als solche unkenntlich werden. Diese Operationalität setze den emanzipatorischen Bewegungen, die sich auf juristische Kämpfe innerhalb des Staates oder auf den Kampf um die Staatsmacht als solche beschränken, von vornherein enge Grenzen.

Jens Christian Müller-Tuckfeld unterstreicht in dieser redigierten und leicht überarbeiteten Fassung des erstmals im Jahr 1994 erschienenen Aufsatzes »Die Geburt des Subjekts aus dem Geist des Rechts« zunächst die Relevanz der Kategorie des Subjekts im Privat- und Strafrecht, um im Anschluss die Grundzüge der Marx'schen Kritik des Rechtssubjekts zu skizzieren. Der rechtstheoretische Diskurs habe sich trotz aller Lippenbekenntnisse nicht von der unhinterfragten Voraussetzung der in sich abgeschlossenen Subjektivität des Menschen verabschieden können. Letztere strahle vielmehr auf Philosophie und Anthropologie aus. Die marxistische Rechtskritik, die sich hingegen den Voraussetzungen der Rechtssubjektivität zuwende, bleibe deshalb relevant, müsse jedoch die Spezifik der ideologischen Anrufung des Rechtssubjekts jenseits des Warentausches in den Blick nehmen.

In »Louis Althussers Beitrag zu einer kritischen Theorie der Gesellschaft« rekapituliert *André Kistner* den theoretischen Antihumanismus und Antihistorizismus als wesentliche Beiträge Althussers zu einer Erneuerung Marx'scher Theoriebildung. Seine hierauf aufbauende Präzisierung der Metapher von Basis und Überbau in Gestalt des Konzepts der ideologischen Staatsapparate gehe mit einer begrifflichen Klärung von Rolle und Funktionsweise des Rechts bei der Reproduktion des Kapitalismus einher. Allerdings bedürfe es der Rückbindung an das Ideologieverständnis von Marx und Engels aus »Die Deutsche Ideologie«. Andernfalls drohe der polemische Gehalt der Marx'schen Intervention und die Einsicht in ihre Verwiesenheit auf reale historische Entwicklungen verloren zu gehen.

In seinem Essay »Paschukanis revisited. Eine kritische Würdigung im Lichte Louis Althussers« unterzieht *Matthias Peitsch* Eugen Paschukanis' *Allgemeine Rechtslehre und Marxismus* einer »symptomalen Lektüre« im Sinne Althussers. Unter Berufung auf dessen methodologisch-erkenntnistheoretische Annahmen sowie auf sein Totalitätskonzept würdigt er Paschukanis' Hauptwerk als einen Text, mit dem ein neuer kritisch-wissenschaftlicher Diskurs in Bezug auf die Problematik des Rechtssubjekts begründet werde, der allerdings noch an entscheidenden Stellen den vorgängigen Diskursen des Naturrechts und des Historismus verhaftet sei.

Die AG Rechtskritik dankt den Teilnehmer*innen der Tagung »Rechtskritik mit Althusser«, allen Referent*innen / Autor*innen, den eingangs genannten Kooperationspartner*innen, der Scout-Finch-Stiftung und der Assoziation für kritische Gesellschaftsforschung für die großzügigen Druckkostenzuschüsse sowie dem Bertz + Fischer-Verlag und seinen gründlichen Lektoren Maurice Lahde und Till Kadritzke.

*Die Herausgeber*innen, Januar 2024*

Anmerkungen

1 AG Rechtskritik (Hg.): Recht – Staat – Kritik 1. Rechts- und Staatskritik nach Marx und Paschukanis. Berlin 2017.

2 Vgl. nur Laurent de Sutter (Hg.): Althusser and Law. New York 2013; oder auch Luiz Eduardo Motta: Marxism and the Critique of Modern Law: The Limits of the Judicialization of Politics. In: Décalages 2020, Volume 2, Issue 3.

Louis Althusser über »das Recht« und die »juristische Ideologie«

Lektüre einer gedoppelten Darstellung

Von Frieder Otto Wolf

Louis Althussers ›großes Manuskript‹,[1] aus dem sein 1969 veröffentlichter und dann breit rezipierter Text *Ideologie und ideologische Staatsapparate* hervorgegangen ist, ist als solches wenig diskutiert worden.[2] Die folgende Neulektüre geht von einer einfachen Voraussetzung aus – dass es nämlich heute immer noch (und sogar erneut, mit stark wachsender Dringlichkeit[3]) um die allgemeine »Frage der individuellen und kollektiven, privaten und öffentlichen Subjektivierung (und ihrer Zusammenhänge)« geht[4] (359) – also um die Frage der Herausbildung von gemeinsamer, kritisch verändernder Handlungsfähigkeit, wie sie Althusser in seinen »Versuchen zu Ideologie und den ISA«[5] (ebd.) bearbeitet hat. Ebenso geht es damit erneut um die spezifischere Frage nach dem »Verhältnis der modernen ISA [einerseits] zur Omnihistorizität der Ideologie und [andererseits] zu dem für sie konstitutiven Verhältnis von Subjektivierung und Anrufung unter den Bedingungen moderner Herrschaftsverhältnisse« (ebd.). Beide Komplexe können auch heute noch mit gutem Recht »als eine Konstellation ungelöster Probleme« (ebd.) gekennzeichnet werden. Und gerade Althussers Zögern Ende der 1960er Jahre, speziell seine kritischen Überlegungen zum ›Recht‹ und zur ›juristischen Ideologie‹ in seine ›ausgekoppelte‹ Veröffentlichung zu ›Ideologie und ideologischen Staatsapparaten‹ einzubeziehen,[6] sollte daher heute Grund genug sein, hier noch einmal genauer nachzulesen: Unter welchen Voraussetzungen hat sich diese theoretische Untersuchung entfaltet, bis wohin ist sie vorgedrungen, und warum wurde sie dann offenbar von Althusser in dieser geplanten Gestalt als undurchführbar aufgegeben?[7]

Althusser behandelt das Thema des Rechts in seiner umfassenden Darstellung[8] der »Reproduktion der kapitalistischen Produktionsverhältnisse« (17)[9] in auffälliger Weise zweimal: zunächst, in einer »rein deskriptiven Analyse« (95) in *Kapitel V: Das Recht* (95–112), und dann noch einmal, sechs Kapitel später, nachdem er sich, wie zuvor angekündigt, »die dafür erforderlichen Mittel verschafft« hatte (95), in einer Darstellung unter dem Titel *Abermals über das »Recht«. Seine Wirklichkeit: Der juristische ideologische Staatsapparat* (233, 233–241).

Althussers damalige Entscheidung, beide Kapitel nicht in seine ausgekoppelte Veröffentlichung zu übernehmen, wirft eine Frage auf, die nur durch genaues Nachlesen beantwortet werden kann: nämlich die Frage nach dem spezifischen Stellenwert dieser Ausführungen im gesamten Aufbau eben dieses ›großen Manuskripts‹, das er letztlich nicht veröffentlicht hat.[10] Insbesondere gibt diese Entscheidung zu der Vermutung Anlass, dass mit der Dimension des Rechts eine Problemzone markiert wird, die weder durch die Analyse der Produktionsweise noch durch die des modernen, bürgerlichen Staates als solche »abgedeckt« wird. Aufgrund seiner doppelten Bestimmtheit sowohl durch repressive als auch durch ideologische Staatsapparate wirft das Recht zudem spezifische, noch näher zu klärende Probleme auf.

Das offensichtlichste Problem liegt in der für das moderne Recht grundlegenden Unterscheidung zwischen moralischen oder politischen Bewertungen einerseits und juristischen ›Beurteilungen‹ andererseits: Worin genau liegt diese offensichtliche Differenz begründet, und wie tragfähig ist dieser Grund? Und dieses Problem zieht sofort ein schwieriges Nachfolgeproblem nach sich: Was ist die Perspektive des Rechts nach einem etwaigen ›Absterben des Staates‹ in befreiten modernen Gesellschaften? Unsere Lektüre wird klären müssen, wie Althusser dieses Problem zu lösen versucht hat.

Wir werden zunächst nachvollziehen, wie Althusser in dem vorliegenden Manuskript den Gesamtaufbau seiner Argumentation angelegt hat, um dann genauer zu verfolgen, wie er in seinen beiden Darstellungen der rechtlichen Verhältnisse[11] argumentiert, also in seiner Behandlung zunächst des »Rechts« (95–112) und dann des juristischen ideologischen Staatsapparats (233–241).

Der Überbau: Der Aufbau des Manuskripts im Gesamtüberblick

Die ersten vier Kapitel führen in Althussers spezifische Herangehensweise ein. In *Kapitel I* stellt er sich zunächst als Philosoph vor, indem er sein Verständnis von Philosophie skizziert: Er vertritt die Thesen, dass »die Philosophie nicht immer existiert hat« (41) und »dass die Existenz der Philosophie und ihre Transformationen in einem engen Verhältnis steht zu der Konstellation von Ereignissen in den Bereichen der Klassenverhältnisse und des Staates einerseits sowie der Wissenschaftsgeschichte andererseits« (ebd.). In *Kapitel II: Was ist eine Produktionsweise?* (53–81) kommt er einleitend auf den marxschen Durchbruch zur Wissenschaft zu sprechen: Marx habe den ›Kontinent Geschichte‹ für die wissenschaftliche Erkenntnis geöffnet und damit den gesamten Sozial- und Humanwissenschaften »die Grundlage ihrer wahrhaft wissenschaftlichen Existenz« (43) bereitgestellt. Zentraler, exemplarischer Ausgangspunkt ist hier der »Begriff der Gesellschaftsformation« als »ein wissenschaftlicher Begriff«, das heißt, wie Althusser es erläutert, als »Teil eines theoretischen Systems von Begriffen [...], das gar nichts gemein hat mit dem System ideologischer Vorstellungen, auf das sich die idealistische Vorstellung von der ›Gesellschaft‹ bezieht« (44). Demgegenüber hält er die Einsicht für notwendig, »dass wir, um zu begreifen, wie eine gegebene Gesellschaftsformation funktioniert und was in ihr geschieht [...], auf den zentralen Begriff der Produktionsweise zurückgreifen müssen« (45). Deren genaue Untersuchung (45–78), auf die ich hier im Einzelnen nicht eingehen kann, hat vier Schwerpunkte:

1. eine Zurückweisung jeglichen Produktivkraft-Reduktionismus (47 f., 48 ff.): »Die Produktivkräfte reichen nicht aus, um eine Produktionsweise als solche zu erklären, denn sie sind eben nur eines ihrer Elemente, während das andere von den Produktionsverhältnissen dargestellt wird« (56),
2. eine Problematisierung des allgemeinen, nicht spezifisch auf die kapitalistische Produktionsweise bezogenen Begriffs der Produktionsweise (48, unter Verweis auf Poulantzas und Terray, Anm. 34),
3. eine nähere Untersuchung des Begriffs der Produktivkräfte (48–56), sowie
4. einen Versuch, die »Produktionsverhältnisse in den Klassengesellschaften« (57) genauer zu bestimmen.

Vor allem bei diesem letzten Schritt nimmt Althusser einen ausdrücklichen Terrainwechsel vor, der von einiger theoretischer Bedeutung ist. Dieser Wechsel in der Bestimmung des Darstellungsgegenstandes vollzieht nämlich – auch ohne dass Althusser es hier noch einmal eigens betont – den wichtigen Übergang nach, wie ihn vor allem Marx in der Entwicklung seiner theoretischen Positionen vollzogen hatte: den von einer allgemeinen »wissenschaftlichen Theorie der Geschichte« auf die Untersuchung eben dessen, »was in der kapitalistischen Produktionsweise vor sich geht« (58), oder, genauer, »in einer Gesellschaftsformation wie dem gegenwärtigen Frankreich (wir schreiben das Jahr 1969), in der die kapitalistische Produktionsweise herrscht« (ebd.).[12]

Damit löst sich Althusser hier ausdrücklich von dem in der Linie von Franz Mehring vorgeschlagenen, vom späten Engels und Kautsky weiterentwickelten (und dann von Stalin erfolgreich kodifizierten) Konzept des historischen Materialismus[13] – das er vorher bereits radikal ›umgepolt‹ hatte, indem er es auf den im *Kapital* erreichten Reifegrad der Entwicklung der marxschen wissenschaftlichen Theorie bezog:[14] Er widmet seine Untersuchung jetzt ganz ausdrücklich denjenigen Prozessen, die »in einer Gesellschaftsformation [...], in der die kapitalistischen Produktionsweise herrscht« (58) zu konstatieren sind. Althusser betont, dass »die kapitalistischen Produktionsverhältnisse [sogleich als solche] kapitalistische Ausbeutungsverhältnisse« sind – also nicht nur Verhältnisse einer abstrakt rekonstruierten ›Mehrwertproduktion‹, sondern konkrete Verhältnisse der Ausbeutung von Menschen innerhalb bestimmter sozialer Kategorien durch Menschen in bestimmten anderen gesellschaftlichen Positionen.

Gegen die »Ideologen des Neokapitalismus« – und ebenso gegen die »Neoanarchisten« – (64) erinnert Althusser hier an die »Wahrheit [...], die Marx freigelegt hat: Alles, was in einer kapitalistischen Gesellschaftsform geschieht, einschließlich der Formen staatlicher Repression, die mit ihr einhergehen [...], wurzelt in der materiellen Basis der kapitalistischen Produktionsverhältnisse, die zugleich kapitalistische Ausbeutungsverhältnisse sind« (64 f.).

Darauf artikuliert Althusser dann noch einmal ausführlicher (65–78), inwiefern die »gesellschaftliche Arbeitsteilung [...] die Realität der technischen Arbeitsteilung« (65) ist, und arbeitet insbesondere heraus, wie »sich unter diesen Bedingungen der Klassenkampf der Arbeiter in der Produktion nicht von alleine versteht« (77): Sein adäquates Begreifen müsse immer wieder erst gegen eine »›ökonomistisch-technizistische[]‹ Interpretation der Arbeitsteilung einerseits und eine juristische Auffassung der Produktionsverhältnisse andererseits« (78) gewonnen und erkämpft werden. In der faktischen Einheit eben dieser beiden Seiten stelle sich dabei dann immer wieder »die Einheit des kapitalistischen Klassenkampfs« dar (78); eine Auffassung, die die Produktionsverhältnisse als Raum des Klassenkampfs begreift, könne und müsse selber erst durch den Klassenkampf gewonnen werden. Diesen vorgängigen und grundlegenden Bezug auf den Klassenkampf bestimmt Althusser dann als »derart« zentral, »dass das Los jeder Art von Klassenkampf – einschließlich des Geschicks, das einem siegreichen revolutionären Klassenkampf bevorsteht – letztlich ganz eindeutig von einer richtigen Auffassung der Produktionsverhältnisse abhängt« (80), die eben mit der »ökonomistischen-technizistischen-juristischen-humanistischen-bürgerlichen Ideologie der Arbeit« (81) brechen könne und müsse.

Althusser kommt dann noch einmal auf seine These von der Zentralität der Produktionsweise zurück, indem er in *Kapitel III* (82–89) genauer untersucht, worin die »Reproduktion der Produktionsbedingungen« (82) besteht – in der »Reproduktion der Produktionsmittel« (83 f.) und der »Reproduktion der Arbeitskraft« (84–89 – in der »deutlich in Erscheinung« trete, »dass ihre conditio sine qua non [...] auch in der Reproduktion ihrer subjektivierenden Unterwerfung unter die herrschende Ideologie« besteht (89).

An der Stelle betont Althusser den mit dieser Erkenntnis vollzogenen wissenschaftlichen Durchbruch: Die Untersuchung richte sich damit auf eine »neue Realität«, nämlich die der Ideologie (ebd.), worin er offenbar die Voraussetzung sieht, die eigentliche »Kernfrage der marxistischen Theorie der Produktionsweise« zu beantworten: die Frage »der Reproduktion der Produktionsverhältnisse« (ebd.) als Voraussetzung eines adäquaten Begreifens der Möglichkeiten ihrer revolutionären Überwindung.

Implizit gegen die gesamte, historisch konstituierte marxistische Tradition betont Althusser hier zunächst, dass eine Vernachlässigung eben dieser Frage nicht nur »ein theoretisches Versäumnis« darstelle, sondern auch »ein schwerer politischer Fehler« wäre (ebd.) Und er setzt gleich hinzu, dass wir, um diese Frage nicht nur als solche stellen, sondern auch wirklich erörtern zu können, »ein weiteres Mal einen großen Umweg machen« müssten – und zwar indem wir »unsere alte Frage [...] erneut [...] stellen: Was ist eine Gesellschaft?« (ebd.).

Diese Ankündigung Althussers ist nicht nur auf den ersten Blick durchaus irritierend. Denn im Text behandelt er eben nicht als Nächstes diese Frage, sondern diskutiert vielmehr die doch eher technische Problematik der »topischen Darstellung« in der Rede von »Basis und Überbau« (90–94) – um sich immerhin dadurch von »der Logik der deskriptiven Metapher des Gebäudes« (93) für die reale Problematik zu lösen, auf die sich die vielfältig im Sinne eines schlichten Reduktionismus missverstandene Rede von ›Basis‹ und ›Überbau‹ bezieht. Diese seine Wendung, die sich scheinbar noch ganz ›konventionell‹ im Rahmen der herrschenden marxistischen Tradition bewegt, fasst Althusser hier dann abschließend »in der Form der folgenden Problemstellungen zusammen«: »Was ist das Recht? / Was ist der Staat? / Was ist Ideologie? / Welche Beziehung unterhalten Recht, Staat und Ideologie untereinander?« (93)

Damit ist dann im Großen und Ganzen die Gliederung der folgenden Kapitel vorgegeben: *Kapitel V: Das Recht* (95–112), *Kapitel VI: Der Staat und seine Apparate* (113–142), *Kapitel VII: Kurze Bemerkung über die ISA des politischen und interessenverbandlich-gewerkschaftlichen Staates der französischen kapitalistischen Gesellschaftsformation* (143–153), *Kapitel VIII: die politischen und interessenverbandlichen ideologische Staatsapparate* (154–201).

Erst in *Kapitel IX: Über die Reproduktion der Produktionsverhältnisse* (202–211) sieht sich Althusser dann dazu in der Lage, »endlich unsere zentrale Frage [zu] beantworten, die über viele Seiten hinweg in der Schwebe geblieben war: Wie wird die Reproduktion der Produktionsverhältnisse gewährleistet?« (202). Diese Antwort wird zunächst in der »Sprache der Topik (Basis, Überbau)« formuliert: »[S]ie wird durch den Überbau gewährleistet, durch den juristisch politischen und den ideologischen Überbau« (ebd.). Althusser setzt dann sofort hinzu, dass es aber »unbedingt notwendig« sei, »diese immer noch bloß deskriptive Sprache zu überwinden«. Von hier aus sieht er sich in der Lage zu sagen: »[S]ie wird zu einem großen Teil durch die Ausübung der Staatsmacht in den Staatsapparaten gewährleistet, und zwar dem repressiven Staatsapparat einerseits und den ideologischen Staatsapparaten andererseits« (ebd.). Und er betont eine elementare Differenz, ein durch den Plural »ideologische Staatsapparate« genau hier angezeigtes Problem: Denn »während die Einheit des repressiven Staatsapparates durch seine zentralisierte Organisation gewährleistet wird, [...] wird die Einheit zwischen den verschiedenen ideologischen Staatsapparaten durch die herrschende Ideologie gewährleistet« (203). Diese glaubt Althusser auch sofort, »um ihre Wirkung erkennbar zu machen, als Staatsideologie« bezeichnen zu müssen (ebd.). Inwiefern darin ein Problem liegt, wird in seinen folgenden Ausführungen (203–205) deutlich:

– Erstens greift er hier nämlich auf das nicht näher bestimmte Konzept einer »gewissen Arbeitsteilung bei der Reproduktion der Produktionsverhältnisse« (203) zurück; geradezu in den Vordergrund seiner Darstellung stellt er den Rückgriff auf ältere historische Modelle von »Staatsapparaten« wie Kirche und Familie. Der Sache nach ist das auch deswegen einigermaßen befremdlich, weil diese Instanzen keine spezifischen Apparate des *modernen Staates* sind, sondern in ihrer Existenz und Funktionsweise weit hinter die historische Durchsetzung der Herrschaft der kapitalistischen Produktionsweise zurückreichen, mit der die Entstehung und Durchsetzung des ›modernen Staates‹ unauflöslich verknüpft war.[15]

– Zweitens ist aber auch und vor allem Althussers Versuch problematisch, in modernen, von der Herrschaft der kapitalistischen Produktionsweise geprägten Verhältnissen unbedingt ein Analogon zur »[absolut] herrschenden Rolle des religiösen ideologischen Staatsapparates« (also der Kirche) (205) zu finden. Als Ergebnis dieser Suche hält er dann geradezu dogmatisch fest: »[E]s gibt einen herrschenden ideologischen Staatsapparat. Dies ist heute die Schule« (ebd.). Und er formuliert auch ganz schlicht eine Ersetzungsbeziehung zwischen Kirche und Schule: »[I]n der Tat ist die Kirche heute durch die Schule ersetzt worden« (211). Diese These ist nicht wirklich nachvollziehbar. Sie kann allenfalls als ein spezifischer Effekt der französischen ›Katho-Laizität‹[16] begriffen werden.

Gewiss ist Althussers Forderung, die Einheit der Wirkung der vielfältigen ideologischen Instanzen in der Reproduktion der bestehenden Herrschaftsverhältnisse als solche zu begreifen, letztlich unabweisbar. Eine derartige Erklärung der ideologischen Kohärenz muss jedoch keineswegs dazu führen, tatsächlich einem bestimmten ideologischen Staatsapparat als Einzelnem die Funktion zuzuweisen, die Reproduktion des Gesamtzusammenhangs, also hier die ideologische Reproduktion der bestehenden Herrschaftsverhältnisse, alleine vollziehen zu können: So wie in der Musik Big Bands durchaus ohne Dirigenten auskommen, so muss die Reproduktionsfähigkeit eines modernen Staates in Krisenprozessen nicht notwendigerweise durch Rückgriff auf einen ›An-Führer‹ gesichert werden.

An dieser Stelle dürfte auch die Analogie zum Geld hilfreich sein, nämlich der Verweis auf die in der neueren Debatte entwickelte und meines Erachtens völlig überzeugende Auffassung, dass sich in entwickelten kapitalistischen Verhältnissen das Funktionieren des Geldsystems nicht mehr auf die Existenz einer bestimmten physischen Geldware stützen muss. Vielmehr lässt sich dieses System als solches im regulierten Konzert der Geld emittierenden Instanzen durchaus verlässlich reproduzieren.[17]

Althussers anschließendes *Kapitel X: Reproduktion der Produktionsverhältnisse und Revolution* (212–232) endet dann in einer auffälligen Weise fast schon aporetisch:

»Man muss aber auch offen sagen, dass in dieser Hinsicht die Theorie noch lange nicht fertig ausgearbeitet ist. Alle Welt wird doch zugestehen müssen, dass wir mit derart [bloß] deskriptiven und tautologischen Begriffen wie denen der Entsprechung oder Nicht-Entsprechung zwischen Produktivkräften und Produktionsverhältnissen nicht ernsthaft hoffen können, uns aus der Affäre zu ziehen.« (231 f.)

Oder noch einmal weiter zugespitzt: »In genau diesem Punkt bleibt die Frage in der Schwebe. Es wird durchaus nötig sein, eines Tages eine passende Antwort darauf zu finden.« (232)

Hier ist der argumentative Spannungsbogen eigentlich schon abgeschlossen. Althusser hält es jedoch für »unverzichtbar«, in »wenigen Worten«[18] noch einmal auf »[d]as ›Recht‹« (233) zurückzukommen (233–241), genauer auf »[s]eine Wirklichkeit«, die er im »juristischen ideologischen Staatsapparat« gegeben sieht (233) – um dann noch ein langes *Kapitel XII: Über die Ideologie* (242–291) anzuschließen.[19]

Danach erklärt Althusser ganz schlicht, ohne weiter inhaltlich Position zu beziehen: »Ich halte hier am Ende des ersten Bandes, mit der begonnenen Analyse inne. Ich werde sie in einem zweiten Band fortsetzen, der bald erscheinen wird.« (291)[20] Und nachdem er angegeben hat, welche Fragen er dort behandeln werde (ebd.), kündigt er an, zuletzt auch zu dem »›Gegenstand‹« zurückzukehren, »von dem wir ausgegangen sind: zur Philosophie« (ebd.). Auch seine »Ausgangsfrage« will er dann beantworten: »Was ist die marxistisch-leninistische Philosophie?« Jedoch ganz offensichtlich in der Form einer ›widersprechenden Antwort‹:[21] »Allerdings wird sich diese unsere Ausgangsfrage dann in der Zwischenzeit ›ganz leicht‹ verändert haben.« (ebd.)[22]

Althussers erste Erörterung des ›Rechts‹

Althussers Definition des Rechts beruht ausdrücklich auf einer bloßen Beschreibung der einschlägigen Phänomene (95). Vorsichtig explizit führt er das Recht als dasjenige ein, »was unter diesem Namen in denjenigen Gesellschaftsformationen auftritt, die zur kapitalistischen Produktionsweise gehören« (ebd.) und erfasst es als »ein System von Regeln, die kodifiziert sind [...] und die angewendet werden« (ebd.). Darin liegen offenbar vier unterscheidbare Bestimmungen, die eine nähere Erläuterung verdienen:

Erstens geht es um »Regeln«, und zwar in dem spezifischen Sinne, dass sie Handlungen vorschreiben, wie sie unter bestimmten Voraussetzungen und Bedingungen zu vollziehen oder zu unterlassen sind: Es geht also nicht um Behauptungen, etwa von Tatsachen oder Gesetzmäßigkeiten, um bloße unverbindliche Wünsche oder etwa um die dann zur Rechtfertigung derartiger Regeln formulierten »Normen«.

Zweitens geht es um ein »System« derartiger Regeln, also – unter Voraussetzung eines minimalen Systembegriffs – darum, diese Regeln in einen Gesamtzusammenhang einzuordnen, der ihre Bedeutung konkreter bestimmt, als dies für isolierte Regeln gelten könnte, und der seinerseits ein (zumindest einigermaßen) abgrenzbares und in sich geschlossenes Ganzes bildet.[23]

Drittens ist dieses System von Regeln als solches »kodifiziert«. Hier scheint sich Althusser zunächst einseitig auf die kontinentale europäische Rechtstradition zu beziehen, in der sich seit dem 18. Jahrhundert[24] der Gedanke einer für Rechtssicherheit und Rechtsklarheit erforderlichen Kodifikation durchgesetzt hat. Tatsächlich ist seine Aussage aber grundsätzlich auch für die angelsächsische Tradition des einzelfallbezogenen Richterrechts gültig: Auch hier ist der Richter zwar letztlich frei in seinem ›Judiz‹, aber er ist faktisch doch an einen umfassenden Bestand systematischer Ausarbeitung gebunden, wie ihn nur die Rechtswissenschaft und nicht bereits die Gesetzgebung bereitstellt. Im Rückblick auf die Diskussionen nach der Einführung des BGB[25] ist sogar festzuhalten, dass auch dort, wo derart systematisierte Gesetzbücher gelten, letztlich der Stand der Rechtswissenschaft in der juristischen Fachdebatte für die Urteile der Richter maßgeblich ist.[26]

Viertens betont Althusser hier, dass die Gesetze auch »angewendet werden, d. h. in der alltäglichen Praxis respektiert und ausgelegt werden« müssen (95). Damit führt er nicht nur die »alltägliche Praxis« als immer schon überdeterminierte und deswegen irreduzible Bezugsinstanz im Hinblick auf Wirklichkeit und Wahrheit auch für das »Recht« ein, sondern nimmt sogleich eine Unterscheidung vor – nämlich zwischen einem *Respektieren* der Regeln und ihrer *Auslegung*. Damit erkennt er grundsätzlich das Spannungsverhältnis an, das zwischen dem einfachen Befolgen derartiger Regeln und den konkreten Erfordernissen der jeweiligen Lage besteht, wie sie sich den juristische Entscheidungen treffenden Subjekten darstellen müssen – und plädiert für eine gedoppelte Reaktion, die das Festhalten an den geltenden Regeln immer wieder mit ihrer situationsadäquaten Auslegung verbindet.

Als Kern des modernen bürgerlichen Rechts betrachtet Althusser hier »der Einfachheit der Darstellung halber« (95) »vor allem das Privatrecht (wie es im Bürgerlichen Gesetzbuch enthalten ist)« (ebd.), nicht ohne im Vorbeigehen gleich die weitere These zu formulieren, dass eben dieses die »juristische Grundlage darstellt, von der die anderen Bereiche des Rechts ausgehen, indem sie ihre eigenen Begrifflichkeiten und Regeln systematisieren« (ebd.). Unter Berufung auf eine »ganz schematisch[e]« Darstellungsweise (ebd.) nimmt Althusser eine weitere wichtige Reduktion vor, indem er das Privatrecht grundlegend auf den Warenaustausch bezieht: »Das Privatrecht spricht in systematischer Form die Regeln aus, welche den Warenaustausch regeln« (ebd.). Und diesem Warenaustausch gibt Althusser denn auch seine in modernen bürgerlichen Gesellschaften vorliegende entwickelte Form – »d.h. den Verkauf und den Kauf, die in letzter Instanz auf dem ›Recht des Privateigentums‹ beruhen« (ebd.). Eben dieses »Recht des Privateigentums« expliziert er anschließend »im Ausgang von den folgenden allgemeinen juristischen Prinzipien« (ebd.), »der Persönlichkeit«, »der juristischen Freiheit« und »der juristischen Gleichheit« – und erläutert in einer Fußnote auch noch, aus welchen Gründen es zu »einer gewissen Anzahl von ›Abgängen‹« kommt, »die von der juristischen Gleichheit ausgeschlossen bleiben«.[27]

Althusser hält dann auch noch »drei charakteristische Merkmale« des Rechts fest, »auf denen bereits Marx und Engels (übrigens in der Nachfolge von Kant und z. T. von Hegel) bestanden« hätten (96) – die »Systematizität« (96 f.), die »Formalität« (97–105) und die »Repressivität« (105–107). In seiner Explikation dieser Merkmale ist zur Kenntnis zu nehmen, dass er in seiner Diskussion der *Systematizität* außer den oben bereits angeführten Explikationen (96) die Aufgabenstellung eines »Abbaus möglicher Widersprüche zwischen den bereits als solchen definierten Regeln im inneren System des Rechts und den parajuristischen Grenzpraktiken der Rechtspraxis« umreißt. Letzterer schreibt er nämlich die »Eigentümlichkeit« zu, »auch solche Fälle anzuerkennen, welche das Recht noch nicht wirklich integriert und systematisiert hat« (97). Dadurch werde »die Rechtspraxis ganz offensichtlich in Beziehung gesetzt [...] zu jenem spezifischen Bereich außerhalb des Rechts«, für den Althusser dann festhält, dass er »vom Standpunkt der Sicherheit des Rechts als solchem [...] mehr oder minder bedrohlich ist« (ebd.). In seiner Erörterung der »Formalität des Rechts« kommt er dann, nachdem er in einigen einleitenden Bemerkungen[28] und allgemeinen Bestimmungen[29] vor allem das dem »Formalismus des Rechts« zugrunde liegende Spannungsverhältnis als solches nachgezeichnet hat, zu dem folgenden Schluss: Dieser Formalismus habe »nur insofern einen Sinn, als er sich auf definierte Inhalte anwenden lässt, die als solche notwendigerweise *im Recht selbst abwesend bleiben*«.[30] Nachdem er eben diese Inhalte, nämlich »die Produktionsweise und deren Wirkungen« als solche, angegeben hat, kann Althusser eine »Unterscheidung zwischen den Produktionsverhältnissen einerseits und dem Recht andererseits« (98) einführen und explizieren, von der er einleitend behauptet hatte, dass sie »in der marxistischen Theorie von grundlegender Bedeutung« sei (ebd.) – und er deutet an, dass es hier eine schwierige Frage ist, wie die »einzigartige Lage des Rechts, das nur im Zusammenhang mit einem Inhalt existiert, von dem es selbst total abstrahiert (den Produktionsverhältnissen)« (ebd.), durch die »klassische marxistische Formulierung« vom »Recht« als einem »›Ausdruck‹ der Produktionsverhältnisse« zu erfassen sei, »auch wenn es sich innerhalb des Systems seiner Regeln in keiner Weise auf die besagten Produktionsverhältnisse bezieht, sondern diese im Gegenteil geradezu verschwinden lässt« (ebd.): Indem Althusser dies so formuliert, besteht er darauf, dass die »Unterscheidung zwischen den Produktionsverhältnissen einerseits und dem Recht andererseits« als These für die marxistische Theorie »von grundlegender Bedeutung« sei. Deren »Verwechslung« sei »nicht nur die Quelle für sehr schwerwiegende theoretische Irrtümer, sondern auch für sehr schwerwiegende politische Fehler, die sich als deren Konsequenz ergeben« (ebd.).

Worauf genau bezieht sich Althusser hier mit dieser These? In einer dann wieder gestrichenen Textpassage (98 f.) hatte er es einen »Skandal« genannt, »die sozialistischen Produktionsverhältnisse nicht nur überhaupt in den Begriffen des Rechts, sondern obendrein noch in den Begriffen des bürgerlichen Rechts zu definieren«. Aufgrund der Feststellung, dass es »kein Recht [gibt], das nicht kommerziell und also bürgerlich ist« (99, Anm. 89), formulierte er dann unter Berufung auf Marx' *Kritik des Gothaer Programms* als weitere These, die die erste erhellt: »Die sozialistische Produktionsweise wird jedes Recht aufheben [supprimer].«

Im nicht gestrichenen Text diskutiert Althusser dann umfassend (99–105) die Problematik des sozialistischen Übergangs unter dem Gesichtspunkt der »marxistischen Unterscheidung zwischen den Produktionsverhältnissen und den juristischen Verhältnissen« (105). Dabei stellt er seine Erneuerung der Interpretation der »Diktatur des Proletariats« (101 u. ö.) in den Vordergrund und skizziert im Anschluss an die »bewundernswürdigen, aber allzu kurzen Notizen der Kritik des Gothaer Programms« (100) seine »allerersten Antworten« auf die Frage, was man denn »unter der kollektiven gemeinschaftlichen Aneignung der Produktionsmittel durch die frei ›assoziierten Menschen‹ verstehen« solle (ebd.).

Althusser identifiziert hier als zentrale Schwierigkeit, »dass in dieser programmatischen Formulierung [...] zwar das Problem formuliert, aber dessen Lösung uns nicht geliefert wird. [...] Man weiß doch zu welchen Debatten dieses Problem in der Geschichte der marxistischen Arbeiterbewegung den Anlass geliefert hat und ihn immer noch liefert (und ein Ende ist auch nicht absehbar).« (ebd.) Mit anderen Worten ist es im Wesentlichen dabei geblieben, dass das Problem formuliert, aber seine Lösung noch nicht gefunden wurde. Um diese Bilanz zu untermauern, rekapituliert Althusser zunächst sehr knapp die beiden in der bisherigen Debatte hauptsächlich vertreten Positionen: Diese setzten einerseits auf das »Staatseigentum [...] an den Produktionsmitteln« und beruhten auf der offensichtlich falschen Überzeugung, dass bereits »ein gutes sozialistisches Recht und eine gute Planung spontan und reell jene Aneignung der Produktionsmittel verwirklichen würden, von denen Marx gesprochen hat«. Andererseits wollten sie »sofort zur direkten Aneignung [der Produktionsmittel] durch die Produktionsagenten übergehen« und würden deswegen »die ›[Arbeiter-] Selbstverwaltung‹ einrichten [...], die dann für sie bereits diese Aneignung als solche ist« (100 f.).

Beiden Positionen hält er als eigene These schlicht entgegen: »Die Dinge sind nicht einfach« (101). Und dies liege eben daran, dass »man die *sozialistischen* Produktionsverhältnisse, in denen die gemeinschaftliche Aneignung der Produktionsmittel erfolgt, und dann später die kommunistischen Produktionsverhältnisse[31], nicht mit den Produktionsverhältnissen verwechseln darf, die in der Phase des Übergangs zum Sozialismus einzurichten sind« (ebd.).[32] Dieser Übernahme des traditionellen Konzepts der Abfolge von Sozialismus und Kommunismus gibt Althusser dann aber eine ganz neue Wendung, indem er feststellt, dass man »die Phase des Übergangs zum Sozialismus (die Phase des Aufbaus des Sozialismus) nicht mit dem Sozialismus verwechseln« (ebd.) – »und diese [Probleme des Übergangs] nicht mit den Problemen des einmal *aufgebauten* Sozialismus [...] verwechseln« dürfe (102). Und er verlagert die Diskussion auf diese neue Problematik, indem er vorschlägt, erst nach dieser Klärung überhaupt »die Frage, worin die Natur der kollektiven Aneignung besteht, als solche zu stellen« (ebd.) – oder vielmehr, »um den Anfang zu machen, erst einmal [zu] fragen, worauf Marx mit seiner programmatischen Formulierung hinaus wollte« (ebd.).

In seiner Antwort auf diese Frage kommt Althusser dann im Rückgriff auf Marx' eigene Formulierungen zu der folgenden These: »Marx hatte ausdrücklich so etwas wie das Absterben des Rechts im Blick, das dem Absterben des Staates entspricht.« (ebd.) Das könne aber »nur bedeuten, dass die Austauschprozesse des kommerziellen Typs absterben, [also] der Austausch von Gütern als Waren [...], und durch den nicht-warenförmigen [non-marchand] Austausch ersetzt werden« (ebd.). Althusser erinnert nun daran, dass die klassische Antwort auf die Frage, wie »dieser nicht warenförmige Austausch gewährleistet werden« kann, in der Berufung auf »die sozialistische Planung« liegt (ebd.). Die Frage, »was [...] die sozialistische Planung [ist]«, sei zwar »heute von brennender Aktualität«, aber immer noch »auf ganz schreckliche Weise geprägt durch die sehr besondere Form, die Stalins Politik seit den 1930er Jahren der sowjetischen Planung aufgeprägt hat: als staatliche Planung« (ebd.). Und jedenfalls die »Grenzen dieser ganz besonderen Form« würden heute noch nicht nur die Ansätze zur Entwicklung einer neuen Praxis der Planung bestimmen, sondern auch noch den Streit der »jeweils [...] lokalen Theoretiker [...] – in Bezug auf die Methoden, mit denen die Schlüsselprobleme zu lösen wären: beispielsweise die Frage der Festlegung der Preise«.[33] Dieser, wie er ironisierend feststellt, »guter marxistischer Doktrin entsprechend[en]« Debatte, stellt Althusser dann in einer langen Fußnote eine Skizze entgegen, wie es denn möglich wäre, »der Frage, um die es hier geht, auf den Grund zu kommen und sie jenseits aller theoretisch-technischen Diskussionen über die zur Gewährleistung der Planung wirklich benötigten Mittel zu erörtern« (103, Anm. 95). Er kritisiert hier die Selbsttäuschung, die in der Hoffnung liege, »dass das eigentliche Ziel der Planung darin besteht, die sozialistischen Produktionsverhältnisse zu verwirklichen« (ebd.). Damit, so hält er fest, »täuscht man sich [...] über ihre wirkliche Funktion hinweg, die nicht so sehr darin besteht, die sozialistischen Produktionsverhältnisse zu schaffen, als vielmehr darin, auf möglichst rationelle Weise die existierenden Produktivkräfte zu organisieren« (ebd.). Daraus ergäbe sich dann in der »Praxis« die »Politik des Primats der Produktivkräfte über die Produktionsverhältnisse«, also »[e]ine Politik, die schon aus Prinzip falsch« sei (ebd.) Denn es gehe vielmehr um die Durchsetzung »einer politischen Linie auf der Grundlage des Primats der Produktionsverhältnisse« (104), in der »die Politik das Kommando übernimmt[34], damit der Primat der Produktionsverhältnisse wirklich, auf der Ebene der Tatsachen, gewährleistet wird« (104, Anm. 95). Um dies leisten zu können, sei es vor allem erforderlich, »im Verhältnis zu der Art von Planung, wie sie von der Politik Stalins durchgesetzt worden ist, die immer noch von dieser Art von Problemstellung beherrscht wird, einen ernsthaften historischen, politischen theoretischen Einschnitt einzunehmen – und die Dinge von einem richtigeren Standpunkt aus erneut zu untersuchen« (104).

Genau dies stehe aber, wie Althusser hier damals schon feststellt, »noch in den Sternen« und könne »auch ohne grundlegende Transformationen, deren Geburt schmerzhaft sein wird, nicht verwirklicht werden« (ebd.). Denn es gehe »genau darum [...], die noch nie dagewesenen Formen zu suchen, in denen sich eines Tages die viel besprochenen sozialistischen Produktionsverhältnisse als Verhältnisse der wirklichen Aneignung werden verwirklichen können« (105). Dies sei, betont er hier, »nicht einfach eine bloß theoretische Frage [...], sondern eine Frage von herausgehobenem politischen Charakter – die also auch erst am Ende politischer Kämpfe [...] [abschließend] beantwortet werden kann, deren Beginn wir gerade erst erleben.« (ebd.)

Bevor Althusser diese Argumentation weiterverfolgt, geht er zunächst auf etwas ein, was für den juristischen ideologischen Staatsapparat geradezu von konstitutiver Bedeutung ist: »Das Recht ist notwendigerweise repressiv« (ebd.), das heißt, dass »es ohne ein entsprechendes System von Sanktionen gar nicht existieren könnte« (ebd.). Denn es könne eben »einen juristischen Vertrag nur unter der Bedingung geben, dass das Recht angewandt, d. h. respektiert oder ausgelegt wird« (ebd.) – und dies werde auch etwa »durch die juristische Ergänzung des Bürgerlichen Gesetzbuches, welche das Strafgesetzbuch darstellt« (106) vom Rechtssystem selbst anerkannt: dass »es nicht existieren, d. h. von juristischen Personen praktiziert werden könnte, ohne dass es Regeln eines repressiven Zwangs gibt« (ebd.) – und einen »Repressionsapparat«, der diesen Zwang demgemäß auch faktisch ausübt (ebd.). Allerdings weist Althusser hier wiederum darauf hin, »dass die Praxis des Rechts nicht ausschließlich auf der ausgeübten Repression beruht« (ebd.): Diese finde vielmehr nur »in einer kleinen Anzahl von Fällen« statt – verglichen »mit der unendlichen Zahl von Fällen, in denen Verträge eingehalten und erfüllt werden, ohne dass der repressive Apparat in eigener Person eingreifen und ohne dass ein Prozess der Repression ausgelöst würde« (106 f.). Damit kommt er auf die Bedeutung der »juristischen Ideologie« und des »Supplement[s] der moralischen Ideologie« (107) zu sprechen: Um zu erklären, dass und warum es »anständige Vertragschließende [gibt], die die Furcht vor dem Polizisten gar nicht nötig haben, um anständig zu sein« (ebd.), ist es nach Althusser erforderlich, den spezifischen »Grund« zu begreifen, warum »diese anständigen Menschen« (108) eben doch recht damit haben, die Auffassung zurückzuweisen, ihr Rechtsgehorsam sei durch die Furcht vor Sanktionen motiviert. Dieser Grund liegt sowohl in der »juristische[n] Ideologie« als solcher als auch zugleich in der »moralischen Ideologie, welche [der ersteren] als ›Ergänzung‹ dient« (ebd.). Die *»juristische Ideologie«* kommt hier nämlich ins Spiel, weil sie es »dem Recht ermöglicht, zu ›funktionieren‹«, also seine reale Funktion für die juristische Praxis zu erfüllen – indem es dieser Praxis »erlaubt, ›ganz alleine ›weiterzulaufen‹, ohne auf die Hilfe der Repression oder der Drohung mit ihr zurückzugreifen« (108). Daraus ergibt sich dann – ein weiterer Punkt, der für das Begreifen der ›juristischen Ideologie‹ als solcher von zentraler Bedeutung ist –, dass sie vom Recht zu unterscheiden ist: »Die juristische Ideologie ist offensichtlich erforderlich für die Rechtspraxis [...], aber sie fällt nicht mit dem Recht zusammen.« (108 f.) Denn – zurückbezogen auf das, was »[d]as Recht sagt« (109) – »nimmt [sie] zwar [...] durchaus die Begriffe der Freiheit, der Gleichheit und der Verpflichtung ihrerseits auf«, schreibt sie aber sogleich »außerhalb des Rechts [...] in einen ideologischen Diskurs ein, der von ganz anderen Begriffen strukturiert wird« (109).

Dieser »anscheinend ganz ähnliche« Diskurs der »juristischen Ideologie« unterscheidet sich dann aber, gemäß Althussers Rekonstruktion, »tatsächlich *gänzlich*« von dem eigenen Diskurs des Rechts: »[I]n der juristischen Ideologie ist es also die Natur und nicht das Recht, welche die ›Grundlage‹ der Freiheit und Gleichheit der ›Menschen‹ (und [eben] nicht der juristischen Personen) bildet[.]« (110) Und vor allem bedürfe diese »juristische Ideologie«, um wirklich verpflichtend wirken zu können, noch »eine[r] kleine[n] Ergänzung«, nämlich durch die »moralische Ideologie des ›Gewissens‹ und der ›Pflicht‹« (ebd.).

Damit kann Althusser dann eine weitere These formulieren: »Das Recht ist ein formales, systematisiertes System, das nicht widersprüchlich und (tendenziell) vollständig ist, *das nicht für sich alleine existieren kann*.« (ebd.) Aufgrund dieser Unmöglichkeit kommen als erforderliche Stützen, die dem Recht überhaupt erst eine reale Existenz ermöglichen, ganz unmittelbar *einerseits* ein »Teil des repressiven Staatsapparats«[35] und *andererseits* eben »die juristische Ideologie sowie eine kleine Ergänzung durch die moralische Ideologie« ins Spiel (ebd.).

Für die letztere, zusammengesetzte Instanz gilt demgemäß, dass sie »also den Platz des Polizisten ein[nimmt], aber in dem Maße, wie sie diesen Platz wirklich einnimmt, ist sie nicht der Polizist« (111). Der ›Platz‹ steht in dieser verknappten Formulierung offenbar für die Funktion – und die Funktion, um die es hier geht, ist die Reproduktion der bestehenden Herrschaftsverhältnisse. Sie wird von den ideologischen Staatsapparaten auf eine grundsätzlich andere Art und Weise ›ausgefüllt‹, als dies den repressiven Staatsapparaten möglich ist. Denn aufgrund dieser ihrer Funktion vollzieht sich (im Erfolgsfalle) eben das Folgende: »[D]ie Dinge funktionieren ganz von alleine, eben weil die juristischen Personen[36] von diesen Evidenzen durchdrungen sind« (ebd.) – und diese Evidenzen motivieren demgemäß wirklich die realen Individuen, indem diese eben »aus bloßem juristisch-moralischem ›Gewissen‹ heraus« (112) handeln.

Insgesamt ergibt sich seiner eigenen Darstellung nach aus Althussers Analyse ein ganz eigentümlicher – und vor allem für eine mögliche politische Praxis höchst bedeutsamer – Befund, nämlich dass »die Konsequenzen der Art und Weise, wie das Recht derart funktioniert (zugleich aufgrund der Staatsgewalt und mit gewaltloser Ideologie), nicht kalkulierbar« sind (112). Denn das kann sich jeweils nur aus dem komplexen Zusammenwirken aller Faktoren entscheiden, wie sie wirkliche Lagen bestimmen – aus einer prognostischen Perspektive muss es dagegen als vorher nicht bestimmbar (und also ›aleatorisch‹) erscheinen.[37]

Für den hier diskutierten Zusammenhang ist es von zentraler Bedeutung, dass, wie Althusser es formuliert, »die Existenz und Funktionsweise des Rechts im eigentlichen Sinne unbegreiflich« wäre »außerhalb« der beiden als solchen *außerrechtlichen* Realitäten des Staates und der Ideologie. In dieser metaphorisch verortenden Bestimmung als »außerhalb« stecken offenbar zwei verschiedene Thesen, die meines Erachtens zu unterscheiden sind: *Erstens* die These, dass »das Recht« nicht autonom, eigengesetzlich, funktioniert – also keinen in sich abgeschlossenen Determinationszusammenhang bildet. *Zweitens* offenbar auch noch die durchaus nicht triviale These, dass erst durch die Einbeziehung eben dieser beiden *spezifischen* »Realitäten«, also des Staates und der Ideologie, »die Existenz und die Funktionsweise des Rechts im eigentlichen Sinne« begreiflich würden. Wenn wir uns daran erinnern, dass das marxsche *Kapital* weder den Staat[38] noch die Ideologie[39] behandelt, wird erst die Tragweite dieser These deutlich – sie identifiziert nämlich ein ganzes Feld noch zu leistender Untersuchungen als Voraussetzung einer adäquaten politischen Praxis auf marxistischen Grundlagen.

Althussers zweite Erörterung des ›Rechts‹

Eben diese letzte, in sich gedoppelte These der Unbegreiflichkeit des Rechts außerhalb von Staat und Ideologie bildet dann den – hier nicht noch einmal wiederholten – Ausgangspunkt für Althussers zweite Erörterung des Rechts, die »unverzichtbar« sei, »um dem Recht [...] den ihm gebührenden Platz einzuräumen« (233). Statt der angekündigten »wenigen Worte« begründet er dann auf zehn Seiten seine spezifische Auffassung, nämlich »das ›Recht‹ als ideologischen Staatsapparat definieren zu können, der in den kapitalistischen Gesellschaftsformationen eine absolut spezifische Funktion wahrnimmt« (241). Und er fügt sogleich hinzu, dass demgemäß das Recht »nicht zu den Produktionsverhältnissen gehört, deren Funktionieren es regelt, sondern zum Staatsapparat« (ebd.). Eine genauere Lektüre dieses Kapitels verspricht daher auch, Aufschluss zu geben über Althussers in seiner Weite umstrittenen[40] Begriff des »Staatsapparats«, wie er für seine Auffassung der ›Ideologischen Staatsapparate‹ konstitutiv ist.[41]

Dazu greift er zunächst auf die Debatten »insbesondere in der UdSSR nach 1917« (233) zurück, also, wie er ausdrücklich anmerkt, vor dem »Verschwinden von Spezialisten« (ebd.) unter dem Stalinismus. Damals habe es »eine sehr breite Debatte über die Frage gegeben, ob das Recht zum Überbau gehört oder ob es nicht doch eher ›auf der Seite der Produktionsverhältnisse einzuordnen wäre« (ebd.) – und Althusser erklärt ausdrücklich: »Das ist eine völlig triftige Frage.« (ebd.)

Er stützt sich auf eben diese Debatte, um genau diese Frage dann seinerseits zu beantworten: »Wenn sich die Klärungen als begründet herausstellen, die dabei erreicht werden konnten, dann können wir eine zwar schematische, aber klare und genaue Antwort [auf diese Frage] vorbringen« (ebd.). Nämlich die zu Anfang des zweiten Abschnitts seiner Darstellung gegebene Definition: »Das Recht regelt formell das Zusammenspiel der kapitalistischen Produktionsverhältnisse, denn es definiert, was Eigentümer sind, was deren Eigentum (Güter) sind, worin ihr Recht besteht, ihr Eigentum zu ›nutzen‹ oder es auch zu ›missbrauchen‹«, mit anderen Worten »ihr Recht, ihr Eigentum völlig frei zu veräußern, und worin das wechselseitige Recht besteht, ein Eigentum zu erwerben« (236).

Allerdings schränkt er den Anspruch seiner Darstellung bereits vorab sofort ein: Diese Antwort gelte nur »im Grundsatz, denn diese zentrale Frage hätte lange theoretische Analysen verdient, die sich dann, um wirklich ins Detail zu gehen, allein auf der Grundlage empirischer (historisch konkreter) Untersuchungen durchführen ließen« (ebd.). Althusser greift zunächst auf »mehrere Textpassagen des Kapitals« zurück (234), in denen Marx zeige, »dass die Entstehung und Ausprägung neuer Produktionsverhältnisse [...] Gegenstand eines sehr langwierigen Prozesses ist, der sehr lange Zeit bloß faktisch geschieht, ohne juristisch als rechtmäßig anerkannt zu werden« (ebd.). Damit fasst er die Resultate der Untersuchung der historischen Übergänge zur Durchsetzung der kapitalistischen Produktionsweise zusammen, die ihn schon in seinem Montesquieu-Buch beschäftigt hatte: Es gibt einfach keinen notwendigen oder »gesetzmäßigen« Übergang von früheren Produktionsweisen zur Herrschaft der kapitalistischen

Produktionsweise, sondern dieser Übergang ist ein komplexer und eben nicht von vornherein in seinen Ergebnissen feststehender historischer und insofern letztlich »aleatorischer« Prozess.[42]

Exemplarisch führt Althusser hier an, dass es »unter der ›Feudalität‹«[43] zu »einer umfassenden Anwendung [extension] des bürgerlichen Rechts in bestimmten Sektoren der betreffenden Gesellschaftsformationen« gekommen sei (ebd.). Zudem spricht er »das Phänomen der Renaissance des Römischen Rechts« an, das in »sowohl ökonomischen (Entwicklung des Warenaustausches) als auch politischen (Rückgriff der Ideologen der absolutistischen Monarchie, auf das politische römische Recht) ›Problemen‹ wurzelte« (ebd.). Derartige (grundsätzlich als solche zufällige) »Zusammentreffen« seien als »ein Indiz« aufzufassen, »über das keine Täuschung möglich ist und das es auch nicht verfehlen kann, uns zugleich über die Beziehung zwischen Recht und Staat aufzuklären« (234 f.). Demgemäß sei es »ganz klar« dass es [sc. das »Recht [...] der Bourgeoisie«] »dazu bestimmt ist, vor allem [...] genau bestimmte ökonomische Praktiken zu regeln: die Praktiken des Austauschs, sowie Verkaufs und Ankauf von Waren, welche ihrerseits das Eigentumsrecht voraussetzen – und darauf beruhen –, sowie die entsprechenden rechtlichen Kategorien (Rechtspersönlichkeit, rechtliche Freiheit, rechtliche Gleichheit, rechtliche Verpflichtung)« (235).

Als Ergebnis seiner Untersuchung hält Althusser nun fest,

– dass *erstens* »das bürgerliche Recht eine unwiderstehliche Tendenz zuvor zur Formalität und zur Universalität auf[wies]« (ebd.) und

– dass *zweitens* »Formalität und Universalität nur unter den Bedingungen möglich [sind], dass das Recht abstrakt ist, d. h. wirklich von jedem bestimmten Inhalt abstrahiert« – mit dem paradox erscheinenden Effekt, »dass das Recht auf seinen Inhalt wirksam einwirkt, also auf genau den Inhalt, von dem es mit Notwendigkeit abstrahiert« (ebd.).

Mit anderen Worten tritt also das Recht eben dadurch als formal und universal auf, dass es sich immer schon auf die spezifischen Inhalte der modernen bürgerlichen Verhältnisse eingelassen hat.[44]

Dieser Paradoxie geht Althusser zunächst nicht weiter nach, sondern kommt noch einmal auf die beiden einander entgegengesetzten Seiten des Rechts zu sprechen: Einerseits hält er fest, »dass das Recht allein unter der Bedingung funktionieren kann, dass ein repressiver Staatsapparat wirklich existiert, der die Sanktionen wirklich umsetzt« (236); andererseits sei es »uns aber auch deutlich geworden, dass das Recht in der unermesslichen Mehrzahl der Fälle beachtet wurde [...] ohne ein direktes Eingreifen der Organe des repressiven Staatsapparates, der auf die praktische [...] Umsetzung der im Strafgesetzbuch festgeschriebenen Sanktionen spezialisiert ist« (ebd.). Anschließend trifft Althusser »einige Aussagen«, mit denen er zumindest einen Anfang damit zu machen beansprucht, »in Bezug auf die kapitalistischen Gesellschaftsformationen« – diese historische Eingrenzung darf hier nicht übersehen werden – »den Übergang von einer ›deskriptiven Theorie‹ des Rechts« zu einer Theorie im vollen Sinne[45] (ebd.) zu vollziehen.

Diesen Übergang vollzieht Althusser in zwei Stufen: Zunächst geht er der Frage nach, was die »wirkliche[n] Gründe für die Charakteristika des ›Rechts‹« (236) seien (236–239), dann zieht er aus seiner Darstellung dieser Gründe zwei »Schlussfolgerungen« (239) über den »juristische[n] ideologischen Staatsapparat« (ebd.) als solchen.

Nachdem er zunächst die eingangs versprochene Definition des bürgerlichen Rechts gegeben hat (s. o.), hält Althusser noch einmal die von uns hervorgehobene Paradoxie fest: »[I]n dieser Hinsicht hat das Recht eben die kapitalistischen Produktionsverhältnisse[46] zum konkreten Gegenstand, von denen es doch ausdrücklich abstrahiert« (236 f., Anm. 230). Anschließend argumentiert er dann sofort ganz grundsätzlich: »Achtung: Eine Abstraktion ist immer, wie jede Negation, eine bestimmte Abstraktion.« (237) Mit diesem Begriff der ›bestimmten Abstraktion‹[47] gibt er den spezifischen Mechanismus an, durch den sich das »Recht der Bourgeoisie« als solches konstituiert: Es »abstrahiert nicht von etwas völlig Unbestimmten, sondern von dem bestimmten konkreten Gegenstand, dessen ›Spiel‹ [...] es zu regeln berufen ist, nämlich von den kapitalistischen Produktionsverhältnissen« (ebd.).

Aus dieser inhaltlichen Rückbindung der Abstraktion des Rechts begründet sich nun für Althusser, dass es »offensichtlich keinen Grund [gibt], in die ideologische Illusion zu verfallen, die es den Justizbeamten oder Juristen ermöglicht, bei gutem ›professionellen bzw. moralischen Gewissen‹ Diener des kapitalistischen Staates zu sein« – aufgrund eben der »Illusion, dass die Justizbeamten und Juristen [...] Diener der Freiheit und der Gleichheit wären und nicht des kapitalistischen Staates« (ebd.). Die mit dieser Illusion verbundene Universalität des »Rechts der Bourgeoisie« besteht »aus dem einfachen und guten Grund, dass unter der Herrschaft des Kapitals das Zusammenspiel der Produktionsverhältnisse in dem Spiel eines Handelsrechts besteht, das wirklich universell ist, weil nämlich unter der Herrschaft des Kapitals alle Individuen [...] Rechtssubjekte sind und weil alles Ware ist« (ebd.). Dementsprechend »kommen den Proletariern im Angesicht des bürgerlichen Rechts dieselben Attribute zu wie den Kapitalisten« (237 f.), nämlich Freiheit und Gleichheit. Mit anderen Worten »[sind also] Abstraktion, Formalität und Universalität des Rechts [...] nur die offizielle und legale Anerkennung der formellen Bedingungen, welche das Spiel, d. h. das Funktionieren der kapitalistischen Produktionsverhältnisse, regeln« (238).

Nun ist »[a]ber [...] das Recht einerseits mit einem spezialisierten repressiven Apparat verknüpft [...] und andererseits auch mit der bürgerlichen juristisch-moralischen Ideologie verbunden« (ebd.). Aufgrund dieser doppelten Anbindung funktioniert das Recht – als »bestimmte Abstraktion« von der »anderen konkreten Wirklichkeit, welche der Staatsapparat ist« (ebd.) – »sowohl als repressiv als auch als ideologisch« (ebd.). Eben hierin sieht Althusser ein neues Moment: »Dies ist es, was uns dann [...] zugleich noch eine neue Funktion des Staatsapparats vor Augen führt« und darüber hinaus noch eine tiefere Einsicht in den gesellschaftlichen Funktionszusammenhang des Rechts unter der Herrschaft der kapitalistischen Produktionsweise eröffnet, uns »vielleicht sogar gleichzeitig die Mittel dafür an die Hand gibt, den Status des Rechts zu definieren« (ebd.). Wohlgemerkt, »den Status des Rechts«, nicht das Recht als solches, dessen Definition Althusser schon eingangs gegeben hat – oder wozu er anschließend ausführt, dass wir es »als einen Teil eines Systems zu begreifen haben, das aus dem Recht, dem spezialisierten repressiven Apparat und der juristisch-moralischen Ideologie besteht« (ebd.). Auf dieser Grundlage kann Althusser dann die eingangs aufgeworfene Frage dahingehend beantworten, dass zum einen »[e]ine spezialisierte Abteilung des repressiven Staatsapparates [...] durchaus und eindeutig direkt ein[greift] – und zwar nicht nur in die Reproduktion der Produktionsverhältnisse, sondern in das Funktionieren der Produktionsverhältnisse als solche« (239); während zum anderen eben dieses Eingreifen »im täglichen Funktionieren der kapitalistischen Produktionsverhältnisse die Ausnahme darstellt« (ebd.) – und »in der unermesslichen Mehrzahl der Fälle das Recht das ›reguläre‹ Funktionieren der kapitalistischen Produktionsverhältnisse ›über die juristisch-moralische Ideologie‹ reguliert« (ebd.). Demgemäß scheine »diese juristisch-moralische Ideologie nicht nur in die Reproduktion der Produktionsverhältnisse einzugreifen, sondern sie interveniert direkt und täglich, in jeder Sekunde, in das Funktionieren der Produktionsverhältnisse« (ebd.) – es ist also kein bloßer Anschein, sondern eine reale Tatsache, und es geht vor allem nicht nur oder vielmehr erst um die sekundäre Reproduktion, sondern bereits um das primäre »Funktionieren der Produktionsverhältnisse«.

Es scheint mir hilfreich, diese spezifische These Althussers auf die schon bei Marx angelegte Unterscheidung zwischen den konkret gegebenen, singulären Verhältnissen (wie sie jede ›konkrete Analyse der konkreten Situation‹ zu erfassen hat) und ihrer theoretischen Darstellung »im idealen Durchschnitt«[48] zu beziehen: Denn eben dieses »Funktionieren der Produktionsverhältnisse« lässt sich zwar *theoretisch* unter Bezugnahme auf als solche begrifflich erfasste und in begriffsadäquaten und durchschnittlichen Verhältnissen erfolgende Prozesse und Praktiken nachvollziehen – ein praktisches *Ein*greifen in sie muss sich aber immer auf die ganz konkreten, singulären Lagen[49] beziehen, innerhalb derer sie stattfinden. Und eben diese singulären Lagen sind bekanntlich – gemäß Althussers gut nachvollziehbarer Auffassung – immer komplex überdeterminiert, also sowohl in ökonomischer als auch in politischer oder ideologischer Hinsicht vielfältig bestimmt. In dieser Perspektive ist es keineswegs eine Überraschung, dass auch schon das primäre »Funktionieren der Produktionsverhältnisse« in konkreten Lagen immer schon ideologisch vermittelt ist.

Althusser konzentriert sich an dieser Stelle darauf, »ohne damit allzu große Risiken einzugehen[50], zwei Schlussfolgerungen zu ziehen« (ebd.): *Erstens* konstatiert er, »dass – in einer gewissen, genau definierten Hinsicht – die Reproduktion der kapitalistischen Produktionsverhältnisse [...][51] mitten im Schoße des Funktionierens der kapitalistischen Produktionsverhältnisse und gleichzeitig mit diesem Funktionieren gewährleistet wird« (ebd.). Die *zweite* Schlussfolgerung macht er dann gleich zur Grundlage einer weiteren These, dass »das ›Recht‹ [...] zu Recht unter dem Begriff des ideologischen Staatsapparates gedacht wird« (240) – und zwar »mit dieser eigentümlichen Unterscheidung, dass es sich um denjenigen Staatsapparat handelt, dessen spezifisch dominante Funktion nicht darin bestünde, die Reproduktion der kapitalistischen Produktionsweise zu gewährleisten [...], sondern vielmehr darin, direkt das Funktionieren der kapitalistischen Produktionsweise zu gewährleisten« (ebd.).

Diese These hat für Althusser dann wirklich weitreichende Konsequenzen: Sie stelle »eine Tatsache allererster Wichtigkeit in den Vordergrund« (ebd.) – nämlich »die entscheidende Rolle, welche in den kapitalistischen Gesellschaftsformationen die juristisch-moralische Ideologie und ihre Umsetzung durch den juristischen ideologischen Staatsapparat spielt«, der, wie Althusser hier sofort hinzusetzt, »als spezifischer Apparat den *Überbau in die Basis hinein und innerhalb der Basis artikuliert*«.

Von dieser strategisch wichtigen Feststellung geht Althusser zu der These über, »dass in dem Bereich, den wir provisorisch als die praktischen Ideologien bezeichnen, die juristisch-moralische Ideologie die dominante Rolle spielt« (241). Diese These bedarf nach drei Richtungen einer näheren Interpretation: *Erstens* ist zu klären, welcher »Bereich« hier von Althusser derart gekennzeichnet wird (und in welchem Sinne dies »provisorisch« ist); *zweitens* wäre es hilfreich, genauer zu bestimmen, was hier die Rede von einer »dominanten Rolle« bedeutet, und *drittens* ist noch einmal zu fragen, was für diese eigentümlich zusammengesetzte »juristisch-moralische[] Ideologie« charakteristisch ist, um sie nach Althussers Auffassung für eben diese Rolle zu qualifizieren.

Auf diese dritte Frage geht Althusser hier nur insofern ein, als er kurz skizziert, wie die »Paarung« von »juristischer« und »moralischer« Ideologie als solche zu begreifen ist: Zwar wüssten wir (immer schon), dass in ihr »die juristische Ideologie immer dann das Wesentliche ausmacht, wenn es um die Ausübung des Rechts geht« – dann trete »die moralische Ideologie nur als Ergänzung auf [...], gewiss eine unverzichtbare Ergänzung, aber eben doch nur eine Ergänzung«

(ebd.). Dieser Feststellung lässt sich *zum einen* entnehmen, dass es auch Bereiche geben muss, in denen die moralische Ideologie ihrerseits ›das Wesentliche ausmacht‹, nämlich in allen Bereichen der alltäglichen Lebenspraxis, in denen es nicht ›um die Ausübung des Rechts geht‹ (hier spielt die juristische Ideologie allenfalls die Rolle einer *fleet in being*, die durch ihre bloße Existenz präventiv konfliktvermeidend wirkt). *Zum anderen* ist hier aber der Begriff der »Ergänzung« interpretationsbedürftig. Handelt es sich um fehlende Stücke einer Gesamtgestalt – wie etwa bei einer aufgefundenen antiken Statue, deren abgebrochene Glieder möglichst adäquat zu ergänzen wären? Das erscheint mir wenig plausibel. Oder aber handelt es sich einfach um offene Fragen in Bezug auf die richtige Anwendung der als solche anerkannten Rechtsregeln, wie sie beständig von allen ›Rechtsgenoss*innen‹ im Lichte ihrer moralischen Orientierungen ausgelegt und angewandt werden, um ihre ›Rechtsmeinungen‹ zu bilden, während doch nur in der kleinen Minderheit der ›vor Gericht gebrachten‹ Konfliktfälle die jeweils angerufenen und ›zuständigen‹ Richter ein rechtlich verbindliches, ›gültiges‹ Urteil fällen? Nach meiner Auffassung handelt es sich allein bei der letzteren um eine angemessene und auch weiterführend tragfähige Interpretation.

Von ihr ausgehend wird es dann auch möglich, die drei oben umrissenen Fragen klärend zu beantworten:

1. Althusser spricht hier offenbar denjenigen Bereich (bzw. diejenigen Bereiche) des Alltagslebens an, in dem (bzw. denen) zumindest latent auf Rechtsregeln und -normen Bezug genommen wird, während diejenigen ›selbstverständlichen‹ Bereiche des Alltagslebens, in denen dieser latente Rückbezug nicht gelebt wird bzw. im Erleben überhaupt nicht präsent ist, zwar von der ›moralischen Ideologie‹ durchdrungen sind, aber sich eben nicht ohne Weiteres auf die ›juristische Ideologie‹ beziehen lassen. Das lässt (a) offenbar den Rückschluss zu, dass es sich eben um die zumindest latent von Konflikten durchdrungenen Bereiche handelt – also nicht weniger als alle diejenigen Bereiche, die vom ›Klassenkampf‹[52] geprägt sind. Darüber hinaus ist eine derartige Regelung bzw. Konfliktlösung (b) zumindest insofern immer »provisorisch«, als die Grenze zwischen denjenigen Bereichen, in denen der Klassenkampf zumindest latent eine prägende Rolle spielt, und denjenigen, in welchen er völlig abwesend ist, selber beweglich ist – weil ihre nähere Bestimmung selbst bereits ein Gegenstand des Klassenkampfes ist.

2. Zu klären war, ob Althussers Rede von einer »dominante[n] Rolle« ein bloßes ›Überwiegen‹ im Sinne einer ›Vorherrschaft‹ bedeutet oder aber tatsächlich eine herrschaftliche Rolle, nämlich in der Durchsetzung und Aufrechterhaltung von Klassenherrschaft – wie ich auch hier wiederum zu ergänzen vorschlage, innerhalb konkret gegebener, singulärer ›Klassengesellschaften‹. Althussers folgender Bezug auf »diese[] beiden Dominanzen« (241) belegt meines Erachtens

eindeutig, dass hier ein ›Überwiegen‹ gemeint ist – allerdings in einem Prozess, in dem es um die beständige Reproduktion von Herrschaftsverhältnissen geht.

3. Die »spezifische Charakteristik« dieser eigentümlich zusammengesetzten »juristisch-moralischen Ideologie« besteht demgemäß in einem funktionalen Zusammenwirken dreier ›Bereiche‹: der juristischen Ideologie als solcher, der moralischen Ideologie als solcher, sowie den spontanen, nicht-professionellen Anwendungen der moralischen Ideologie auf alle Streitfragen der Rechtsauslegung und -anwendung – noch bevor es zu einer autoritativen ›Beantwortung‹ derartiger Streitfragen durch institutionalisierte juristische Instanzen kommt, wie dies bekanntlich nur in einer kleinen Minderheit der alltäglichen ›Streitfälle‹ geschieht.

Von hier aus deutet Althusser eine bemerkenswerte Weiterung an, indem er noch einmal an seine beiden zuletzt formulierten Thesen erinnert (241), dass also »die Reproduktion der kapitalistischen Produktionsverhältnisse mitten im Schoße des Funktionierens der kapitalistischen Produktionsverhältnisse und gleichzeitig mit diesem Funktionieren gewährleistet wird« (239) und »dass das ›Recht‹ [...] zu Recht unter dem Begriff des ideologischen Staatsapparates gedacht wird« (240). Althusser schließt dabei auch eine »Form der Annäherung zwischen [diesen Thesen]« mit ein, »die sich jetzt zwischen diesen beiden Dominanzen abzuzeichnen beginnt [...], wobei jede in ihrer eigenen ›Sphäre‹ bleibt, und ihre eigene Rolle beibehält« (241). Diesen Verweis konkretisiert Althusser dann auf eine Weise, die der näheren Untersuchung bedarf: Er stellt dem »schulischen ideologischen Staatsapparat«, dessen Zentralität in dem sonst eher unstrukturiert-pluralen Gesamtfeld der ›ideologischen Staatsapparate‹ er oben behauptet hatte, nicht einfach den juristischen ideologischen Staatsapparat als solchen entgegen, womit er auf dessen Brückenfunktion zu den repressiven Staatsapparaten verweisen würde. Vielmehr spricht er hier als Gegenpart zum ›schulischen ideologischen Staatsapparat‹ ganz unvermittelt von der »juristisch-moralischen Ideologie« (ebd.). Diese bewusste Asymmetrie verweist offenbar darauf, dass es hier nicht um eine schlichte funktionale Differenzierung zwischen unterschiedlichen ›Staatsapparaten‹ geht, sondern um ein Verhältnis zwischen einem ›ideologischen Staatsapparat‹ und einer bestimmten Ideologie, die im Funktionieren der ›ideologischen Staatsapparate‹ insgesamt wirksam ist – und zwar genau um die organische Verbindung von juristischer Ideologie und moralischer Ideologie. Damit wird auch die zunächst rätselhafte Ankündigung zumindest ansatzweise verständlich, die Althusser hier ganz unvermittelt anfügt: »Diese Hinweise werden gebraucht, sobald wir zu dem Punkt zurückkommen, von dem wir ausgegangen sind und der sich immer noch unentschieden in der Schwebe befindet: zu der Frage nach dem Wesen der Philosophie.« (ebd.) Zur Erinnerung: Am Ende von *Kapitel I: Was ist die Philosophie?*, hatte Althusser resümiert, »dass die Existenz der Philosophie und ihre Transformationen in einem engen Verhältnis steht zu der Konstellation von Ereignissen in den Bereichen der Klassenverhältnisse und des Staates einerseits sowie der Wissenschaftsgeschichte andererseits« (41) – und gleich hinzugefügt: »An diesem Punkt unserer Argumentation haben wir bloß die Existenz eines Verhältnisses festgestellt, das zwischen diesen Bedingungen und der Philosophie besteht. Aber wir wissen noch gar nichts über die Natur dieses Verhältnisses.« (42) Um »in Bezug auf dieses Verhältnis klar zu sehen« (ebd.), kann Althusser hier offenbar als einen wichtigen Schritt ankündigen, ›die Philosophie‹ – verstanden als die Tätigkeit der Philosoph*innen[53] – in ihrem ›Wesen‹ eben durch ihren konstitutiven Bezug sowohl auf den Inhalt des ›schulischen ideologischen Staatsapparats‹ als auch auf die Reproduktion der ›juristisch-moralischen Ideologie‹ näher zu bestimmen. Denn ›die Philosophie‹ definiert sich für ihn immer wieder in doppelter Weise: einerseits als Leitinstanz des gesamten ›schulischen ideologischen Staatsapparates‹[54], andererseits als verbindliche Orientierungsgrundlage aller Bereiche der ›juristischen‹ und der ›moralischen‹ Ideologie bzw. überhaupt aller ›praktischen Ideologien‹. Das ist bei oberflächlicher Betrachtung ein Befund, der sich deutlich erkennbar auf die (seit dem Ausgang des 19. Jahrhunderts durchgesetzte[55]) spezifisch französische Verfasstheit von Schule und Hochschule bezieht. Er lässt sich aber auch ohne großen Aufwand weiter ›abstraktifizieren‹ und damit verallgemeinern: Jedenfalls alle ›modernen Philosophien‹ wirken gedoppelt auf die Reproduktion der herrschenden ideologischen Mächte ein – indem sie zum einen in der funktionalen Reproduktion und beständigen Weiterentwicklung der herrschenden Ideologie in allen wissenschaftlichen Institutionen und in der Öffentlichkeit tätig und auch wirksam sind und zum anderen – in unterschiedlichem Grade mit dieser ersten Aufgabe verknüpft – daran mitwirken, beständig die entsprechende Sozialisation geeigneter subjektiver Träger dieser Ideologie sicherzustellen.

Vorläufige Schlussfolgerungen

Ich möchte mich auf zwei ganz schlichte Bemerkungen beschränken: *Erstens* hat Althusser in den von uns nachvollzogenen Argumentationen nicht nur die Ablösung vom ›historischen Materialismus‹ vollzogen (wie er ihn zuvor noch programmatisch auf dem im *Kapital* erreichten Niveau hatte erneuern wollen) – sondern er hat *zweitens* hier offenbar auch damit begonnen, die irreduzible Spezifik der von Marx nur exemplarisch ausgearbeiteten ›Kritik der Politik‹ als solche ins Auge zu fassen. Damit erschließt sich, scheint mir, die radikale kritische Bedeutung eines auf den allerersten Blick geradezu als eine vereinfachte Fassung des offiziellen Marxismus daherkommenden Textes. Das lohnt doch die Mühe der genaueren Lektüre.

Anmerkungen

1 Der vorliegende Beitrag zitiert aus der deutschen Übersetzung: Louis Althusser: Der Überbau: Über die Reproduktion der Produktionsverhältnisse. In: Ders.: Über die Reproduktion. Ideologie und ideologische Staatsapparate, 2. Halbband: Fünf Thesen über die Krise der katholischen Kirche / Über die Reproduktion der Produktionsverhältnisse. Hamburg 2012, S. 17–302. Sämtliche in Klammern angegebenen Seitenzahlen in vorliegendem Beitrag beziehen sich auf diesen Band.

2 Zu den Ausnahmen gehören die einführenden Texte von Jacques Bidet (304–310) und Étienne Balibar (311–313) sowie ders.: Préface. Althusser et les ›Appareils Idéologiques d'État‹. In: Louis Althusser: Sur la reproduction. Paris 2011, S. 7–18. Die wenigen weiteren, verstreuten Beiträge zur Lektüre – etwa von Yoshiyuki Sato und Imre Szeman – *haben noch keine Debatte in Gang bringen können. Vgl.* Yoshiyuki Sato: Du Capital à la philosophie de la reproduction: le matérialisme chez Althusser. In: Zinbun 44 (2014), S. 61–70; Imre Szeman: On Ideology in Althusser's *On the Reproduction of Capitalism. In: Mediations. Journal of the Marxist Literary Group 30 (2017), S. 83–88, online: https://mediationsjournal.org/articles/On_Ideology.*

3 Die von Althusser als heilsam begrüßte ›Krise des Marxismus‹ hat faktisch zu einem Zusammenbruch der (vorher bereits mehrfach aufgespaltenen) ›kommunistischen Weltbewegung‹ geführt, aus dem sich bisher noch keine wirklich überzeugende Perspektive einer Erneuerung ergeben hat.

4 Frieder Otto Wolf: Nachwort (359).

5 Auf Deutsch zusammengefasst in den beiden Halbbänden *Ideologie und ideologische Staatsapparate* und *Über die Reproduktion* der von mir herausgegebenen Werkausgabe. Louis Althusser: Ideologie und ideologische Staatsapparate. 1. Halbband: Michel Verrets Artikel über den »studentischen Mai« / Ideologie und ideologische Staatsapparate / Notiz über die ISAs. Hamburg 2010; ders.: Über die Reproduktion. A. a. O.

6 Louis Althusser: Ideologie und ideologische Staatsapparate. In: Ders.: Ideologie und ideologische Staatsapparate. 1. Halbband, a. a. O. Zum Verhältnis dieses Textes zu dem bereits vorliegenden, aber dann nicht mehr veröffentlichten Manuskript von Der Überbau vgl. meine Übersicht zur Auskoppelung des ISA-Artikels (369–373).

7 Die inzwischen historische Tatsache, dass in den »Kreisen um Althusser an der Frage des Rechts als ideologischer Realität intensiv und durchaus produktiv weitergearbeitet worden ist« (ebd., S. 322, Anm. 12), lässt sich heute über die damals von mir angeführten Arbeiten von Edelman (1973) und Peter Schöttler (1980) hinaus etwa an wichtigen Texten Étienne Balibars (so etwa zur Problematik der Menschen -und Bürger*innenrechte; 1998) und Laurent de Sutters (2019) sowie an dem von de Sutter u. a. herausgegebenen Sammelband (2013) belegen. Vgl. aber auch die grundsätzlichen Klärungen bei Francine Demichel (1993), Warren Montag (2013) oder W. S. Lewis (2013) sowie spezieller Juan Domingo Sánchez Estop (2013). Im Einzelnen: Bernard Edelman: Le droit saisi par la photographie, Éléments pour une théorie marxiste du droit. Paris 1973; Peter Schöttler: Friedrich Engels und Karl Kautsky als Kritiker des »Juristen-Sozialismus«. In: Demokratie und Recht 8 (1980), S. 3–25 (längere Fassung in: Recht en Kritiek 3 (1977)); Étienne Balibar: Droit de cité: Culture et politique en démocratie«. Paris 1998; Laurent de Sutter: Après la loi, Paris 2019; Laurent de Sutter / Laurent Desutter / Peter Goodrich / David Seymour (Hg.): Althusser and Law. London 2013; Francine Demichel: Althusser et le droit. In: Sylvain Lazarus (Hg.): Politique et philosophie dans l'œuvre de Louis Althusser. Paris 1993, S. 117–124; Warren Montag: ›The threat of the outside: Althusser's reflection on law‹. In: De Sutter u. a.: Althusser and Law. A. a. O., S. 15–32; W. S. Lewis: Althusser on Laws Natural and

Juridical. In: ebd., S. 33–48; Juan Domingo Sánchez Estop: Althusser's paradoxical legal exceptionalism as a materialist critique of Schmitt's decisionism. In: Ebd., S. 67–80.

8 An diese Darstellung hätte sich ein »Band II« über »den Klassenkampf in den kapitalistischen Gesellschaftsformationen« (17) anschließen sollen, den er dann nicht geschrieben hat. Zu diesem ersten Band erläutert Althusser, dass er sich darin »ausführlich mit der Frage der Reproduktion der Produktionsverhältnisse befasst [habe], zu der uns Marx wichtige Fingerzeige gegeben hat, ohne sie aber zu systematisieren« (18). Dem liegt die damalige Kapital-Interpretation Althussers zugrunde, der zufolge Marx »im Kapital – im ersten Band (Theorie des Lohns: Reproduktion der Arbeitskraft) und im zweiten Band (Theorie der Reproduktion der Produktionsmittel) – die Reproduktion der Produktivkräfte ausführlich behandelt« habe (ebd.). Diese Interpretation des Marx'schen Kapital in seinem theoretischen Stellenwert insgesamt bedarf einer ausführlichen Behandlung, wie sie im Rahmen der hier vorgelegten Lektüre nicht zu leisten ist.

9 Ich halte meine Rekonstruktion des Titels, den Althusser für das vorliegende gesamte Manuskript dieses ersten Bandes beabsichtigt hatte, immer noch für gut begründet: Der Überbau: Über die Reproduktion der Produktionsverhältnisse (9). Es gibt aber auch Stellen im Text, an denen Althusser schlicht von »Die Reproduktion der kapitalistischen Reproduktionsverhältnisse« als geplantem Titel schreibt (so etwa 18).

10 Zur Publikationsgeschichte vgl. Bidet (304–310) u. Balibar (311–313).

11 Hier ist daran zu erinnern, dass Althusser im Französischen nicht über eine den deutschen Begriffen ›juridisch‹ und ›juristisch‹ entsprechende Unterscheidung verfügt, aber durchaus konsequent auf der Ebene der realen rechtlichen Verhältnisse (also des ›Juridischen‹) und nicht auf der ihrer rechtswissenschaftlichen Behandlung (also des ›Juristischen‹ im engeren Sinne) argumentiert (vgl. 233, Anm. 273).

12 Es gibt, scheint mir, gute Gründe dafür, diesen von Althusser hier als ›genauere Ausführung‹ gekennzeichneten Schritt als eigenständigen Schritt der Anwendung auf reale, immer schon überdeterminierte Verhältnisse – Marx spricht hier, wie dies insbesondere das Westberliner ›Projekt Klassenanalyse‹ betont hat, von einem »Stück Zeitgeschichte« – zu unterscheiden von der theoretischen Rekonstruktion der kapitalistischen Produktionsweise in ihrem ›idealen Durchschnitt‹. Diese Unterscheidung wäre allerdings nur ein weiterer Schritt auf der hier von Althusser begonnenen Linie einer ›Dekonstruktion‹ des ›historischen Materialismus‹.

13 Vgl. Wolfgang Küttler / Alexis Petrioli / Frieder Otto Wolf: Historischer Materialismus. In: Historisch-kritisches Wörterbuch des Marxismus, Bd. 6/I. Hamburg 2004, S. 316–334.

14 Was sich auf den ersten Blick als eine schlichte Übernahme des ›historischen Materialismus‹ liest, hat sich bereits hier in einen radikalen Bruch mit allen Versuchen verwandelt, in den Manuskripten zur Deutschen Ideologie so etwas wie eine allgemeine marxistische Theorie der Geschichte zu finden. Vgl. auch vorläufig Danga Vileisis / Frieder Otto Wolf: Marx und Engels im Umbruch: Zur kritischen Neuedition der Texte zur Deutschen Ideologie. In: Deutsche Zeitschrift für Philosophie 66 (1) (2018), S. 134–141; sowie den noch in Arbeit befindlichen Sammelband: Dies.: Deconstructing Historical Materialism. Leiden vsl. 2025.

15 In der Rezeption des ausgekoppelten Textes von 1969 über die ISA wird zumeist übersehen, dass Althusser neben den noch personal verankerten Beispielen aus der frühen Neuzeit (256, 257) zumindest auch neuere Beispiele nennt, in denen es um gänzlich unpersönliche Unterwerfungsverhältnisse geht (wie etwa in Bezug auf »die Pflicht« (256, 279), die »Gerechtigkeit« (256, 279), die »Revolution« (261, 279) oder auch »Vaterland, Nationalinteresse oder Allgemeininteresse, der Fortschritt, die Revolution« (279). Diese Beispiele hat Althusser aber nicht ausgeführt – im Gegensatz zum religiösen Beispiel des Christentums (272, 273–277) und zum unvermeidlich personenbezogenen Modell der Subjektkonstitution und -reproduktion innerhalb der Familie (271 f., 289 f.).

16 Vgl. zu diesem Begriff etwa Jean-Yves Pranchère: »Catho-Laicité«. In: Revue des Deux Mondes 4 (2011), S. 109–132, www.jstor.org/stable/44193051; sowie auch, kritisch, Jean Baubérot: Les 7 laïcités françaises. Le modèle français de laïcité n'existe pas. Paris 2015.

17 Vgl. die jüngere marxistische Debatte über die Geldware, wie sie sich überzeugend zusammengefasst findet in: Stefano Breda: *Kredit und Kapital. Kreditsystem und Reproduktion der kapitalistischen Vergesellschaftungsweise in der dialektischen Darstellung des »Kapital«.* Würzburg2018 (Freie Universität Berlin [Diss.] 2017).

18 Die sich dann doch auf mehr als acht Seiten ausdehnen.

19 In seinem 1969 veröffentlichten ISA-Aufsatz hat Althusser dieses Kapitel leicht gekürzt übernommen.

20 Dieser zweite Band ist niemals geschrieben worden, stattdessen hat sich Althusser offenbar verstärkt der Auseinandersetzung mit Machiavelli und der Philosophie der Neuzeit zugewendet.

21 Vgl. dazu immer noch Michael Jägers Untersuchung dieser Denkfigur in seiner Dissertation: Die Methode der wissenschaftlichen Revolution. Hamburg 1985, S. 59 f.

22 Wie wir aus anderen Zusammenhängen wissen, war jene Ankündigung eines vollständigen Bruchs mit dieser Problematik ein erster Hinweis darauf, dass sich der Fokus der Argumentation Althussers bedeutend verschieben sollte: An die Stelle des Projekts der Neukonstruktion eines ›historischen Materialismus‹ auf der Höhe der im Kapital erreichten Wissenschaftlichkeit als Brücke zur revolutionären Praxis trat nun die kritische Neulektüre Machiavellis und der politischen Philosophie der Neuzeit als Vertiefung der bereits von Marx auf den Weg gebrachten Kritik der Politik.Vgl. Étienne Balibar / Cesare Luporini / André Tosel: Marx et sa critique de la politique. Paris 1979.

23 Hier kann mit Althusser festgehalten werden, dass das hegelsche Modell der Totalität seinerseits einen eng begrenzten Sonderfall derartiger »Systeme« bildet. – Konkret für das Recht gibt Althusser dann einen sehr viel weniger anspruchsvollen Begriff der Systematizität an: »[Es]s muss ein System von Regeln darstellen, das dazu tendiert, alle möglichen Fälle zu erfassen, wie sie sich in der ›Realität‹ einstellen können«, und zwar aufgrund des funktionalen Imperativs, »dass niemals eine faktisch juristisch ›ungedeckte‹ Stille auftreten kann, durch die sich etwa nicht juristische Praktiken ins Recht einschleichen könnten, sodass die Integrität des gesamten Systems beeinträchtigt würde« (96). Vgl. Louis Althusser / Ètienne Balibar / Roger Establet / Pierre Macxherey / Jacques Rancière: Lire Le Capital. Paris 1965; dt.: Das Kapital lesen. Münster 2018 (2. Aufl. mit wichtigen Korrekturen), S. 292 ff.

24 Exemplarisch können hier das unter Friedrich II. erarbeitete Allgemeine Landrecht für die Preußischen Staaten (1794), Napoleons Code Civil (1804) und auch noch das deutsche Bürgerliche Gesetzbuch (1900) angeführt werden.

25 Vgl. etwa den frühen Eingriff in diese Debatte von Karl Korsch: Die Anwendung der Beweislastregeln im Zivilprozess und das qualifizierte Geständnis. Bonn 1911 (Reprint Berlin 2020).

26 In seiner konkreten Diskussion der »Systematizität des Rechts« (96 f.) stellt Althusser denn auch ganz ausdrücklich darauf ab, dass es die Juristen sind, die eine »bewundernswerte« »Aktivität der Systematisierung« an den Tag legen (96).

27 Es wäre sicherlich unbegründet und sogar missbräuchlich, hierin auf irgendeine Weise eine Antizipation seines eigenen späteren Schicksals zu sehen. Aber als Ausdruck einer spezifischen Sensibilität aufgrund eigener Betroffenheit ist diese Fußnote Althussers in diesem insgesamt nur sehr sparsam mit Fußnoten versehenen Text allerdings durchaus auch zu lesen.

28 Diese Bemerkungen richten sich vor allem gegen eine moralisierende Kritik des »›Formalismus‹« des Rechts (97 f.).

29 Das Recht »existiert und es funktioniert auf formale Weise und kann nur so existieren und funktionieren« (98).

30 In einer Fußnote bringt Althusser dieses Verhältnis auf die knappe Formel, dass »[d]ieser Inhalt (die Produktionsverhältnisse) [...] also im Recht abwesend [ist], das aber seine Garantie darstellt« (98, Anm. 88).

31 Althusser folgt hier noch dem seit dem späten Engels eingeführten Sprachgebrauch, zwischen ›Sozialismus‹ und ›Kommunismus‹ als verschiedenen ›Entwicklungsstadien‹ in der Durchsetzung der ›klassenlosen Gesellschaft‹ zu unterscheiden.

32 Mit dieser Ausdifferenzierung der Übergangsphase macht Althusser hier einen ersten Schritt in Richtung auf Balibars spätere Untersuchung des »sozialistischen ›Übergangs‹« in seiner spezifischen Prägung durch eben diejenigen konkreten Gesellschaftsformationen, in denen ein sozialistischer Übergang einzuleiten ist. Vgl. Étienne Balibar: Cinq études du matérialisme historique. Paris 1974, S. 227 ff.

33 Althusser verweist hier auf Bettelheim, dessen historisch eingreifende Position die frühe kubanische Debatte geprägt hat: Charles Bettelheim / Fidel Castro / Ernesto Che Guevara / Ernest Mandel / Alberto Mora: Wertgesetz, Planung und Bewusstsein. Die Planungsdebatte in Cuba. Frankfurt/Main 1969.

34 Hier spielt Althusser auf Mao Zedong an, vgl. etwa: Das machen wir anders als Moskau: Kritik der sowjetischen Politökonomie. Reinbek 1975, S. 30.

35 Nämlich die Polizei als institutioneller Träger der nach innen gerichteten staatlichen Zwangsgewalt.

36 Gemeint sind hier offenbar die wirklichen Individuen als Träger*innen der juristischen Person.

37 Der im Spätwerk Althussers explizit in den Vordergrund tretende Begriff des Aleatorischen sollte, wie ich denke, als ausgehend von dieser Problematik der Prognose (und der damit verbundenen Möglichkeiten einer politischen Lenkung) verstanden werden, die Althusser hier bereits anspricht.

38 Auch wenn es in seiner Rezeptionsgeschichte durchaus die Ausgangspunkte für historische Versuche gegeben hat, aus den von Marx ausgearbeiteten Theorieelementen auch noch die Grundlagen für eine marxistische Theorie des modernen bürgerlichen Staates zu gewinnen. Vgl. etwa die sog. Staatsableitungsdebatte in der Bundesrepublik Deutschland und West-Berlin, wie sie etwa Ingo Elbe aufgearbeitet hat in: Marx im Westen. Die neue Marx-Lektüre in der Bundesrepublik seit 1965. Berlin 2008, S. 319–443.

39 Die Ideologie wurde in der bundesdeutschen und West-Berliner Debatte überwiegend unter der seit Lukács (1923) in den Vordergrund gerückten Kategorie des ›Klassenbewusstseins‹ thematisiert (Autorenkollektiv 1972), dessen tragfähige Rekonstruktion durch eine bloße gründliche Lektüre des Kapitals sich dann (vgl. Thiens 2018) letztlich als undurchführbar erwiesen hat. Im Einzelnen: Georg Lukács: Geschichte und Klassenbewusstsein. Berlin 1923; Autorenkollektiv: Klassenbewußtsein und Partei, Projekt Klassenanalyse – Diskussionsband. West-Berlin 1972; Günter Thiens: Die verlorene Klasse – ArbeiterInnen in Deutschland‹. Münster 2018 (2. korrigierte und erweiterte Auflage).

40 Exemplarisch kann hier auf das Zerwürfnis mit Étienne Balibar über die Frage der Möglichkeit einer ›Politik außerhalb des Staates‹ verwiesen werden, in dem dieser weite Begriff des Staatsapparats eine zentrale Rolle gespielt hat. Vgl. Louis Althusser: Il marxismo come teoria finita. In: Discutere lo Stato. Posizioni a confronto su una tesi di Louis Althusser. Bari 1978 (frz. in: Louis Althusser: Solitude de Machiavel et autres textes. Hg. v. Yves Sintomer. Paris 1998, S. 285–294, mit einer informativen Einführung und Hinweisen des Herausgebers, S. 281–284 sowie 294–296); Étienne Balibar: Interrogativi sul ›partito fuori dallo Stato‹. In: Discutere lo Stato. A. a. O. (frz.: Ders.: Etat, parti, transition. In: Dialectiques 27 (1979), S. 81–92; engl. Übersetzung:

Ders.: State, Party, Transition. In: Viewpoint Magazine, 18.12.2017, https://viewpointmag.com/2017/12/18/state-party-transition-1978/).

41 Balibar hat darauf hingewiesen, dass hier die mechanische Dimension des Begriffs des »Apparates« zu gravierenden Problemen führt, aus denen Althusser ohne klares Ergebnis einen Ausweg gesucht hat. So etwa andeutungsweise bereits in: Étienne Balibar: Destruction de l'appareil d'État‹. In: Ders.: Sur la dictature du prolétariat. Paris 1976, S. 77–122; vgl. aber auch genauer in seinem Beitrag Apparat in: Kritisches Wörterbuch des Marxismus. Bd. 1, Hamburg 1983, insb. S. 80 f.

42 Vgl. Louis Althusser: Montesquieu. La politique et l'histoire. Paris 1959, S. 116 ff.

43 Seit seinem Montesquieu-Buch von 1959 vermeidet Althusser es konsequent, von einem ›Feudalismus‹ zu sprechen – und verabschiedet sich damit zugleich (implizit, aber eindeutig) von allen Auffassungen einer ›gesetzmäßigen Abfolge‹ von Produktionsweisen.

44 Insofern ist im Recht dann die konstitutive Voraussetzung der modernen politischen Philosophie, dass sich die Menschen als gesellschaftliche Subjekte immer wieder als ›vereinzelte Einzelne‹ aufeinander beziehen, gleichsam institutionell verwirklicht.

45 Eine Theorie im vollen Sinne wäre eine wissenschaftliche, nicht etwa ideologische (oder auch philosophische) Theorie.

46 In einer Fußnote betont Althusser, dass hier auch alle davon abgeleiteten Verhältnisse »als zugleich mit gemeint [zu] verstehen« seien, also »die Austauschverhältnisse, die Konsumverhältnisse, die politischen Verhältnisse usf.« – womit er sich grundsätzlich von allen schlichten Klassifizierungen in Basis- und Überbauverhältnisse distanziert.

47 Vgl. auch Wolfgang Fritz Haug: Bestimmte Negation, Das umwerfende Einverständnis des braven Soldaten Schwejk und andere Aufsätze. Frankfurt/Main 1973.

48 Vgl. Marx' Reflexionen etwa im Kapital; vgl. Alex Demirović: Struktur, Handlung und der ideale Durchschnitt. In: Prokla Nr. 159 (2010), S. 153–176.

49 Nach meiner Auffassung ist dies die richtige Übersetzung für Althussers zentralen Begriff der »conjoncture«.

50 Althussers hier immer wieder vorgenommene Relativierung der eigenen Thesen scheint mir keineswegs eine bloße Verkleidung eines dahinter liegenden Dogmatismus zu sein, sondern ist durchaus ernst zu nehmen – wenn auch nicht im Sinne eines schlechten Relativismus, der gar nicht dazu kommt, Thesen zu formulieren oder, falls es ihm doch unterläuft, sie sofort wieder zurücknimmt.

51 Der im deutschen Text hier stehende Gedankenstrich ist, weil das Verständnis erschwerend, zu streichen.

52 Oder die, wie ich inzwischen anzunehmen geneigt bin, von anderen elementaren modernen Herrschaftsverhältnissen – wie Geschlechterverhältnissen, Dependenzverhältnissen oder auch Verhältnissen des ökologischen Raubbaus – strukturiert werden.

53 Vgl. meine Ausarbeitung dieses Gedankens in Frieder Otto Wolf: Radikale Philosophie. Aufklärung und Befreiung in der neuen Zeit. Münster 2002.

54 Zu diesem gehören für Althusser ohne jeden Zweifel auch alle Institutionen der wissenschaftlichen Lehre und Forschung.

55 Vgl. die entsprechenden exemplarischen Untersuchungen in: Christian Baudelot / Roger Establet: L'école capitaliste en France. Paris 1971; sowie auch schon in: Pierre Bourdieu / Jean-Claude Passeron: Les Héritiers. Paris 1964 (dt.: Bildungsprivileg und Bildungschancen. In: Dies.: Die Illusion der Chancengleichheit. Untersuchungen zur Soziologie des Bildungswesens am Beispiel Frankreichs. Stuttgart 1971, S. 19–91); Dies.: La Reproduction. Éléments pour une théorie du système d›enseignement. Paris 1970 (dt.: Die Aufrechterhaltung der Ordnung. In: Dies.: Die Illusion der Chancengleichheit. A. a. O., S. 92–228).

Der »Fetischismus des ›Menschen‹«

Zum Verhältnis von Recht und Ideologie bei Althusser[1]

Von Ingo Kramer

»Das Recht der Opposition ist dem der Macht vollkommen gleich.«
Maurice Merleau-Ponty

Gegen Ende des ersten Bands des *Kapitals,* im 25. Kapitel, schildert Marx die Episode des Baumwollfabrikanten und Vaters des gleichnamigen späteren britischen Premierministers Sir Robert Peel, der mit seinen Arbeitern in die Kolonie Neuholland auswandert, um sich dem rauen Klima der Insel zu entziehen. Nachdem seine Produktionsstätte errichtet ist und die Arbeit beginnen soll, muss er feststellen, dass sich seine eigens aus England mit ihren Familien mitgereisten Arbeiter im Umland bereits kleine Landparzellen abgesteckt haben und es vorziehen, agrarische Subsistenzwirtschaft zu betreiben, anstatt ihm weiterhin ihre Arbeitskraft zum Verkauf anzubieten. Marx verspottet die Klage des von aller Welt verlassenen Peel, denn er habe im Unterschied zu seinem Landsmann Edward Gibbon Wakefield nicht erkannt, »daß das Eigentum an Geld, Lebensmitteln, Maschinen und andren Produktionsmitteln einen Menschen noch nicht zum Kapitalisten stempelt, wenn die Ergänzung fehlt, der Lohnarbeiter, der andere Mensch, der sich selbst freiwillig zu verkaufen gezwungen ist«. Marx fügt hinzu: »Er entdeckte, daß das Kapital nicht eine Sache ist, sondern ein durch Sachen vermitteltes Verhältnis zwischen Personen.«[2]

Denn neben den materiellen Voraussetzungen, den Maschinen, der Baumwolle, der Sonne und der Arbeit verlangt das System des Kapitalismus für seine Reproduktion nach einer spezifisch *gesellschaftlichen Interaktion* der Menschen, die als *Rechtssubjekte* in Kauf und Verkauf miteinander interagieren.[3] Althusser weist in seinem Manuskript *Marx in his Limits* auf diese doppelte Verwendung des Begriffs des »Verhältnisses« bei Marx hin, denn einerseits bezeichnet er eine relationale »Beziehung« zwischen Personen und andererseits, in Form des Preises, die quantifizierten Wertverhältnisse der Produkte als Waren untereinander. Er weist daher auf den umrissenen Strukturzusammenhang des Historischen Materialismus in seiner gesellschaftstheoretischen Verbindung aus ökonomischen und staatstheoretischen Bestimmungen hin.[4] Im Gespräch mit Fernanda

Navarro präzisiert Althusser: »Marx zeigt, dass dieses Verhältnis kein Verhältnis zwischen den Menschen oder Personen ist. Es ist weder ein intersubjektives noch soziologisches oder anthropologisches Verhältnis, sondern ein doppeltes Verhältnis: Zwischen Gruppen von Menschen und zwischen diesen Gruppen und den Dingen, den Produktionsmitteln.«[5]

Sir Robert Peel teilt die analytische Vernachlässigung der kapitalistischen Produktionsverhältnisse und der ihnen inhärenten Rechtsverhältnisse mit einem großen Teil der zeitgenössischen Marxisten, die den Kapitalismus als einen permanenten Prozess der gewaltsamen Kolonisation und Appropriation verstehen.[6] Marx verweist im *Kapital* auf die Interdependenz dieser Prozesse der ursprünglichen Akkumulation und der Mechanismen des Weltmarkts und bezeichnet die Kolonien am Ende des ersten Bands daher als »Piedestal« des Kapitalismus[7] seiner Zeit. Noch heute realisieren sich die Profite der geplünderten seltenen Erden Afrikas erst im freien Tausch zahlungskräftiger Rechtssubjekte auf dem freien Markt beim Verkauf von Mobiltelefonen. Jedoch, so urteilt schon Marx über die Ökonomen seiner Zeit: »Auf diese fertige Welt des Kapitals wendet der politische Ökonom mit desto ängstlicherem Eifer und desto größerer Salbung die Rechts- und Eigentumsvorstellungen der vorkapitalistischen Welt an, je lauter die Tatsachen seiner Ideologie ins Gesicht schreien.«[8] Gerade weil sich durch die Geschichte der weltweiten Durchsetzung der kapitalistischen Produktionsweise eine kontinuierliche Blutspur dieser gewaltsamen Aneignungsprozesse zieht, darf nicht die konstitutive Funktion aus dem Blick geraten, die die *juridischen Produktionsverhältnisse* für die Kategorien der Kritik der politischen Ökonomie spielen.

Althussers philosophische Entwicklung geht mit einer beständigen kritischen Auseinandersetzung mit der Kategorie des Rechts einher. Bereits Ende der 1950er Jahre wird er in Frankreich mit seiner Studie über Montesquieus *Vom Geist der Gesetze* (1748) bekannt.[9] Sein Forschungsprojekt an der Pariser École normale supérieure bestand unter anderem in einer breiten Untersuchung der Vertrags- und Naturrechtstheorien der frühen Neuzeit, in deren philosophischen Denkfiguren die bürgerliche Gesellschaft ihre politisch-philosophische Grundlage formulierte. Zu Lebzeiten veröffentlichte Althusser neben seiner Monografie über Montesquieu Texte über Jean-Jacques Rousseau und Thomas Hobbes,[10] und nach seinem Tod fand sich in seinem Nachlass ein umfangreiches Manuskript über Machiavellis *Der Fürst*.[11]

Vor diesem Hintergrund verwundert es sehr, wie Warren Montag bemerkt[12], dass in seinem Aufsatz *Ideologie und ideologische Staatsapparate*[13] der Hinweis auf den Begriff des *Rechts* gänzlich fehlt, zumal er ein Fragment des umfangreichen Manuskripts *Über die Reproduktion* darstellt, das dem Recht und der Praxis der juridischen Staatsapparate zwei ganze Kapitel widmet.[14]

Wieso entscheidet sich Althusser hier für die Darstellung einer allgemeinen Theorie der Ideologie und nicht für eine dezidierte Theorie des Rechtssubjekts und der juridischen Ideologie im Kapitalismus, die sich bereits seit den 1950er Jahren in seinen Texten ankündigt? Warum wählt er den begrifflichen Korpus *Subjekt, Ideologie* und *Staatsapparate* und nicht die klassische staatstheoretische Vermittlung *Rechtssubjekt, Recht* und *Rechtsstaat*, wie wir sie bereits in Hegels *Grundlinien der Philosophie des Rechts* vorgezeichnet finden?[15]

Während die philosophische Tradition bis zu Baruch de Spinoza unter dem Terminus »Naturrecht« die Position und Potenzialität alles Existierenden als Teil der Substanz der göttlichen Schöpfung betrachtet,[16] versteht die moderne Vertragstheorie unter diesem Begriff die durch den Staat garantierte private Autonomie des bürgerlichen Rechtssubjekts. Diese neue Staatsphilosophie korreliert historisch mit der Entstehung eines ganzen diskursiven Komplexes über die Kategorie des *Subjekts*:

> »Vom vierzehnten bis ins sechzehnte Jahrhundert kann man beobachten, dass die Kategorie des ›Subjekts‹ alle Wissensfelder durchzieht [...]. Sie taucht in der juridischen Ideologie und den merkantilen Beziehungen auf, wo jedes Individuum ein Rechtssubjekt wie der Eigentümer seiner Güter ist und so weiter. [...] Zuvor hatte sie bereits die politische Domäne mit dem ›politischen Subjekt‹ des Gesellschaftsvertrags erobert.«[17]

Bis heute betrachtet die überwiegende Mehrheit der Rechtsphilosophien das Recht als die Elementarform jeglicher menschlichen Gesellschaft, während die marxistische Tradition seit Eugen Paschukanis die moderne Form des Rechts und der Rechtsform in der bürgerlichen Gesellschaft explizit vom Begriff der *Regel* unterscheidet.[18]

Da die Ideologie für Althusser niemals rein willkürlich ist, sondern stets »ein[en] Indikator für reale Probleme« darstellt,[19] spricht hier die kollektive Imagination in transponierter Form von der alltäglichen Praxis einer entwickelten Tauschgesellschaft, in der im Unterschied zum Feudalismus auch die ärmsten Teile der Bevölkerung ihre Geschäfte über den Tausch mit Geld abwickeln. Der Grundsatz der universalen Gleichheit aller Menschen in der modernen bürgerlichen Gesellschaft ist für Althusser daher historisch und inhaltlich »nicht vom Aufstieg der Bourgeoisie zu trennen«.[20] In der Regel fungieren die Menschen meist schon ›von Natur aus‹ als Träger von Rechten, wobei die Spezifizität der bürgerlich-rechtsförmigen Subjektanrufung in alle Vorzeit rückprojiziert wird. Oder aber die Gesellschaft wird, wie bei Hobbes, als ein ›anarchischer‹ Urzustand konkurrierender Individualsubjekte imaginiert, der erst durch das von der staatlichen Gewalt garantierte Recht in eine zivilisierte Ordnung gebracht wird. Hierin besteht eine Gemeinsamkeit zur Kritik an der Konzeption der Menschenrechte, wie sie Marx in den *Deutsch-Französischen Jahrbüchern* im Artikel *Zur Judenfrage* formuliert: Denn indem der Mensch in der Gemeinschaft mit dem Menschen im Staat der bürgerlichen Gesellschaft identifiziert wird, wird »dieser *Mensch*, das Mitglied der bürgerlichen Gesellschaft, [...] nun die Basis, die Voraussetzung des *politischen Staats*«.[21] Die Interpellation des Menschen als *Citoyen* korreliert historisch mit der allgemeinen Durchsetzung des modernen industriellen Kapitalismus, in dem das Proletariat als Klasse entsteht.[22] In Übereinstimmung mit Marx analysiert Althusser diese konzeptionelle *Verschiebung* innerhalb der Ideologie des modernen Staatsgedankens, in dem die Rolle der religiösen Anrufung in der Ständeordnung des Feudalismus von der Idee einer weltanschaulichen politischen Autonomie des freien Bürgers abgelöst wird. Dabei geht es nicht darum, die ethische Geltung der universalistischen Normen der Menschenrechte zu kritisieren, sondern die Kohärenz aufzuzeigen, dank der sie auch für Marx mit den dem Kapitalismus inhärenten Rechtsfiguren korrespondieren. Daher ist die »bürgerliche« Idee des freien Rechtssubjekts die Ideologie, die einer vollständig proletarisierten Gesellschaft von Lohnabhängigen entspricht. Der Proletarier ist keine Figur im ›Schatten des Rechts‹, vielmehr ist die juridische Anrufung als freier Bürger ein notwendiger Bestandteil seiner ökonomischen Unterwerfung. Althusser resümiert: »Der Mensch als freies Subjekt seiner Handlungen und seiner Gedanken, ist vor allem der Mensch, der frei ist, zu *besitzen*, zu *kaufen* und zu *verkaufen*: Das Rechtssubjekt.«[23]

Marx schreibt über diese Voraussetzung der Rechtsform und Vertragsverhältnisse für das Wirtschaftsgeschehen des Kapitalismus:

> »Danach kommt hier zunächst das juristische Moment der Person herein und der Freiheit, soweit sie darin enthalten ist. Keines bemächtigt sich des Eigentums des andren mit Gewalt. Jedes entäußert sich desselben freiwillig. Aber dies ist nicht alles: Das Individuum A dient dem Bedürfnis des Individuums B vermittelst der Ware *a*, nur insofern und weil das Individuum B dem Bedürfnis des Individuums A vermittelst der Ware *b* dient und vice versa. Jedes dient dem andren, um sich selbst zu dienen; jedes bedient sich des andren wechselseitig als seines Mittels.«[24]

Das juridische Subjekt, das *Rechtssubjekt*, ist für Hegel, wie später für Althusser, das komplementäre Negativ des gesellschaftlichen Abstraktums des bürgerlichen Staates.[25] Wie Althusser in seinem *Cours sur Rousseau* ausführt, ermöglicht dieser imaginierte Ursprungsakt der bürgerlichen Vertragstheorie eine Anthropologisierung des Rechts, die zugleich das politisch-philosophische Problem lösen soll, warum der moderne Staat der Natur des Menschen entspricht. Diese, wie er schreibt, »transition from the state of nature to the nature of the state [...] was resolved, as you know, by the social contract«.[26] Denn auf ihrer Suche nach dem unentfremdeten Wesen des Menschen findet die bürgerliche Philosophie die universale »menschliche Natur« des Staatsbürgers wieder, womit sich wiederum der natürliche Charakter des Staatwesens und des »Naturrechts« begründet.[27] Der wesentliche ideologische Effekt der Vertragstheorien besteht daher ungeachtet ihrer inhaltlichen Unterschiede in dieser *Naturalisierung* des Staates und des Rechts in Form des Naturrechts, was Althusser als einen »Zirkelschluß der Vernunft« bezeichnet. Marx schreibt über diese Melange der modernen politischen Subjektivität in seiner Schrift *Zur Judenfrage:* »Der wirkliche Mensch ist erst in der Gestalt des *egoistischen* Individuums, der wahre Mensch erst in der Gestalt des *abstrakten citoyen* anerkannt.«[28] Später greift er diese Argumentation im Fetischabschnitt der zweiten Auflage des *Kapitals* wieder auf, bezeichnet nun aber das Christentum des abstrakten Deismus als die der kapitalistischen Gesellschaft entsprechende Subjektanrufung.

Althusser begreift die Gründungsakte der bürgerlichen Vertragstheorie als in die Philosophie projizierte kollektive Mythen, die auf die gesellschaftliche Realität verweisen, dass die in der Gesellschaftsmitglieder in diesem Bild den über sie wachenden Staat als SUBJEKT und Vertragspartner erst konstituieren. In seinem 1966 in den vom Cercle d'Epistémologie herausgegebenen *Cahiers pour l'Analyse* veröffentlichten Aufsatz *Über Jean-Jacques Rousseaus »Gesellschaftsvertrag«*[29] unterstreicht Althusser die ideologische Funktion dieses Ursprungsmythos für die moderne Demokratie. Der Vertragsakt des Einzelnen mit dem »SUBJEKT« des Staates ist ein imaginärer Akt, durch den dieses Subjekt paradoxerweise erst entsteht.[30] Die Einzelnen verzichten bei diesem Vertragsakt in der Theorie zugunsten des Staates als dem imaginären Repräsentanten des allgemeinen Willens auf ihr persönliches Gewaltpotenzial.

Wir erkennen hier bereits den entscheidenden performativen Effekt des *ideologischen Diskurses.* Rousseaus Gründungsmythos im *Gesellschaftsvertrag* ruft die vormalig *passiven* Subjekte durch eine Interpellation dazu auf, sich als den Staat konstituierende *aktive* Subjekte zu denken. Die Autorität dieser imaginären Gemeinschaft wird nun als politische Synthese der vereinigten Willensakte der Einzelnen begründet, die den staatlichen Souverän konstituieren. Im Unterschied zum Feudalsystem verdankt die moderne Staatlichkeit diesem ideologischen Konstrukt einen wesentlichen Teil ihrer Hegemonie, da »ein Wesen geschaffen wird, das auf die Individuen Zwang ausübt« und die Individuen mobilisiert. So wird gleichzeitig die philosophische Frage: »Wie kann man ein Gemeinwesen und seine Autorität konstituieren, wenn man das Individuum und seine Kräfte als Ausgangspunkt genommen hat?«, praktisch beantwortet.[31] Bei jeder Wahl erfolgt eine tradierte Form dieser Anrufung des Individuums durch die Parteien, in denen das Gesellschaftsmitglied ritualisiert als aktiver Träger des Staatsgedankens rekrutiert wird.

Die marxistische Staatstheorie insistiert darauf, dass in wirtschaftlicher Hinsicht gerade die juridische Gleichbehandlung aller unter diesen Systembedingungen zu einer Verstetigung ihrer materiellen Ungleichheit führt. Hierbei zeigt sich das Problem einer Argumentation, die ethische Normen allein auf inhaltlicher Ebene diskutiert, da sich in jeder Gesellschaft stets eine gewisse Diskrepanz zwischen den geltenden gesellschaftlichen Normen und ihrer staatlichen Umsetzung aufweisen lässt, ebenso wie die Rechtsnormen immer von der Rechtswirklichkeit divergieren.[32]

Zudem entziehen sich die gesellschaftlichen Konflikte und Problemlagen meist einer ethischen Vereinfachung, die Handlungen auf Intentionen des Einzelsubjekts reduziert. Denn strukturell bedingte Probleme wie auch jede kollektive widerständige Praxis beginnen erst dort, wo der Erklärungsgehalt individueller Ethik an sein Ende gekommen ist, da es sich in politischen Fragen in der Regel um systemische Missstände und nicht um individuelle Verhaltensweisen handelt. Der Effekt dieses Argumentationszirkels erweist sich, wie Slavoj Žižek herausstellt, oft auch für emanzipatorische Bewegungen als ein politisches Hindernis, denn für viele Proteste gegen konkrete Missstände gilt: »[W]hat is not questioned is the liberal-democratic framework within these exesses should be fought.«[33]

Althussers *theoretischer Antihumanismus* stellt sich dieser Naturalisierung des Rechts in der modernen Staats- und Gesellschaftstheorie diametral entgegen. Er bewegt sich, wie der Name schon andeutet, auf Ebene der Theorie und richtet sich nicht etwa gegen den politischen Humanismus, dessen emanzipatorische Intentionen Althusser stets unterstreicht[34] und, wie im Fall des Prager Frühlings, sogar unter den Bedingungen des Sozialismus als unvermeidbar ansah.[35] Er erklärt jedoch die überhistorische Verallgemeinerung des Menschen als *homo juridicus* als analytisch ebenso falsch wie die vulgärökonomische Annahme, das Faustkeil habe bereits das konstante Kapital des Neandertalers gebildet.[36]

Daniel Hackbarth zufolge richtet sich Althussers Antihumanismus zudem gegen Auffassungen des Klassenantagonismus, wie sie infolge des Einflusses der hegelianischen Philosophie Alexandre Kojèves in Frankreich vorherrschten, denn auch »das Spezifische moderner Klassenverhältnisse [lässt sich] nicht bestimmen, wenn man diese als intersubjektive Verhältnisse nach dem Herr-Knecht-Modell fasst.«[37] Die modernen Klassenverhältnisse fußen auf dem kontraktlichen Verkehr gleichberechtigter Rechtssubjekte. Das juridische Verhältnis ist daher in der kapitalistischen Produktionsweise das *gesellschaftliche Produktionsverhältnis* par excellence.

Fetisch und Ideologie

Im Vorwort zu Marta Harneckers populärer Einführung in den Historischen Materialismus von 1971 schreibt Althusser über eine mögliche Transformation der marxschen *Kritik der politischen Ökonomie* in eine allgemeine soziologische Theorie der »materiellen, juridisch-politischen und ideologischen Formen«, in denen sich das System der Lohnarbeit zeigt.[38] Früher als in der späteren bundesdeutschen Diskussion greift Harnecker zur Analyse der *Rechtsform* auf die Unterscheidung von *technischer* und *gesellschaftlicher* Arbeitsteilung zurück, mit der sie das *überdeterminierte* Wechselverhältnis kapitalistischer Arbeitsverhältnisse und ihrer juridischen Formgebung zu fassen versucht: »Wir sehen hier, *wie sich in einer untrennbaren Form die technischen Verhältnisse und die Produktionsverhältnisse bedingen, wie die technischen Verhältnisse als Träger der Produktionsverhältnisse dienen, die ihrerseits ihnen ihren spezifisch historischen Charakter geben.*«[39]

In *Die Veränderung der Welt hat kein Subjekt* schreibt Althusser über die marxsche Unterscheidung von *Basis* und Überbau: »In *Zur Kritik der politischen Ökonomie* ist die Topik wie ein Haus mit zwei oder drei Etagen aufgebaut (eher zwei als drei), ebenerdig das Fundament (Basis) oder die Infrastruktur (Struktur) – das französische Wort ist deutlicher als das deutsche –, im ersten Stock die Suprastruktur (Überbau), wo der Staat, die Ideologien und das Recht fungieren.«[40]

Den theoretischen Horizont des Historischen Materialismus, in dem die staatstheoretischen Bestimmungen zum Kategoriengerüst der Kritik der politischen Ökonomie hinzutreten, beschreibt Althusser in *Das Kapital lesen* als den »Kontinent der Geschichte«, da sie den *idealen Durchschnitt* der Struktur der Gesellschaft einer historischen Konstellation aus Produktionsweise und Produktionsverhältnissen umfassen. Der epistemologische Anspruch, die systematische Koppelung zwischen Supra- und Infrastruktur (Basis) für den Marxismus zu lokalisieren, prägt auch Althussers Überlegungen zu einer *diskursiven* Ideologietheorie. Welche entscheidende Modifikation durchläuft der *ideologische Diskurs* mit dem Wechsel der Produktionsweise, und welche Topik verknüpft die Ideologie im Allgemeinen mit der *Partialideologie* des Menschen als Rechtssubjekt und der Praxis der modernen ideologischen Staatsapparate? Damit situiert sich die Frage nach einer Historizität der Ideologie auch hier in der Wechselwirkung von Rechtsverkehr und außerjuridischen Praxen.

Althussers Aufsatz *Ideologie und ideologische Staatsapparate* versucht einerseits den diskursiven Effekt der Ideologie auf die Konstitution des Staatssubjekts zu definieren und andererseits mit der Ökonomie der Systeme der ideologischen Staatsapparate der Moderne, die in ihren Praxen neben der Vermittlung von Wissen und Fertigkeiten diese juridische ›Charaktermaske‹ erzeugen, zu verbinden. Bezogen auf die Suche nach der Funktion der historisch spezifischen kapitalistischen Ideologie des Subjekts und ihrer strukturellen Koppelung mit der

Produktionsweise stellt sich die Frage, welche ideologische Sozialisation des Subjekts notwendig in die Analyse der Determinationsebenen der kapitalistischen Produktionsverhältnisse mit einzubeziehen ist. Schon bei einer oberflächlichen Betrachtung fällt auf, dass der moderne Staat im Kapitalismus eine über Steuern finanzierte Infrastruktur unterhält, in denen Lohnabhängige pädagogische, affirmative oder akademische Tätigkeiten verrichten. Ökonomisch zeichnen sich die ideologischen Staatsapparate, deren Entstehung und Expansion mit dem industriellen Kapitalismus einhergehen, durch ihre biopolitische Ökonomie der »Produktion von Subjekten«[41] aus, da sie die Individuen normieren und konditionieren und für die unterschiedlichen Sektoren des Arbeitsmarkts ausbilden.

Hierbei zeigt sich der Einfluss der Psychoanalyse auf Althussers Ideologiekonzeption. Bereits in seinem Artikel *Freud und Lacan*, auf den Jens-Christian Müller-Tuckfeld in *Die Geburt des Subjekts aus dem Geist des Rechts*, verweist, und der die familiäre Sozialisation des Subjekts und sein Eintreten in die Sprache und in die nach Lacan mit ihr verbundene symbolische Ordnung beschreibt, sowie in seinem Seminar *Psychoanalysis and the Human Sciences* rekurriert Althusser zur Analyse ideologietheoretischer Fragen auf die strukturale Psychoanalyse.[42]

Diese diskursive Aktivierung beschreibt den allgemeinen performativen Effekt der Ideologie, in dem der *ideologische Diskurs* seine Träger rekrutiert bzw. sich das Individuum selbst diskursiv als ein *aktiv* zugehöriges und handelndes (politisches, berufliches, geschlechtliches ...) Subjekt denkt und entwirft.[43] Es kann für Althusser grundsätzlich und unabhängig von der konkreten Gesellschaftsform keine »menschliche Praxis ohne ein System von Ideen, die durch Wörter repräsentiert werden und die Ideologie dieser Praxis konstituieren«[44] geben. Im ideologischen Diskurs fungiert das Subjekt immer schon als ein *aktiv* handelndes Individuum oder artikuliert eine Praxis. Das Subjekt setzt *sich* in der Ideologie diskursiv mit der Welt in Beziehung. Jeder ideologische Diskurs spricht von einem handelnden Subjekt oder richtet sich an ein Subjekt, wie in Austins bekanntem Beispiel des Sprechakts »Es zieht!«, der ein Subjekt dazu auffordert, das Fenster zu schließen.[45]

Wenn die Psychoanalyse das zentrale Erkenntnisobjekt der Humanwissenschaften, das menschliche Subjekt, untersucht, kann sie dies nicht, ohne gleichzeitig die Fragen der *abwesenden*, das Subjekt prägenden gesellschaftlichen Determinationen in den Blick zu nehmen. Sigmund Freud weist in vielen Arbeiten auf die historische Kontingenz und Veränderbarkeit des gesellschaftlichen Normengerüsts und die Variation der reproduktiven Strukturen hin. Arbeiten wie *Totem und Tabu* dokumentieren diese Dimension der Psychoanalyse als Gesellschaftstheorie.[46] Im Unterschied zu den »Robinsonaden« reiner anthropologischer Spekulation über den *homo oeconomicus* ist die menschliche Gesellschaft in der Psychoanalyse immer schon symbolisch präfiguriert, wie sie selbst, worauf Freud beständig hinweist, wiederum die historisch spezifischen Bedingungen, die die Subjekte prägen, dokumentiert. Althusser betont, dass diese gesellschaftstheoretische Verschränkung der freudschen Psychoanalyse mit den Naturalisierungen der Psychologie und der Gesellschaftstheorien ihrer Zeit bricht und das Denken über das Subjekt revolutioniert: »In other words, Freud moved to a genuinely historical explanation, but in terms of a practice that in principle addressed individuals.«[47]

Die äußeren Determinationen des Erkenntnisobjekts der Psychoanalyse, des *Subjekts*, reichen daher neben ihrer familiären auch in ihrer soziologischen Dimension in das Terrain der Kritik der politischen Ökonomie und des Historischen Materialismus hinein.[48] Wie in der Psychoanalyse stellt sich auch auf der allgemeinen Ebene die in Bezug auf Althussers Ideologiekonzeption viel diskutierte Frage, welche, man könnte formulieren, ontologischen Elemente Teil des menschlichen Daseins an sich sind – so ist der Sprachgebrauch für Marx wie für Althusser ein allgemein anthropologisches Gattungskriterium – und welche historisch kontingenten Strukturmerkmale die spezifische Subjektkonstitution einer besonderen Gesellschaftsform und ihrer Reproduktionsweise in der Geschichte ausmachen. Eine heteronormative Geschlechterordnung hat beispielsweise eine längere *durée* als die relativ neue Idee moderner Rechtssubjektivität. Althusser versucht die Frage des Subjekts »im Lichte der Psychoanalyse« mit dem Diskurs der Kritik der politischen Ökonomie und den Determinationen des diese Struktur umfassenden gesellschaftstheoretischen Bereichs zu verbinden. Er wie später auch Judith Butler konstatieren eine machttheoretische Verbindung der imaginären subjektkonstituierenden Verhältnisse zu den mit ihnen dependenten ökonomischen Gesellschaftsstrukturen, denn »Subjekte werden von Gesellschaften auf Weisen hervorgebracht, die deren Strukturen reproduzieren«.[49]

Dabei zeigt sich ein grundsätzlicher Unterschied von Althussers diskurstheoretischer Ideologiekonzeption zu Ideologietheorien, die, ausgehend von der marxschen Theorie des Warenfetischismus, die Ideologie als eine Art Verschleierung oder Verkehrung der objektiven Verhältnisse begreifen. Hier dominiert die Vorstellung einer Welt der fetischisierten Formen der Produktion, deren Formcharaktere mit dem Ende der kapitalistischen Produktionsweise vergehen. So erscheinen, wie Marx im Kapitel *Die trinitarische Formel* ausführt, die Faktoren Arbeit, Boden und Geld als scheinbar ›natürliche‹ Quellen eines intrinsisch gedachten Mehrwerts.[50] Diese anhand der Objekte der Kritik der politischen Ökonomie gewonnene Konzeption der Ideologie als einer Form des Fetischismus konzentriert sich auf die wahrgenommene und konzeptionelle *Repräsentation* der Verhältnisse, der alle Gesellschaftsmitglieder unabhängig von ihrer Klasse unterliegen. Hier entspricht die Wahrnehmung des Alltagsverstands genau den von Marx kritisierten ›ideologischen‹ Fehlannahmen der

Ökonomen. Die Wahrnehmung und der Umgang mit diesen exoterischen Formen werden in der marxistischen Tradition oft als »Alltagsvorstellung« oder handlungsrelevantes »notwendig falsches Bewusstein« bezeichnet, denn das einzelne Subjekt kann sich im Kapitalismus beispielsweise nicht so verhalten, als hätten die Waren keinen Preis.

Bereits bei Georg Lukács in *Geschichte und Klassenbewusstsein* erscheint das in seiner Gegenüberstellung zur verdinglichten sozialen Beziehung in Form des Wertcharakters des Objekts der Ware definierte aktiv handelnde Subjekt des Arbeiters als das personifizierte »Selbstbewusstsein der Ware«, das sich perspektivisch seiner Kommodifizierung beim Verkauf seiner Arbeitskraft entziehen möchte. Die Opposition besteht hier zwischen der Wahrnehmung der *gesellschaftlichen* Eigenschaft des Objekts der Ware, Träger von Wert zu sein, und dem handelnden Subjekt, das sich aktiv zu diesem Objekt in Beziehung setzt. Hierin besteht für Lukács das Potenzial einer »Subjekt-Objekt-Identität« des Proletariats,[51] da es, aufgrund des kognitiven Prozesses, selbst als Verkäufer der eigenen Arbeitskraft zu fungieren, eine erkenntnistheoretisch privilegierte Position zur Analyse der in ihrer Totalität »verdinglichten« kapitalistischen Gesellschaft einnimmt. Denn das Proletariat muss sich im Tauschakt zu seiner Arbeitskraft als zu einer tauschbaren Ware verhalten:

> »Indem sich diese Unmittelbarkeit voraussetzt, beginnen die fetischistischen Formen der Warenstruktur zu zerfallen: der Arbeiter erkennt sich selbst und seine eigenen Beziehungen zum Kapital in der Ware. So weit er noch praktisch unfähig ist, sich über diese Objektrolle zu erheben, ist sein Bewußtsein: *das Selbstbewußtsein der Ware*; oder anders ausgedrückt; die Selbsterkenntnis, die Selbstenthüllung der auf Warenproduktion auf Warenverkehr fundierten kapitalistischen Gesellschaft.«[52]

Die Lektüre des *Kapitals* ermöglicht es, diese Evidenzen der alltäglichen Erfahrung der Ökonomie als spezifische kapitalistische gesellschaftliche Formcharaktere zu analysieren. Unangetastet bleibt in dieser Traditionslinie jedoch die Kategorie des *Subjekts* selbst. Daher kritisiert Althusser in *Marx in his Limits* die Reihenfolge der Darstellung im *Kapital*, die den Fetischcharakter der Ware bereits auf der Ebene der Abstraktion einer fiktiven Gesellschaft freier Warenproduzenten und vor der systematischen Einführung des Staates und der Geldform auftauchen lässt. Althusser zufolge führt dies in der marxistischen Rezeption nicht nur zu einer Fetischisierung und arbeitswerttheoretischen Substanzialisierung des Warenwerts, sondern auch zu einer damit verbundenen Naturalisierung des Rechts.

> »That the law and juridical ideology are at the heart of the (tendentially) dominant ideology known as bourgeois ideology no doubt has something to do with the ›il-

lusions of most economists‹, who lapse into the ›fetishism‹ of believing that the social relations between men take on ›the appearance of relations between things‹.«[53]

In seinem Streitgespräch mit John Lewis argumentiert Althusser, er wolle daher nicht mehr allein vom Fetischismus der Ware, sondern ebenso von einem »Fetischismus des ›Menschen‹« sprechen:

»Manche Leute werden sich darüber empören, daß ich es wage, vom Fetischismus des ›Menschen‹ zu sprechen. Es dürfte sich um die handeln, die aus dem Kapitel von Marx über den ›Warenfetischismus‹ zwei idealistische, zwangsläufig komplementäre Folgerungen ziehen: das Verdammen der ›Verdinglichung‹ und das Lobpreisen der Person (dabei fußt doch jede bürgerliche Ideologie auf dem Paar Person/Ding! Dabei sind doch die *gesellschaftlichen* Verhältnisse, abgesehen vom Bereich des Rechts und der bürgerlichen juristischen Ideologie, gar keine ›Verhältnisse zwischen Personen‹!) Trotzdem wirkt hier der *gleiche Mechanismus der gesellschaftlichen Illusion*, wenn man nämlich meint, ein gesellschaftliches Verhältnis sei die natürliche Eigenschaft, das natürliche Merkmal einer *Substanz* oder eines *Subjekts*. So z. B. der Wert: dieses gesellschaftliche Verhältnis ›erscheint‹ in der bürgerlichen Ideologie als die natürliche Eigenschaft, das natürliche Merkmal der Ware oder des Geldes.«[54]

Eine vergleichbare Verbindung von den auf Objekte bezogenen symbolischen Wertformen und den kollektiven imaginären gesellschaftlichen ideologischen »Vorstellungsformen« des menschlichen Selbstbewusstseins als Rechtssubjekt findet sich auch bei dem sowjetischen Rechtssoziologen Eugen Paschukanis,[55] der zur Explikation der *Rechtsform* auf diese theoretische Analogie zurückgreift:

»Die Kategorien Ware, Wert und Tauschwert sind ohne Zweifel ideologische Gebilde, entstellte, ins Mystische gewendete (nach dem Marxschen Ausdruck) Vorstellungsformen, in denen sich die warentauschende Gesellschaft das Arbeitsverhältnis zwischen den einzelnen Produzenten denkt.«[56]

Während für Paschukanis die Materialität der Wertform ein »ideologisches Gebilde« darstellt, da es ein *gesellschaftliches Verhältnis* als eine scheinbar immanente Eigenschaft der Ware repräsentiert, um davon ausgehend eine Analogie zur *Rechtsform* zu bilden, die sich über das »zoologische Individuum«[57] legt, vollzieht Althusser begrifflich die gegensätzliche Bewegung, indem er in Anlehnung an Marx die Ideologie der »Freiheit der Person« als gesellschaftlich-imaginären ›Fetischcharakter‹ des Subjekts bezeichnet. Wie in der gängigen Definition des Menschen als *Zoon politikon*, das den Menschen in jener Überschreibung als ein »von Natur aus staatliches Wesen« bestimmt, erscheinen die Rechtsform und der Staat auf diese Weise als überhistorische Merkmale menschlichen Daseins, während Marx und seine Nachfolger sie als spezifische Formcharaktere des Kapitalismus analysieren, die zu dem von Natur aus in Gemeinschaft lebenden Wesen in der bürgerlichen Gesellschaft hinzutreten. Dabei muss betont werden, dass die Autoren nicht, wie etwa die Theorie einer allgemeinen *Verdinglichung*, auf eine Homologie abzielen, sondern ungeachtet ihrer verschiedenen Begriffsstrategien auf dem epistemologischen Unterschied beider Figuren beharren. Eine einfache Homologie entspräche vielmehr einer ökonomistischen »Ideologie des Rechts«: »Thus the law recognizes that the social relations between men [are] identical to the social relations between commodities (things), since they are merely the otherside [l'envers] of these relations.«[58]

Denn im Diskurs des Rechts, in dem unabhängig von der Klassenzugehörigkeit alle Tauschenden als ebenbürtige Vertragspartner interagieren, sind sowohl die Gebrauchseigenschaft der Ware als auch die soziale Disposition der Tauschenden notwendig *abwesend*.[59] Dennoch tritt zu den Waren notwendig die Praxis der Tauschenden und somit die juridische Ideologie hinzu, um in der kapitalistischen Produktionsweise ihre Funktion im Verwertungsprozess des Kapitals zu gewährleisten. Wie Étienne Balibar in *Marx' Philosophie* verdeutlicht, sind die topografischen Ebenen von *Ideologie* und *Fetischcharakter* gerade in ihrer wechselseitigen *Überdeterminierung* konstitutiv für den Warentausch und artikulieren sich nur in dieser Verbindung, das heißt einerseits als Fetisch in der Perzeption des *Objekts* als Träger von Wert und andererseits ideologisch in dem wechselseitigen Verhältnis zu sich selbst und dem Anderen als Rechtssubjekte, das heißt als Träger von Besitzrechten, in denen sich die Warenbesitzer begegnen.[60]

Marxistische Theorien, die ihre Kritik ausschließlich an dem Fetischismus der getauschten Objekte orientieren, erliegen oft und entgegen der kritischen Intention des Autors genau dem Schein, den dieser meinte mit der Metapher des *Fetischs* hinreichend dekonstruiert zu haben. Diese Kritik verbleibt laut Althusser aufgrund ihres staatstheoretischen Defizits selbst in den illusionären Vorstellungen des Rechts befangen[61] und naturalisiert auf diese Weise den Wert. Daher besteht seine Kritik an der Theorie des Warenfetischismus nicht auf einer Zurückweisung seiner Erklärungskraft für die exoterischen Erscheinungsformen (des Werts) im Kapitalismus, sondern darin, dass das Theorem indirekt auf einen abwesenden Diskurs des Rechts verweist, ohne dessen bereits implizierte staatliche Setzung genauer zu analysieren.

Im Windschatten dieser kategorialen Staatsvergessenheit stand die ökonomische Betrachtung unter der Konjunktur des unscharfen Begriffs der *Produktivkräfte*, der nicht nur im Stalinismus zur politischen Legitimation des Fortschrittsglaubens diente. Dieser, wie Reinhold Zech bemerkt,[62] schon von Marx sehr unterschiedlich verwendete und in der Geschichte des Sozialismus überstrapazierte Begriff fungierte als vermeintlich Reales oft gerade aufgrund seiner konzeptionellen Unschärfe als Fluchtpunkt und vorgeblich materialistische Fundierung des Historischen Materialismus. Maschinen und Arbeitskräfte erscheinen durch die Geschichte hindurch als ein produktiver Organismus. Die Vorstellung der menschlichen Produktivkraft besteht hierbei wiederum in der von Marx angeführten physischen Verausgabung von »Hirn, Muskel und Nerv«, in der die Arbeitskräfte in der Industrie als »Anhängsel« mit der Maschinerie verschmelzen.

Die Kritik eines auf ein Objekt gerichteten Besitzindividualismus hat daher als *ideologisches Paar* oft die Kehrseite einer idealisierenden Kaschierung der ökonomischen Ausbeutung, wie Althusser in *Philosophie und Marxismus* kritisiert. Gegenüber Navarro beschreibt Althusser diese Interdependenz des ideologischen Paars aus Humanismus und Ökonomismus:

> »Ja, eine weitere Komponente der bürgerlichen Ideologie, die auf den bürgerlichen Praxen der Produktion und Ausbeutung sowie auf den juridischen Praxen des bürgerlichen Rechts und seiner Ideologie beruht, die die kapitalistischen Produktions- und Ausbeutungsverhältnisse und ihre Reproduktion gesetzlich verankern. Es handelt sich um den bürgerlichen Humanismus oder Liberalismus, der auf den Kategorien des bürgerlichen Rechts beruht: der Freiheit der Person, des Eigentums an sich selbst und seinen Gütern, der Freiheit seines Willens und seiner Körperschaft.«[63]

Denn stets geht die oft kolportierte Kritik an der vermeintlichen Gier der Kapitalisten mit dem Glauben an eine allgemeine »schöpferische Kraft der menschlichen Arbeit«[64] einher, die in Teilen der marxistischen Tradition oft in ihrer allgemein anthropologischen Dimension als »Stoffwechsel mit der Natur« auf die Lohnarbeit übertragen und damit *naturalisiert* wurde und so paradoxerweise den Ausgangspunkt für einen mehrwertbezogenen ›proletarischen‹ Produzentenstolz bildete. Der Grundgedanke von Althussers Ideologiekonzeption versucht genau diese biopolitische Verknüpfung aus Ideologie und materieller Ausbeutung zu erklären.

Dabei entsprechen die diskursive Form der Rechtsideologie und die Selbstwahrnehmung des Subjekts als freies Rechtssubjekt der bekannten Definition der Ideologie, wie wir sie aus dem ISA-Aufsatz kennen: »Die Ideologie ist eine ›Repräsentation‹ des imaginären Verhältnisses der Individuen zu ihren realen Existenzbedingungen.«[65] Wie bei Marx und Paschukanis verlangt der Warentausch nach einer Topografie der Relationen des Realen (des Produkts), des Symbolischen (des quantifizierten Werts) und des Imaginären: des Rechtssubjekts, da das Subjekt sich im Diskurs des Recht *aktiv* mit seinen Existenzbedingungen in Beziehung setzt. Diese »Dialektik hinter der Szene« lässt im Rechtsverkehr die fetischisierten Objekte wie die strukturell verschiedenen ökonomischen Positionen der Tauschhandelnden im Diskurs des Rechts systematisch im *Abwesenden*. In dieser Hinsicht unterstreicht Althusser die Abstraktion und Systematizität des Rechts selbst, da es notwendig von den existierenden materiellen Unterschieden seiner Träger wie den konkreten Inhalten der Tauschakte abstrahiert.[66]

Neben dem bereits diskutierten performativen Effekt des ideologischen Diskurses, der das einzelne Subjekt aktiviert, zeigt auch diese Passage, dass es Althusser nicht um eine wie auch immer geartete Differenz zwischen einem Imaginären und einem vermeintlich ›eigentlichen‹ Realen geht. Ausgehend von der allgemeinen Definition der Ideologie als einer vorgestellten »Repräsentation« des Verhältnisses der Individuen »zu ihren realen Existenzbedingungen«, zielt Althussers Ideologiebegriff nicht auf eine Kritik des falschen Verständnisses der Umwelt oder einer falschen Repräsentation der äußeren Existenzbedingungen. Es geht Althusser hierbei ideologietheoretisch um die Praxis des diskursiven *Ins-Verhältnis-Setzens* des Subjekts, das heißt um die Wahrnehmung des eigenen Bezugs auf die Objekte und Umwelt. Er unterscheidet systematisch zwischen dem *wissenschaftlichen* und dem *ideologischen* Diskurstypus, was sich ebenso anhand der hier verhandelten symbolischen Repräsentationen zeigen lässt.

Während der wissenschaftliche Diskurs sich auf die Erklärung und Repräsentation von Objekten und Kausalrelationen der den Menschen umgebenen Umwelt richtet, besteht die Spezifik des ideologischen Diskurses darin, das Subjekt mit seiner Praxis zu vermitteln.[67] Während sich der *wissenschaftliche Diskurs* erkenntnistheoretisch ausschließlich auf externe Objekte bezieht, zeichnet sich der *ideologische Diskurs* durch eine Artikulation, Narration, Interpellation oder sonstige performative Dimension und Perspektivierung auf ein oder mehrere Subjekte aus. In *Marxismus und Humanismus* beschreibt Althusser diese strukturelle Koppelung als eine *Überdetermination* mehrerer Verhältnisse: »In dieser Überdetermination des Realen durch das Imaginäre und des Imaginären durch das Reale ist die Ideologie prinzipiell *aktiv*. Sie bestärkt oder modifiziert das Verhältnis der Menschen zu ihren Existenzbedingungen in diesem imaginären Verhältnis als solchem.«[68] Der ideologische Diskurs ist dabei immer schon praxisbezogen und perforiert auf Ebene des Warentauschs eben auch jene *aktive* Rolle der Rechtssubjekte.

Das Rechtssubjekt unterliegt nicht nur einer ›falschen‹ Wahrnehmung der Werteigenschaft der Objekte, die es mit den Wissenschaftlern zu Marx' Zeiten und sogar vieler Marxisten nach ihm teilt, sondern es verhält sich *praktisch*, indem es das individuelle Interesse ausagiert, die Ware zu veräußern oder zu kaufen. Wie auch Marx beim Übergang zum Austauschprozess im *Kapital über das »Rechtsverhältnis«* andeutet, man müsse sich für die weiterführende Analyse des Austauschprozesses nun auf die Warenhüter konzentrieren, denn die Waren könnten sich schließlich »nicht selbst austauschen«.[69] So erfährt das Rechtssubjekt seine Beziehung zu dem anderen Warenbesitzer als eine Symmetrie beider Interessen, ungeachtet ob man Schuhe oder seine Arbeitskraft verkauft, Käufer und Verkäufer haben ein wechselseitiges ›egoistisches‹ Interesse an ihrer Transaktion. Damit die kapitalistische Produktionsweise funktionieren kann, müssen die Subjekte in dieser Weise interagieren. Zugleich artikuliert sich in diesem Mikroverhältnis die notwendige Überdetermination aus Suprastruktur und Infrastruktur (Basis), und ohne diesen rechtlichen Verkehr der Subjekte als Eigentümer ihrer Waren gäbe es keine kapitalistische Akkumulation.[70]

Der Gebrauchswert der Ware Arbeitskraft

»Hinter der großen Abstraktion des Tausches vollzieht sich die minutiöse und konkrete Dressur der nutzbaren Kräfte.« Michel Foucault

Bekanntlich definiert Marx die Arbeitskraft als diejenige Ware, deren spezifischer Gebrauchswert für den Kapitalisten darin besteht, ihm mehr Tauschwert einzubringen, als er für ihre Anwendung bezahlen muss. Im Unterschied zu seinen sonstigen Auslagen ist die Anwendung menschlicher Arbeitskraft als Quelle des Mehrwerts strukturell billiger, als ihr Einsatz zum Erlös beiträgt, und sie verändert als der entscheidende Faktor bei der Verarbeitung die Rohstoffe zu verkäuflichen Waren.

Die pädagogischen Praxen der ideologischen Staatsapparate münden in der kapitalistischen Gesellschaft alle in dem *universalen* Effekt, die Subjekte zu formen, die auf den Markt interagieren. Als pädagogische Institutionen prägen die Apparate die sie durchlaufenden Subjekte und ihre individuellen Berufsprofile, die beim Verkauf der eigenen Arbeitskraft in einer hoch spezialisierten und ausdifferenzierten Marktwirtschaft zum individuellen Anforderungsprofil gehören. Michel Foucault rekonstruiert in *Überwachen und Strafen* diese staatlich regulierte ›Produktion‹ von Individuen in den Schulen, Kliniken und Gefängnissen der bürgerlichen Gesellschaft:

> »Das Individuum ist zweifellos das fiktive Atom einer ›ideologischen‹ Vorstellung der Gesellschaft; es ist aber auch eine Realität, die von der spezifischen Machttechnologie der ›Disziplin‹ produziert worden ist. Man muß aufhören, die Wirkungen der Macht immer negativ zu beschreiben, als ob sie nur ›ausschließen‹, ›unterdrücken‹, ›verdrängen‹, ›zensieren‹, ›abstrahieren‹, ›maskieren‹, ›verschleiern‹ würde. In Wirklichkeit ist die Macht produktiv; und sie produziert Wirkliches. Sie produziert Gegenstandsbereiche und Wahrheitsrituale: das Individuum und seine Erkenntnis sind Ergebnisse dieser Produktion.«[71]

Die ideologischen Staatsapparate sind daher für die Sphäre der »Anarchie des Marktes« (Marx) unabdingbar, denn einerseits prägen sie in ihren diversen Praxen sehr spezifische Begabungen und Ausbildungen der Subjekte, die sie durchlaufen, andererseits vermitteln sie allen Individuen die »juristisch-ideologische[...] Ideologie«,[72] ihre Dienste freiwillig auf dem Markt anzubieten:

> »Wenn der Arbeiter zu seinem Arbeitsplatz kommt, liegt schon ein langer Weg hinter ihm, eben noch hat er die gesellschaftlichen Verhältnisse – die individuellen wie die kollektiven – über sich ergehen lassen, die ihn angetrieben haben, damit er sich freiwillig oder auch unfreiwillig einfindet, um seine Dienste vermittelt durch den Verkauf seiner Arbeitskraft anzubieten: Zeit, Energie, Konzentration und so weiter. [...] Seit der Schule ist er ›ausgebildet‹ worden, gewisse soziale Normen zu verinnerlichen, die das Benehmen regeln: Pünktlichkeit, Effizienz, Gehorsam, Verantwortlichkeit [...].«[73]

Die besondere Ware *Arbeitskraft* ist immer an ein Subjekt gebunden und verlangt nach der aktiven Identifikation mit der konkreten Tätigkeit, die ihre Träger*in verkörpert. In der entwickelten Arbeitswelt des modernen Kapitalismus bedarf es dieser ausdifferenzierten Sozialisation der Subjekte, die es ihnen erlaubt, sich als freie Vertragssubjekte, man könnte in einer Aufnahme des Terminus von Lukács sagen, mit dem »Selbstbewusstsein der Ware«, beim Verkauf ihrer individuellen Arbeitskraft *aktiv* ihre Stelle im Gesamtorganismus der Produktion zu suchen. Aus Sicht des Verkäufers seiner spezifischen an seine Profession gebundenen Ware Arbeitskraft ist dies auch immer mit der existenziellen Frage nach dem Erfolg seines Daseins verknüpft. Nicht erst vor dem Hintergrund ihrer politischen Entscheidungen und Praxen in Zeiten historischer Umbrüche, sondern im Netz ihrer alltäglichen Praxen funktionieren die Subjekte daher, wie Althusser schreibt, »ganz von selber«:[74]

> »Damit die juristische Praxis ›funktioniert‹, reicht es aus, auf die *juristisch-moralische Ideologie* zurückzugreifen, und die Dinge funktionieren ›ganz von alleine‹, eben weil die juristischen Personen von diesen ›Evidenzen‹ durchdrungen sind, welche ins Auge springen, dass [nämlich] die Menschen *von Natur aus* frei und gleich sind und die von ihnen eingegangenen Verpflichtungen [einfach] erfüllen ›müssen‹ – aus bloßem juristisch-moralischem ›Gewissen‹ [...] heraus.«[75]

Bezogen auf die von Warren Montag aufgeworfene Frage, warum in *Ideologie und ideologische Staatsapparate* der Begriff des Rechts fehlt, kann man vermuten, dass sich Althusser durch diese Auslassung der juridischen vertragstheoretischen Vermittlung explizit an ein proletarisches Publikum wendet. Der Akt des Vertragsschlusses tritt im Aufsatz mit den anderen Strukturmerkmalen zugunsten der Darstellung des ideologischen Effekts der Identifikation des Arbeitnehmers mit seiner konkreten »Arbeit« in den Hintergrund und erklärt dadurch die Koppelung, in der sich in der kapitalistischen Gesellschaft wertförmige und juridische Formen wechselseitig bedingen. Althusser sieht hierin die zentrale *Verschiebung,* die die Ideologie mit der Entstehung der modernen bürgerlichen Gesellschaft und des Proletariats durchläuft. Im Unterschied zur Ideologie, die für Althusser überhistorisch in allen Gesellschaftsformen »die Bedingung für die Existenz der Individuen«[76] ist, ist die *Partialideologie* des Rechts das Spezifikum einer kapitalistischen Warenwirtschaft und an diese gebunden.

Das Selbst-zur Ware-Werden beim Verkauf der eigenen Arbeitskraft, das Lukács als narzisstische Kränkung des freien Subjekts kritisiert, scheint in der modernen kapitalistischen Wirklichkeit, in der sich die Arbeitenden aktiv mit ihrer konkreten Tätigkeit und Rolle in der Gesellschaft identifizieren, ideologisch aufgehoben. Lukács wie Althusser situieren mit Marx die Frage des Klassenbewusstseins in dieser diskursiven Transition der Ideologie, denn der Arbeiter erscheint durch diese Ideologie unabhängig von der ökonomischen Formgebung als eine ›Ware mit Selbstbewusstsein‹.

In der Rezeption fällt auf, dass das Fragment *Ideologie und ideologische Staatsapparate* manche seiner Leser*innen bis heute befremdet. Im Unterschied zu Antonio Gramscis Bild des integralen Staates als heterogenes Feld der Zivilgesellschaft, das dem wechselhaften Spiel der politischen Kräfteverhältnisse ausgesetzt ist, erscheint der Staat in Althussers Strukturanalyse als eine sich durch die Geschichte hindurch adaptierende Sozialisationsinstanz, die letztlich immer in den Effekt der erfolgreichen Interpellation der Subjekte mündet. Der moralische Aufschrei, der Strukturmarxist Althusser vertrete die Theorie einer zwangsläufigen Konfirmierung des Menschen, die dazu führe, das Subjekt letztlich für politisch handlungsunfähig zu erklären, ist bis heute zu vernehmen und füllt mittlerweile ganze Bibliotheken.[77] E. P. Thompson verdammte daraufhin jeglichen Marxismus, während Stuart Hall einen differenzierten Versuch unternimmt, die Subjektdekonstruktion und das Handlungsproblem in den *cultural studies* zu inkorporieren. Selbst Slavoj Žižek reduziert das althussersche Ideologieparadigma auf die Behauptung einer suggestiven, scheinbar stets erfolgreichen ideologischen Schließung des Subjekts, als habe Althusser Lacan nicht richtig rezipiert – natürlich nicht, ohne die durch das Begehren strukturierte Bewegung des Subjekts auf ein stetiges Nichtgelingen der Subjektschließung wie der Objektbesetzung zurückzuführen. Die ideologische Interpellation, die das Subjekt zu beständig wechselnden neuen scheiternden Objektbesetzungen treibt, wirkt hier, in einer triftigen Analogie zu dem zu kritisierenden freudschen Spätkonzept des *Todestriebes* oder der zu problematisierenden Kategorie einer Instanz des Überichs auf das Subjekt, das seine selbst gesteckten Ziele immer nicht erfüllt und nicht erfüllen kann, da dies den konstitutiven Bestandteil der allgemeinen Triebökonomie ausmacht.

Meiner Ansicht nach übersieht diese Spekulation über die Risse und mögliche Widerstandspotenziale des Ideologieeffekts, die sich in der Regel in die Disposition des vom Polizisten interpellierten Passanten auf der Straße denkt, meist, dass das erste interpellierte Subjekt in dieser Szenerie der Polizist selbst ist, der seiner Interpellation entsprechend diskursiv agiert. Er verkörpert die grundsätzliche identitäre Dimension der Ideologie, die sich nicht so leicht wechseln lässt wie die Straßenseite.

Althusser provoziert diese Reaktion, indem er das Beispiel des engagierten Pädagogen anführt, der, indem er seine Arbeit gewissenhaft leistet, praktisch die Macht des Apparats noch effektiviert.[78] Dabei geht es ihm nicht um ein allgemeines Urteil über die Möglichkeit politischer Veränderung als vielmehr darum, die Funktionsweise der ideologischen Staatsapparate für den modernen Kapitalismus aufzuzeigen. Die andauernde Faszination des Textes für emanzipatorische und antiautoritäre Lektüren besteht paradoxerweise gerade in seiner Beschreibung der Effekte der Konditionierungspraxen der ideologischen Staatsapparate, die dazu auffordert, diesen komplexen Herrschaftsmechanismus zu konfrontieren. Indem Althusser die für ihn mit den Arbeiten von Marx und Freud verbundene »narzisstische Kränkung des Subjekts«[79] in seinem Aufsatz wiederaufführt, wird der/die* Lesende mit der eigenen Position und den Problemen als politisch handelndes Subjekt konfrontiert.

In Analogie zu den von Marx beschriebenen Strukturen der kapitalistischen Produktionsweise kann das einzelne Subjekt sie nicht einfach durch sein individuelles Handeln verändern. Auch die neogramscianischen Versuche einer hegemonietheoretischen Aufnahme der Ideologiekonzeption Althussers, wie sie Michel Pêcheux, Chantal Mouffe und Ernesto Laclau unternehmen, setzen nicht von ungefähr auf der Metaebene der Artikulation politischer Kollektivsubjekte (der Arbeiterbewegung, der Globalisierungskritiker*innen etc.) an.[80]

Der zentrale ideologische Effekt dieses ins Positive gewendeten Arbeitsbegriffs auf das Proletariat, der nicht nur die zentrale ›ideologische‹ Überdeterminierung der Kritik der politischen Ökonomie durch den Realsozialismus und die Sozialdemokratie ausmachte, lässt dem modernen Subjekt die gelebte Freiheit als eine individuelle Emanzipation durch die Arbeit erscheinen, die es mit innerer Motivation verfolgt, und sich mit der ihm zugedachten Rolle identifizieren. Die Produktion des Mehrwerts verlangt auf Ebene der Produktionsverhältnisse wie bei seiner Realisierung nach der Interpellation des freien bürgerlichen Rechtssubjekts auf Ebene der Ideologie.[81] Das ausdifferenzierte Netz der ideologischen Staatsapparate übernimmt hierbei im entfalteten Kapitalismus die Funktion der Ausbildung der individuellen Arbeitskräfte, die danach als Rechtssubjekte auf den Arbeitsmarkt treten.

Hierin kommt das Paradox der modernen Subjektanrufung zum Tragen, denn die Subjektivierung artikuliert sich als eine Form der Selbstverwirklichung, und das Subjekt empfindet die eigene Profession als innere Berufung und Emanzipation. Ausdrücke wie der des »Bewerberprofils« dokumentieren, dass gerade diese Verschmelzung der Identität des Subjekts mit seiner beruflichen Tätigkeit ein Merkmal der arbeitsteiligen kapitalistischen Produktion und für viele Arbeitnehmer*innen der Imperativ einer guten Lebensführung ist.

Jenseits des Akteursbewusstseins mündet diese nach Marx »doppelte Freiheit« des Arbeiters, bei ihm polemisch als die Verbindung der Vertragsfreiheit und der ›Freiheit *von*‹ Subsistenzmitteln gedacht, in ein strukturelles ökonomisches Herrschaftsverhältnis.

Anmerkungen

1 Dieser Aufsatz ist eine ergänzte und überarbeitete Version meines am 5.5.2017 an der Marx-Frühjahrsschule gehaltenen Vortrags Althusser und Recht. Eine Einführung.

2 Karl Marx [1890]: Das Kapital. Kritik der politischen Ökonomie. Erster Band. Buch I: Der Produktionsprozeß des Kapitals. In: Marx-Engels-Werke. Band 23. Berlin 1975, S. 793.

3 Vgl. Eugen Paschukanis: Allgemeine Rechtslehre und Marxismus. Versuch einer Kritik der juristischen Grundbegriffe. Freiburg 2003.

4 Louis Althusser: Marx in his Limits. In: Philosophy of the Encounter. Later Writings 1978–1987. Hg. von François Matheron und Oliver Corpet. London, New York 2006, S. 7–162, S. 127.

5 Louis Althusser: Philosophie und Marxismus. Ein Gespräch mit Fernanda Navarro. Hg. von Ingo Kramer. Wien 2019. S. 95–96.

6 In der Tradition von Rosa Luxemburgs Die Akkumulation des Kapitals. Ein Beitrag zur ökonomischen Erklärung des Imperialismus [1913], worin sie eine immanente ökonomische Notwendigkeit imperialer Expansion zum Zweck der kapitalistischen Akkumulation geltend macht, analysieren auch zeitgenössische Marxisten die kapitalistische Akkumulation nicht als einen systemimmanenten Prozess, sondern betonen die Notwendigkeit zur gewaltsamen Prozessen der inneren wie äußeren Expropriation zur Aufrechterhaltung der Produktionsweise bis hin zum imperialistischen Krieg. Rosa Luxemburg [1913]: Die Akkumulation des Kapitals. Ein Beitrag zur ökonomischen Erklärung des Imperialismus. In: Dies.: Gesammelte Werke. Band 5: Ökonomische Schriften. Berlin 1975, S. 5–398.

7 Marx: Das Kapital. A. a. O.

8 Ebd., S. 792.

9 Louis Althusser: Montesquieu, la politique et l'histoire. Paris 1959.

10 Siehe zur Lektüre der Vertragstheorien: Sebastian Neubauer: Im Zwielicht der Ideologie – Louis Althusser und das politische Denken der Frühen Neuzeit. Berlin 2013. https://refubium.fu-berlin.de/handle/fub188/18750 [15.9.2022].

11 Louis Althusser: Schriften. Band II: Machiavelli – Montesquieu – Rousseau. Hg. von Frieder Otto Wolf. Hamburg, Berlin 1987; Louis Althusser: Machiavelli and Us. London, New York 1999.

12 Warren Montag: The Threat of the Outside: Althusser's Reflections on Law. In: Laurent de Sutter (Hg.): Althusser and Law. New York 2013, S. 15–32, S. 15.

13 Louis Althusser: Ideologie und ideologische Staatsapparate. Notizen für eine Untersuchung. In: Ideologie und ideologische Staatsapparate. I. Halbband. Hg. von Frieder Otto Wolf. Hamburg 2010, S. 37–102.

14 Der Band enthält ein Schema, das über die aus dem ursprünglichen Manuskript in den Aufsatz übernommenen Passagen informiert, sowie einen Kommentar des Herausgebers zu seiner Entstehung und Rezeptionsgeschichte. Vgl. Frieder Otto Wolf: Nachwort des Herausgebers. In: Louis Althusser: Über die Reproduktion. Ideologie und ideologische Staatsapparate. II. Halbband. Hg. von Frieder Otto Wolf 2012, S. 369–373 und S. 315–368.

15 Georg Wilhelm Friedrich Hegel: Grundlinien der Philosophie des Rechts oder Naturrecht und Staatswissenschaft im Grundrisse. Hg. von Helmut Reichelt. Frankfurt/Main, Berlin, Wien 1972.

16 Zu dieser politischen Konzeption des Naturrechts vor dem Hintergrund von Spinozas Conatuslehre siehe Katja Diefenbach: Spekulativer Materialismus. Spinoza in der postmarxistischen Philosophie. Wien, Berlin 2018, S. 47 ff.

17 Althusser: Philosophie und Marxismus. A. a. O., S. 59 f.

18 Eugen Paschukanis spricht von einer technischen Regel, die sich nicht durch ein konfliktuelles Rechtsverhältnis, sondern eine allgemein akzeptierte Vereinbarung auszeichnet. Während im Recht potenziell konkurrierende Ansprüche aufeinandertreffen, etwa bei der Verhandlung des Preises einer Ware, sind die Verkehrsregeln oder ein Zugfahrplan für ihn keine Rechtsverhältnisse. Vgl. Eugen Paschukanis: Allgemeine Rechtslehre und Marxismus. Versuch einer Kritik der juristischen Grundbegriffe. Freiburg 2003, S. 69.

19 Althusser: Philosophie und Marxismus. A. a. O., S. 84.

20 Ebd., S. 93–94.

21 »Dieser Mensch, das Mitglied der bürgerlichen Gesellschaft, ist nun die Basis, die Voraussetzung des politischen Staats.« In: Karl Marx: Zur Judenfrage. In: Marx-Engels-Werke. Band I. Berlin 1988, S. 347–377, S. 369.

22 Vgl. Ingo Kramer: Symptomale Lektüre. Louis Althussers Beitrag zu einer Theorie des Diskurses. Wien 2014, S. 43–47.

23 Althusser: Philosophie und Marxismus. A. a. O., S. 94.

24 Karl Marx: Grundrisse der Kritik der politischen Ökonomie. Wien 1968, S. 155.

25 Hegel schreibt im Geist der Hegemonietheorie: »Diese beiden Bestimmungen, daß die besonderen Geschäfte und Gewalten des Staats weder für sich noch in dem besonderen Willen von Individuen selbstständig und fest sind, sondern in der Einheit des Staats als ihrem einfachen Selbst ihre letzte Wurzel haben, macht die Souveränität des Staats aus.« Georg Wilhelm Friedrich Hegel: Grundlinien der Philosophie des Rechts oder Naturrecht und Staatswissenschaft im Grundrisse. Hg. von Helmut Reichelt. Frankfurt/Main, Berlin, Wien 1972, S. 248.

26 Louis Althusser: Lessons on Rousseau. London 2019, S. 34.

27 Ebd., S. 50–51.

28 Marx: Zur Judenfrage. A. a. O., S. 92 f.

29 Louis Althusser: Sur le contrat social (les Décalages). In: Cahiers pour l'Analyse, Nr. 8 (1966), S. 5–42.

30 Vgl. Louis Althusser: Über Jean-Jacques Rousseaus »Gesellschaftsvertrag«. In: Ders.: Schriften. Band II. A. a. O., S. 131–172.

31 Pierre-François Moreau: Marx und Spinoza. Versuch einer materialistischen Lektüre. Hamburg 1978, S. 100 f.

32 Vgl. Stefan Krauth. Kritik des Rechts. Stuttgart 2013.

33 Slavoj Žižek: A Permanent Economic Emergency. In: New Left Review 64 (2010), S. 85–95, S. 87.

34 Vgl. Althusser: Philosophie und Marxismus. A. a. O., S. 93.

35 Louis Althusser: Anmerkung zur »Kritik des Personenkults«. In: Horst Arenz / Joachim Bischoff / Urs Jeaggi (Hg.): Was ist revolutionärer Marxismus? Kontroverse über Grundfragen marxistischer Theorie zwischen Louis Althusser und John Lewis, Berlin 1973, S. 95–109, S. 100.

36 Zu dieser anthropologischen Verkehrung historisch-spezifischer Formen vgl. Michael Heinrich: Kritik der politischen Ökonomie. Eine Einführung. Stuttgart 2005, S. 182–185. Zum Komplex des homo juridicus siehe Matthias Peitsch: Prämissen der Rechtstheorie. Der Homo Juridicus und seine Kritik im historischen Materialismus. Wien, Berlin 2021.

37 Daniel Hackbarth: Warum »Antihumanismus«? Materialistische Einwände gegen die Anthropologie. In: Thomas Ebke / Caterina Zanfi (Hg.): Das Leben im Menschen oder der Mensch im Leben? Deutsch-Französische Genealogien zwischen Anthropologie und Anti-Humanismus. Potsdam 2017, S. 239–254, hier S. 251.

38 Louis Althusser. Presentación a la sexta edición. In: Marta Harnecker: Los conceptos elementales del materialismo histórico. Paris 1971, S. [XI]–[XVI], XV.

39 Harnecker: Los conceptos elementales del materialismo histórico. A. a. O, ebd., S. 41. [Übersetzung I. K.]

40 Louis Althusser: Die Veränderung der Welt hat kein Subjekt. Notiz zu den Thesen über Feuerbach. In: Neue Rundschau. Heft 3, 106 Jg. (1995), S. 9–16, S. 15.

41 Foucault beschreibt diese Grundmechanismen, entsprechend dem Titel seines Buches, als Überwachen und Strafen und nivelliert die Unterscheidung zwischen repressiven und ideologischen Staatsapparaten, die schon bei Althusser durch ihre wechselseitige Durchdringung gekennzeichnet sind. So unterhalten auch ideologische Staatsapparate einen repressiven Apparat. Vgl. Louis Althusser: Die Zukunft hat Zeit. Die Tatsachen. Frankfurt / Main 1998, S. 230.

42 Louis Althusser: The Place of Psychoanalysis in the Human Sciences. Hg. von Lawrence D. Kritzman. New York 2016.

43 Vgl. Kramer: Symptomale Lektüre. A. a. O., S. 115–125.

44 Althusser: Philosophie und Marxismus. A. a. O., S. 80.

45 John Langshaw Austin: Zur Theorie der Sprechakte (How to do Things with Words). Stuttgart 2002. Allgemein zur Verbindung von ideologischem Diskurs und Sprechakttheorie bei Althusser siehe Kramer: Symptomale Lektüre. A. a. O., S. 115–125.

46 Sigmund Freud: Totem und Tabu. Einige Übereinstimmungen im Seelenleben der Wilden und der Neurotiker. Frankfurt/Main 1991.

47 Althusser: The Place of Psychoanalysis in the Human Sciences. A. a. O., S. 4.

48 Vgl. Michael Tort: Die Psychoanalyse im historischen Materialismus. In: Louis Althusser: Freud und Lacan. Berlin 1976, S. 60–90.

49 Judith Butler. Rücksichtslose Kritik. Körper, Rede, Aufstand. Konstanz 2019, S. 40.

50 Karl Marx: Das Kapital. Kritik der politischen Ökonomie. Der Gesamtprozeß der kapitalistischen Produktion. In: Marx-Engels-Werke. Band 25. Berlin 1964, S. 822–839.

51 Sinngemäß vgl. ebd., S. 217.

52 Georg Lukács: Geschichte und Klassenbewusstsein. Studien über marxistische Dialektik. Berlin 1923, S. 185.

53 Althusser: Marx in his Limits. A. a. O., S. 133.

54 Louis Althusser: Antwort an John Lewis. In: Horst Arenz / Joachim Bischoff /Urs Jaeggi (Hg.): Was ist revolutionärer Marxismus? Westberlin 1973, S. 35–76, S. 51.

55 Ebenso Étienne Balibar. Marx' Philosophie. Berlin 2013, S. 115–117. Vgl. Ingo Kramer: Eugen Paschukanis und die Frage einer marxistischen Soziologie. In: Recht – Staat – Kritik. Rechtskritik im Anschluss an Marx und Paschukanis. Hg. von der AG Rechtskritik. Berlin 2017, S. 90–115. Eine der ersten ausführlichen Beschäftigungen des Althusserianismus mit Paschukanis findet sich in: Paul Hirst: On Law and Ideology. London, Basingstoke 1979, S. 96–122.

56 Paschukanis: Allgemeine Rechtslehre und Marxismus. A. a. O., S. 71.
57 Ebd., S. 111.
58 Althusser: Marx in his Limits. A. a. O., S. 128.
59 Althusser: Über die Reproduktion. A. a. O., S. 97–98.
60 Étienne Balibar: Marx' Philosophie. Berlin 2013, S. 116.
61 Ebenso Panagiotis Sotiris: Althusserianism and Value-form Theory: Rancière, Althusser and the Question of Fetishism. In: Crisis and Critique, Nr. 2 (2015), S. 166–193, S. 185.
62 Reinhold Zech: Produktivkräfte und Produktionsverhältnisse in der Kritik der politischen Ökonomie. In: Karl Marx: Produktivkräfte und Produktionsverhältnisse. Hg. von Helmut Reichelt und Reinhold Zech. Frankfurt/Main, Berlin, Wien 1983, S. 60–112, S. 112.
63 Althusser: Philosophie und Marxismus. A. a. O., S. 99.
64 Althusser: Philosophie und Marxismus. A. a. O., S. 97. Ebenso in Althusser: Marx in his Limits. A. a. O., S. 133.
65 Althusser: Ideologie und ideologische Staatsapparate. A. a. O., S. 75.
66 Althusser: Über die Reproduktion. A. a. O., S. 98.
67 Vgl. Althusser: Philosophie und Marxismus. A. a. O., S. 79 ff. Zur grundsätzlichen Unterscheidung des ideologischen und des wissenschaftlichen Diskurses bei Althusser siehe Kramer: Symptomale Lektüre. A. a. O., S.105–135.
68 Louis Althusser: Marxismus und Humanismus. In: Ders.: Für Marx. (Hg.) von Frieder Otto Wolf. Frankfurt/Main 2014, S. 280–318, S. 298.
69 Marx: Das Kapital. A. a. O., S. 99.
70 Vgl. Kramer: Eugen Paschukanis und die Frage einer marxistischen Soziologie. A. a. O.
71 Michel Foucault: Überwachen und Strafen. Die Geburt des Gefängnisses. Frankfurt/Main 1977, S. 249–250.
72 Althusser: Ideologie und ideologische Staatsapparate. A. a. O., S. 99.
73 Althusser: Philosophie und Marxismus. A. a. O., S. 84.
74 Althusser: Ideologie und ideologische Staatsapparate. A. a. O., S. 98.
75 Althusser: Über die Reproduktion. A. a. O., S. 111-112. Daher sieht Althusser den seit Mitte der 1930er Jahre vorherrschenden mit dem Stalinismus verbundenen rein affirmativen Bezug auf das »bürgerliche« als »sozialistisches« Recht als ein Problem realsozialistischer Politik an. Vgl. Althusser: Über die Reproduktion. A. a. O., S. 99.
76 Althusser: Philosophie und Marxismus. A. a. O., S. 87.
77 .Vgl. E. P. Thompson: Das Elend der Theorie. Zur Produktion geschichtlicher Erfahrung. Frankfurt/Main, New York 1980; Slavoj Žižek: Das Subjekt vor der Subjektwerdung. In: KultuRRevolution Nr. 20 (1988), S. 36–37; Judith Butler: Psyche der Macht. Das Subjekt der Unterwerfung. Frankfurt/Main 2015, S. 101–124. Siehe die Rekonstruktion dieser Subjektivierungsdebatte bei: Marianna Schütt: Anrufung und Unterwerfung: Althusser, Lacan, Butler und Žižek. Wien 2015.
78 Althusser: Ideologie und ideologische Staatsapparate. A. a. O., S. 69–70.
79 Louis Althusser: Über Marx und Freud. In: Ders.: Ideologie und ideologische Staatsapparate. Hg. von Peter Schöttler. Hamburg, Berlin 1977, S. 89–107.
80 Althusser unterscheidet zwischen der Ideologie, die in allen Gesellschaftsformen existiert, und den partikularen Ideologien, die historisch auftreten. Michel Pêcheux reflektiert in Ideologie – Festung oder paradoxer Raum? die Möglichkeiten einer Gegenanrufung, die sich auf widerständiges Handeln konzentriert. Die diskursive Dichotomisierung der Gesellschaft in konkurrierende politische Blöcke bzw. historische Subjekte charakterisiert auch die neogramscianische Aufnahme der Ideologietheorie Althussers in den Arbeiten Laclaus und Mouffes. Michel Pêcheux: Ideologie – Festung oder paradoxer Raum? In: Ders.: Ideologie und Diskurs. Aufsätze. Hg. von Ivo Eichhorn. Wien, Berlin 2019, S. 106–122.
81 Vgl. Kramer: Eugen Paschukanis und die Frage einer marxistischen Soziologie, S. 108.

Althusser und dekoloniale Rechtstheorie

Naturrechtliche Legitimationen kolonialer Landnahme und transatlantischer Versklavung bei Thomas Hobbes und John Locke

Von Katja Diefenbach

Reststücke rechtstheoretischer Reflexionen

Althussers Ausarbeitung der modernen Rechtsproblematik ist von Auslassungen und Abbrüchen geprägt. Sie bildet ein Fragment in seinem Werk, eine unvollständige und unausgeführte Skizze. In Form ungestellter Fragen, übersehener begrifflicher Objekte, verkannter und verdrängter Problematisierungsniveaus insistiert die Frage des Rechts in Althussers Denken als suspendierter Rest einer Reflexion, die keine Ausarbeitung erfahren hat, aber auch nie aufgegeben wurde. Symptomatisch für diesen Status eines angefangenen, abgebrochenen und doch immer wieder neu aufgegriffenen Projekts ist Althussers Ankündigung in *Ideologie und ideologische Staatsapparate* (IISA), die Funktionsweise der gesellschaftlichen Überbauten zu erörtern, indem die spezifischen Wirksamkeitsgrade, die »d[em] Recht, de[m] Staat und d[er] Ideologie«[1] zukommen, in das Zentrum einer Untersuchung gerückt werden, die sich der Reproduktion kapitalistischer Produktionsverhältnisse widmet. Liest man den Ideologieaufsatz weiter, zeigt sich aber, dass die angekündigte Abhandlung über das Recht nirgendwo in dem 1970 in *La Pensée* veröffentlichten Text zu finden ist. Sie steht weder am ursprünglich angegebenen Ort – unmittelbar vor dem Abschnitt »Der Staat« – noch an irgendeiner anderen Stelle des Texts.[2] Dass Althusser die Rechtsanalyse fallen lässt, den Hinweis auf sie aber bewahrt, als er *Ideologie und ideologische Staatsapparate* aus einem größeren Manuskript auskoppelt, das 1995 unter dem Titel *Über die Reproduktion* posthum erscheint, zeugt von der zentralen Rolle, die er dem Recht bei der Reproduktion kapitalistischer Produktionsbedingungen zuweist.[3] Die Aussparung rechtstheoretischer Überlegungen manifestiert zugleich, dass sich Althusser nicht in der Lage sieht, die Problematik des modernen Rechts kohärent in die Argumentation des Ideologieaufsatzes einzufügen. Dennoch verwandelt sich der Text im Zuge stetig wachsender Rezeptionen in seinen wohl »einflussreichsten«,[4] zugleich aber unvollständigsten Aufsatz, in dem »zwei Auszüge aus einer laufenden Untersuchung«[5] – über die

Performativität der Überbauten und die Materialität der Ideologie – unverbunden nebeneinander stehen.

Auf der einen Seite will Althusser unter Zurückweisung simpler Basis-Überbau-Schemata zeigen, dass die Erneuerung der »ökonomischen Struktur«,[6] insbesondere hinsichtlich der Produktionsverhältnisse (der Eigentums-, Aneignungs- und Ausbeutungsweisen), zu weiten Teilen von den Eingriffen rechtlicher, staatlicher und ideologischer Praktiken abhängt.[7] Auf der anderen Seite präsentiert der Artikel ideologietheoretische Reflexionen, die ein materialistisches und institutionenbasiertes Verständnis des Ideologischen als phantasmatisch erlebtem Weltbezug darlegen. Im ursprünglichen Manuskript diente das Recht als »Verbindungsglied«[8] zwischen diesen beiden Themenblöcken, in denen Althusser mit dem »Wirksamkeitsindex« oder der »Anrufung«[9] Begriffe ins Spiel bringt, die in besonderer Weise seinen »Eigennamen«[10] tragen. Die folgenden Überlegungen fügen zwischen die Problematik der Reproduktion und eines bis an die Grenzen seiner Intelligibilität getriebenen Ideologiebegriffs eine dritte Frage ein: Lassen sich in Althussers abgebrochener Rechtstheorie Potenziale für eine dekoloniale Kritik modernen Rechts ausgehend von den Gründungskrisen des *racial capitalism* im 17. Jahrhundert finden? Inwieweit bieten der IISA-Aufsatz und das größere Ursprungsmanuskript Argumente an, um die Pathogenese neuzeitlichen Naturrechts im Kontext kolonialer Landnahmen und transatlantischer Versklavung auseinanderzunehmen? Um diese Fragen zu erörtern, gilt es, auf eine wenig diskutierte Ressource zurückzugreifen, nämlich die Vorlesungen, die Althusser an der École normale supérieure über die Naturrechtsverständnisse von Thomas Hobbes und John Locke gehalten hat.

Performativität der Überbauten

Hegels geschichtliches und essentielles Einheits- und Fortschrittsprinzip verwerfend,[11] zeigt Althusser im ersten Teil von *Ideologie und ideologische Staatsapparate*, dass das Verständnis kapitalistischer Gesellschaftsformationen voraussetzt, ihre multifaktorielle Reproduktion zu entschlüsseln. Diese resultiert aus dem überdeterminierten Zusammenspiel ökonomischer und nicht-ökonomischer Instanzen. Unter Bezugnahme auf Marx' Idee eines Gesamtzusammenhangs sozialer Verhältnisse, der weit über das Ökonomische hinaus aus der Wechselwirkung real unterschiedener Elemente besteht, analysiert Althusser, wie die ökonomischen Beziehungen sowie die Praktiken des Rechts, des Staats und der Ideologie in ungleichen Relationen und pluralen Zeitlichkeiten aufeinander einwirken und sich in ihren Wirkungsmerkmalen verschieben, sodass eine dynamische Variation von Verbindungsformen erkennbar wird, die ohne Subjekt oder Zentrum bleibt und nur »in letzter Instanz«[12] ökonomisch determiniert ist. Das Ökonomische wird als Rahmen gesellschaftlicher Überbauten verstanden, in den es selber eingerahmt ist. Als Element und Rahmen zugleich determinieren die ökonomischen Beziehungen die rechtlichen, staatlichen, kulturellen oder ideologischen Instanzen nicht unmittelbar, sondern nur indem sie die »Wirksamkeitsind[ices]«[13] verändern, mit denen sich ökonomische und nicht-ökonomische Beziehungen in ihren Mechanismen verschieben, sodass immer andere, auch nicht-ökonomische Widersprüche oder Widerspruchsaspekte dominant werden. Althusser entwickelt hier eine Intersektionalitätstheorie *avant la lettre*. Das Ökonomische zählt reflexiv zu den gesellschaftlichen Instanzen hinzu, die von ihm determiniert werden, und muss deshalb »in einer einzigen und gleichen Bewegung [als] determinierend, aber auch determiniert«, in einem Wort als »überdeterminiert«[14] begriffen werden. Anders gesprochen: Die Überbauten – dazu können wir auch geschlechtliche und rassistische Machtverhältnisse zählen – bestimmen in einer Redeterminationsschleife die ökonomischen Beziehungen zurück. Sie stellen die Existenzbedingungen der ökonomischen Struktur dar und intervenieren in deren Funktions- und Reproduktionsmechanismen. Durch eine solch retroaktive Entgründung des Grunds hört die Ökonomie auf, Träger von Notwendigkeit und Essentialität zu sein. Statt in der Vollendung historischer Tendenzen werden kapitalistische Gesellschaften aus der Überdeterminierung pluraler Widersprüche begriffen, die nicht »gleichen Ursprungs«, »gleicher Bedeutung«, »gleichen Anwendungsniveaus« oder »gleichen Anwendungsorts«[15] sind. Nicht-ökonomische Konflikte, Besonderheiten von Produktionsweisen oder Effekte ihrer globalen Verflechtungen können in das Zentrum gesellschaftlicher Kämpfe und Krisen rücken, sodass der Begriff der Tendenz von fortschrittstheoretischer Zeitlichkeit befreit wird. Von den klassen- und parteizentrierten Artikulationen Althussers verdeckt, kündigt sich ein poststrukturalistischer Marxismus an, der durch die Althusser-Rezeption in den Subaltern und Postcolonial Studies angestoßen worden ist und in dem sich die hier folgende Begegnung zwischen Althusserianismus und dekolonialer Rechtstheorie anbahnt.

Materialität des Ideologischen

Was das Denken des Ideologischen anbelangt, kehrt Althusser zunächst die Marx'sche Vorstellung um, dass die »Ideen der herrschenden Klasse«[16] als wirklichkeitsverschleiernde Zeichen operieren. Stattdessen werden die Ideen der Beherrschten als wirklichkeitserzeugende Praktiken verstanden, mit denen die Subjekte im Rahmen staatlicher Apparate ein imaginäres »Verhältnis zu ihren Existenzbedingungen«[17] ausarbeiten. Diese Aushandlung nimmt die Form subjektivierender Unterwerfung an, sodass die Individuen »in der riesigen Mehrzahl der Fälle ›ganz von alleine‹«[18] regelgeleitet agieren. Ihre Anpassungsprozesse finden in den Ritualen und Routinen des Alltagslebens, in den Schulen, Fabriken und Büros, den Medien und Vereinen, den Parteien und Interessensverbänden statt, die Althusser als »ideologische Staatsapparate« bezeichnet. Sie bilden den Rahmen, in dem die Menschen auf der Basis von Wahrnehmungsbildern und Identifikationsschemata ausagieren, was sie unter Glück, Gleichheit oder Gerechtigkeit verstehen. Um die praktische Performativität des Ideologischen zu verdeutlichen, greift Althusser auf Pascals »skandalöses« Diktum zurück, dass der Glaube aus Gewohnheiten und äußeren Ritualen resultiert und paraphrasiert aus den *Pensées*: »Knie nieder, bewege die Lippen zum Gebet, und Du wirst glauben«.[19] Althusser wendet sich von der noch für Gramsci verbindlichen Vorstellung ab, dass Ideologie eine geistige »Weltanschauung«,[20] einen Komplex mehr oder minder manifester Ideen bildet, die sich in den Handlungen der Menschen ausdrücken. Unter Bezugnahme auf Spinozas erste Erkenntnisgattung nimmt er von einem geistigen Verständnis der Ideologie Abstand und konzentriert sich auf den Status der imaginären Praktiken, mit denen die Menschen das Verhältnis, das sie »zu ihren realen Existenzbedingungen« unterhalten, konkret erleben. Es handelt sich weniger um Bewusstseinsformen denn um psychische Identifikationen, die ausgehend von der »materielle[n] Welt der Menschen, so wie sie sie leben«, produziert werden, »die Welt ihrer konkreten und historischen Existenz«. Dieser spinozistische »Materialismus des Imaginären«[21] wird unter Vernachlässigung der für Spinoza so zentralen vitalistischen Affirmation der Massenvermögen rein funktional ausgelegt, indem die freiwillige Normenintrojektion, die disziplinierende Einübung von Fähigkeiten und die Erziehung zum Gesetzesgehorsam in den Vordergrund gestellt werden. Mit der Vorstellung, dass Ideologie einen Komplex sinngebender Praktiken umschreibt, in dem sich makropolitische Apparatstrukturen und mikropolitische Subjektivierungseffekte verschränken, überschreitet Althusser – Foucault'sche Themen vorwegnehmend – den Horizont der Marx'schen Ideologiekritik. Er wendet sich sowohl gegen die Reduktion des Ideologischen auf spekulative Illusionen (Feuerbach mit Kant) als auch auf notwendig mystifizierte Erscheinungsformen (Marx mit Hegel). Stattdessen verbindet er ein praxeologisches und institutionenbasiertes Verständnis von der realitätserzeugenden Wirksamkeit des Imaginären mit der Ausschaltung der Idee geschichtlich konstituierender Subjektivität. Ideologie kann weder durch die Interessen einer Herrschaftsclique noch durch die Feuerbach'sche Verkehrung menschlicher Wesenskräfte in höhere Instanzen (Gott, Staat, Recht), aber auch nicht durch die am Anfang des *Kapital* zu findende Verkehrung sozialer Verhältnisse in Verhältnisse zwischen Sachen ausreichend erklärt werden. Statt Ideologie als Verkennungseffekt zu verstehen, der der Selbstbewegung der Ware in ihrem formalen »Prozess von

Differenzierung und Entfremdung«[22] entspringt, besteht Althusser auf einer komplexen, durch Struktur, Abstand und Relation geprägten Analyse, die zu zeigen ermöglicht, wie institutionalisierte Formen, z.B. des Rechts oder der Bildung, in die Reproduktion der Produktionsverhältnisse eingreifen und mit Subjektivierungseffekten verbunden sind.

Rechtliche und moralische Ideologie

Während Althusser diese Überlegungen in entschiedenstem Tonfall vorträgt, spielt er zugleich über den thematischen Abbruch zwischen der Performativität der Überbauten und der Materialität des Ideologischen hinweg. Ein derart in Auslassungen sich selbst »suspendierendes« Denken im Kontext forciertester Argumentation bezeichnet Balibar als Althussers eigentliche »intellektuelle Fruchtbarkeit«. Sie zwinge seine Leser:innen, »auf eigene Faust die ›Lösung‹ des Problems zu suchen«,[23] das ihnen durch die Unabgeschlossenheit des Texts überantwortet worden ist. Die rechtstheoretische Leerstelle in IISA ist ein exemplarischer Fall einer solchen Weitergabe einer Problematik. Lange Zeit ist das Verschwinden rechtlicher Topoi aus dem Ideologieaufsatz unkommentiert geblieben, was sich aus der marginalen Auseinandersetzung mit Rechtsfragen im strukturalistischen Marxismus, in der poststrukturalistischen Philosophie und in den 1968er-Revolten erklärt. Mit der Publikation der bisher unveröffentlichten Kapitel über das Recht und den »juristischen ideologischen Staatsapparat«[24] in *Über die Reproduktion* ist eine kontroverse Auseinandersetzung um die Althusser'sche Rechtstheorie, ihre Abbrüche und Potenziale neu in Gang gekommen.[25] In dem posthum publizierten Manuskript findet sich allerdings nur eine rohe Skizze rechtstheoretischer Argumente, in der Positionen von Marx, Hegel und Kant lose kombiniert werden. Althusser beginnt mit dem Vorrang des Privatrechts, das den frühmodernen Nexus von Eigentum, Arbeit und Rechtspersonalität gründe und trage. Für Althusser bildet es die Grundlage, »von der die anderen Bereiche des Rechts ausgehen«. Er interpretiert das Privatrecht entlang der »Systematizität« und der »Formalität«, mit denen es »alle möglichen Fälle«, selbst »para-juristische Grenzpraktiken«,[26] in ein um Widerspruchsfreiheit bemühtes Regelsystem einbeziehen könne. Das Recht bilde eine spezifische Formbestimmung juristischer Freiheit und Gleichheit, die – wie bereits Marx kritisierte – von den Ungleichheiten des kapitalistischen Systems abstrahiert.[27] Seine »formale Systematizität« besitzt das Recht nur unter der Bedingung, dass die Produktionsverhältnisse in ihm selbst »vollständig abwesend bleiben«.[28] Eigentums-, Enteignungs- und Ausbeutungsrelationen bilden die Inhalte einer Form, von denen diese Form absieht. Rechtliche Normativität beruht damit auf der Einführung einer vornormativen Faktizität, deren Verhältnisse als naturalisierte dem Bereich des Rechts und der Politik entzogen sind. Bürgerliche Politik verwandelt sich damit in eine Art ›polizeiliche‹ Regulation und Verwaltung ›natürlicher‹ Menschen und ihrer utilitaristisch verstandenen Interessen bzw. in das, was Hegel als »sichernde Macht des Allgemeinen«[29] bezeichnet. Althusser zufolge ist es aber nicht Hegel, sondern Kant, der in *Die Metaphysik der Sitten* verdeutlicht, dass das Privatrecht nur existieren kann, wenn es durch strafrechtliche und polizeiliche Zwangsmechanismen ergänzt wird. Erst der repressive Staatsapparat – »das Polizeicorps, die Gerichte, Bußgelder und Gefängnisse«[30] – garantiert die Durchsetzbarkeit privatrechtlicher Normen. Entscheidend ist für Althusser aber eine vierte Grundthese zur Spezifität des Rechts, die von ideologietheoretischem Gewicht ist: Neben Systematizität, Formalität und Repressivität gelte es zu berücksichtigen, dass die Gesetzesordnung in der »unermesslichen Mehrheit der Fälle«[31] ohne Vollstreckung von Strafen befolgt wird. Historisch verweist Althusser mit dem Begriff der »juristischen Ideologie« auf die im frühmodernen Naturrecht verankerten Doktrinen nutzen- und interessegeleiteter Handlungsvermögen, die alle Menschen als »von Natur aus gleich und frei«[32] begreifen. Der radikale Umbruch, der sich im frühmodernen Recht vollzieht, besteht darin, einen solch natur- oder vorrechtlichen Handlungsanspruch in das Privatrecht einzubeziehen. Das Können und Wollen der Menschen wird dem positiven Gesetz vorgeordnet, sodass das Recht die Differenz von objektivem und subjektivem Recht, von *lex* und *potentia*, in sich verbindet. Die dem frühmodernen Naturrecht entsprungene »juristische Ideologie« gehört Althusser zufolge nicht unmittelbar zum »System [der] Regeln« des positiven Gesetzes, sondern sorgt dafür, dass diese »ganz von alleine« funktionieren, weil die Menschen von der »Evidenz« der Produktionsverhältnisse praktisch »durchdrungen sind« und gesellschaftliche sowie rechtliche Verpflichtungen freiwillig erfüllen. Die »juristische Ideologie« ist für Althusser eine aus den Naturrechtstraditionen stammende Ergänzung des Rechtssystems, die ihrerseits durch Schuld- und Gewissenspraktiken, durch die Macht moralischer »Pflicht«[33] vertieft wird. Diese Kombination rechtlicher, ideologischer und moralischer Praktiken sichert »direkt und alltäglich, in jeder Sekunde«[34] das unmittelbare Funktionieren der Produktionsverhältnisse. Sie manifestiert die Dominanz des ideologischen Staatsapparates in den Rechtspraktiken sowie die Immanenz des rechtlichen Überbaus in der ökonomischen Struktur.

Strukturalistischer Marxismus und antikoloniales Denken

Dass diese Überlegungen zur rechtlichen und zur moralischen Ideologie in *Über die Reproduktion* nur eine rohe Skizze geblieben sind, geht auch auf den Umstand zurück, dass Althusser seine an der École normale supérieure (ENS) gehaltenen

Einführungsvorlesungen zur politischen Philosophie des 17. und 18. Jahrhunderts bis auf wenige Ausnahmen nicht zur Publikation überarbeitet hat. Diese Vorlesungen enthalten entscheidende theoriegeschichtliche Reflexionen zum frühmodernen Gründungszusammenhang von Naturrecht, Eigentum und Souveränität, vor allem bei Hobbes und Locke, die von grundlegender Bedeutung für den in *Über die Reproduktion* unternommenen Versuch sind, das Recht in ideologietheoretischer Perspektive auf ein Subjekt zu beziehen, das in Begriffen universaler Gleichheit und Freiheit als Schaltstelle der eigenen Unterdrückung und der anderer entworfen worden ist. Sieht man von den Büchern und Manuskripten zu Montesquieu, Machiavelli und Rousseau ab, sind Althussers Arbeiten zur Geschichte der (früh)modernen politischen Philosophie im Medium der Vorlesungsschrift verblieben, obwohl er diese Arbeiten als seine große »Propädeutik« bzw. seinen »Königsweg« zu Marx bezeichnet hat. Sie bilden ein ideologietheoretisches Archiv über die naturrechtlichen Ideen, die die neuzeitlichen Vertragstheoretiker von der »Genese der sozialen Beziehungen in der bürgerlichen Gesellschaft«[35] im Übergang von einer »Welt der Unterwerfung« zu einer »Welt des Rechts und der Disziplin«[36] in Umlauf gebracht haben. Der Staat wird hier nicht auf der patriarchalen Familie, nicht auf theologisch-politischer Ordnungsmacht, nicht auf dem Gottesgnadentum von König*innen und Fürst*innen und auch nicht auf den Körperschaften der Städte, Orden und Stände gegründet, sondern auf dem Eigenwillen der Einzelnen als Träger subjektiver Rechts- und Eigentumsansprüche.[37] Obwohl Althusser seine Publikationspläne zu den Vertrags- und Naturrechtstheorien des 17. und 18. Jahrhunderts »nie ganz aufgegeben hat«,[38] ist er weder dazu gekommen, die *thèse* zu schreiben, die er bei Vladimir Jankélévitch und Jean Hyppolite über das Verhältnis von Politik und Philosophie im Frankreich des 18. Jahrhunderts und Rousseaus *Zweiten Diskurs* angemeldet hatte, noch das geplante Buch über Spinoza. In den zwischen 1955 und 1972 an der ENS gehaltenen Vorlesungen findet sich ein origineller Vergleich zwischen Hobbes' Anthropologie der Angst und Lockes naturrechtlicher Eigentums- und Strafgesellschaft, der Ressourcen für eine marxistische Theorie des modernen Nexus von Rechtspersonalität, Arbeit, Eigentum und Staat bereithält.[39] Dass dieser Zusammenhang während der transkontinentalen Gründungskrisen der Neuzeit einsetzt, als Holland und England durch Plantagenökonomien, Atlantik- und Südostasienhandel kolonial expandieren und erstmals frühkapitalistische Weltsysteme etablieren, übergeht Althusser, sodass seine reproduktions- und ideologietheoretischen Rekonstruktionen der Rechtsproblematik der frühen Moderne durch eurozentrische Reduktionismen verzerrt bleiben.

Die folgenden Abschnitte rekonstruieren erstens die Konfrontation, die Althusser zwischen Hobbes' Naturzustandstheorie immerwährenden Kriegs und Lockes Lehre naturrechtlicher Eigentumsherrschaft inszeniert hat, um zwei

Versionen des neuzeitlichen Naturrechts herauszuarbeiten, von der sich die eine um Tod, Enteignung und Sicherheit, die andere aber um Leben, Aneignung und Strafe dreht und von Althusser als je unterschiedliche Entstehungsherde »juristischer« und »moralischer Ideologie« gedeutet werden. Zweitens erörtere ich, an welchen Stellen Althusser die kolonialkapitalistischen Dimensionen der Kriegs- und Eigentumsdoktrinen des 17. Jahrhunderts ignoriert und damit den Abbruch zwischen dem strukturalistischen Marxismus, der Black Radical Tradition, dem antikolonialen Denken sowie Clastres' Theorien indigener »Gesellschaften gegen den Staat« zu einem Zeitpunkt vertieft, als die Halbherzigkeiten der antikolonialen Positionen des Parti Communiste Français (PCF) schon offen zutage liegen. Seit Anfang der 1960er Jahre mobilisierte der PCF gegen den französischen Kolonialkrieg in Algerien, vermied es aber, offen für einen Schulterschluss zwischen Fabrikkämpfen und antikolonialen Befreiungskämpfen einzutreten. Symptomatisch für diesen fehlenden Klasseninternationalismus war das Schweigen zum Tod von Hunderten Algerier*innen, die 1961 auf der von der Front de Libération Nationale (FLN) initiierten Großdemonstration in Paris von Polizeikräften umgebracht und in die Seine geworfen worden waren.[40] Dass sich dieses Schweigen in Althussers Rechtstheorie in philosophischer Gestalt wiederholt, stellt uns vor die Aufgabe, in seinen Vorlesungen auf eigene Faust nach Theoremen für eine dekoloniale Kritik der naturrechtlichen Narrative zu suchen, mit denen Hobbes und Locke im Kontext der fiskal-militärischen Staatsbildungen Europas koloniale Landnahme, transatlantische Versklavung und Dreieckshandel gerechtfertigt und Konzepte kolonialer Wolfsnaturen, rechtlicher Nicht-Personen und außer-sich-seiender Lebensformen des »Anti-Willens« und des »aufgeschobenen Tod[es]«[41] als Kehrseite zur bürgerlichen Besitzindividualität ins Spiel gebracht haben.

Naturzustandsfiktionen

Auf den ersten Seiten seiner 1965/66 gehaltenen Vorlesung zur politischen Philosophie des 17. und 18. Jahrhunderts, die posthum unter dem Titel »Rousseau et ses prédécesseurs« erschien, qualifiziert Althusser den Naturzustand im Denken von Thomas Hobbes und John Locke als zeitliches Paradox: Der naturzuständliche Anfang hält eine »ideale Reserve« vor, in der beide Autoren »das Ziel ihrer Darstellung« und »ihr politisches Ideal«[42] hinterlegen. Implizit an C.B. Macpherson anschließend, diskutiert Althusser, wie Hobbes und Locke ihren Naturzustandsszenarien markt- und besitzlogische Verhältnisse in verschlüsselter Form unterschieben, indem sie die Ungleichheitseskalation frühkapitalistischer Globalisierung in Phantasmen vorstaatlicher Ursprünglichkeit rückübersetzen.[43] In seinem ganzen Werk betont Althusser, dass die gesellschaftlichen Bedingungen das Ungesagte aller philosophischen Anfangsfiktionen bilden. Sie sind das, »was man nicht denken darf, um das denken zu können, was man will«.[44] Hobbes' Naturzustandsszenarien in *De Cive* und im *Leviathan* gleicht er mit Lockes Konzepten natürlichen Eigentums in der *Zweiten Abhandlung über die Regierung* ab. Er präsentiert damit zwei Entwürfe des Naturrechts des 17. Jahrhunderts, die um eine zentrale Divergenz organisiert sind: Einmal stehen Krieg und Enteignung, Angst und Tod im Zentrum des Naturzustands (Hobbes), das andere Mal aber sind die Kategorien des Eigentums und der Aneignung, der Ausbeutung und der Strafe entscheidend (Locke). Balibar spricht von zwei »Besitzindividualismen«, die unterschiedliche Modelle der Konkurrenz unter Gleichen vertreten.[45] Beide sind von Legitimationsnarrativen kolonialkapitalistischer Unterwerfung durchsetzt, von denen Althusser schweigt.

Hobbes' Revolutionierung des Naturrechts

Unter den frühmodernen politischen Philosophen ist Hobbes Althussers großer »Dämon«[46] und negativer Ideengeber. Die ENS-Vorlesungen von 1965/66 und 1971/72 zeigen, dass er sich weitaus leidenschaftlicher für ihn als für Locke interessiert. Während er Spinoza als den »einzigen direkten Vorgänger von Marx«[47] darstellt, verehrt er Hobbes als Gegenspieler Marxens und als Vertreter einer »zynisch-pessimistischen Strömung des Denkens des 17. und 18. Jahrhunderts«, der auch »Pascal, La Rochefoucauld, Helvétius, in Teilen Montesquieu« zuzurechnen sind. Offensichtlich hegt Althusser ein »Faible«[48] für diesen Theoretiker und stellt ihn als grandiosen marktlogischen Denker der Angst und paradigmatischen Counterinsurgency-Theoretiker der Neuzeit vor, der in ungekannter Klarheit nicht nur eine naturrechtliche »Entfremdungstheorie«[49] des Bürgertums vorgelegt habe, sondern auch eine erste naturrechtliche Ideologietheorie, die sich auf die Außerkraftsetzung der politischen Handlungsvermögen der Massen konzentriert. Hobbes' philosophische Unannehmbarkeit und öffentliche Unbeliebtheit sind für Althusser ein Lehrstück, das in die Aporien des frühmodernen Naturrechts einführt. Zunächst schließt er sich in den Vorlesungen der von Leo Strauss bis Gilles Deleuze quer durch die Rezeptionstraditionen vertretenen These an, dass es Hobbes' Verdienst war, mit dem antiken Naturrechtsverständnis gebrochen zu haben.[50] Hobbes hört auf, das natürliche Recht der Menschen mit ihrem Wesen, insbesondere ihrer Denkfähigkeit gleichzusetzen. Im antiken Naturrecht und in dessen mittelalterlichen, vor allem thomistischen Traditionen gehorchten die Menschen den Zwecken ihrer Natur. Aus ihnen leiteten sich ein Ziel und eine Verpflichtung ab. Die Natur der Individuen wurde nicht als vorgesellschaftlich verstanden, sondern korrespondierte mit der guten Regierungsform. Die politische Gesellschaft galt deshalb als adäquates Mittel zur Verwirklichung menschlicher Zwecke. Aufgrund der Fähigkeit, die besten Verwirklichungsweisen zu erkennen, waren die Philosophen die privilegierten Akteure der Gesellschaft. Diese althergebrachte Reihe – menschliches Wesen, Pflicht zur Gesellschaft, Vorrecht einer höheren Instanz –, zerschlägt Hobbes. Er unterstellt den menschlichen Handlungen keine höheren Normen mehr. Subjektives Recht wird nicht mehr mit Zweck-Essenzen, sondern mit Vermögen-Können gleichgesetzt. Den Individuen ist dabei alles zu tun erlaubt, was sie können. Die Ordnung der Pflichten wird durch die Ordnung der Fähigkeiten ersetzt. Die Regierung der Kompetenten weicht der Gleichheit der Könnenden.[51] In das Recht wird Althusser zufolge ein natürliches »Recht vor dem Recht« eingefügt: »Es handelt sich um das Recht des Individuums, sich zu entwickeln«, schreibt er, um seine Fähigkeit oder sein »Vermögen«. Das Individuum und sein Nutzen sind dabei das »einzige Kriterium«,[52] an dem sich das Naturrecht orientiert. Das Hobbes'sche Individuum lebt in der Illusion, ohne Kooperation und Solidarität auskommen zu können; es ›schuldet‹ der Gesellschaft nichts; es lebt in der Leere einer Lebensform, die sich, anders als bei Spinoza, mit ihrer Selbsterhaltung identifiziert, nicht aber mit dem Sein, in dem sie sich erhält. Als Grundformel des Hobbes'schen Naturrechts macht Althusser das »Recht aller auf alles«[53] aus. Aus der natürlichen Aneignungsfähigkeit der Menschen erwächst allen die Hoffnung auf beliebige Güter, die aufgrund der von Hobbes vorausgesetzten Knappheit nur einzelne haben können. Daraus resultieren Misstrauen, Konkurrenz und Feindschaft, die sich in eine wechselseitige Bedrohungssymmetrie auswachsen. Im XI. Kapitel des *Leviathan* radikalisiert Hobbes den naturrechtlichen Aneignungsanspruch auf alle nur denkbaren Dinge – »jede*r kann besitzen, was ihm oder ihr gefällt« –,[54] indem er von der Selbsterhaltung zu einem »ständigen und rastlosen Verlangen nach Macht und wieder Macht«[55] übergeht. Für Hobbes verhindert dieses »wilde Wesen«[56] der menschlichen Ruhmsucht, dass im Naturzustand feste Formen der Eigentumsbildung entstehen können, wie sie in Lockes *Zweiter Abhandlung* vorgesehen sind. »Mein und Dein«, heißt es im *Leviathan,* »[sind] nicht fest umrissen, sondern nur, daß jedem gehört, was er bekommen kann, und solange wie er es halten kann«.[57] Diese sich immer weiter verallgemeinernde Unsicherheit erfordert es, gemäß eines »antizipatorischen Kalküls«[58] der Sicherheitsprävention zu leben: Alle reisen bewaffnet; alle verschließen die »Türen« und »Truhen«;[59] alle sehen sich gezwungen, »Mißtrauen, Verdacht, Vorsicht und Vorsorge«[60] gegen andere walten zu lassen, und sind durch das verbunden, was sie trennt: Selbsterhaltung, Konkurrenz um knappe Güter, Überrundung der Nächsten und allseitige Beschädigungslust. Selbst wer über nur gemäßigten Machtwillen verfügt, sieht sich präventiv gezwungen, allen anderen zu misstrauen, um nicht überrundet oder getötet zu werden. So steht jedes Handlungsvermögen einem nächsten im Weg. Sie »richten sich«, wie Althusser schreibt, »gegen sich selbst«.[61] »Das Element des Rechts«, resümiert er, »bleibt im Naturrecht fiktiv, unnütz, weil ohne Sicherheit; als Gleichheit verneint es sich selbst.« Erweisen sich die körperlichen und geistigen Fähigkeiten bei Spinoza als kooperativ, sind sie bei Hobbes immunitär und egozentriert, sodass sich das Recht aller auf alles in allseitige »Enteignung«[62] und ein Recht auf nichts verkehrt. Die Ersetzung des Finalismus höherer Werte durch einen Utilitarismus gleichfreier Überlebens- und Nutzenkalküle führt auf ein entleertes, »formales« oder »abstraktes Recht«.[63] Althusser zufolge leitet diese »katastrophische Konzeption eines sich selbst verneinenden Naturrechts«[64] in die Identität von Natur- und Kriegszustand über, die »das Wesen und das Scheitern«[65] der natürlichen Rechte der Menschen offenbart. Damit kommt das »universelle System« eines Kriegs in Gang, das weder Anfang noch Ende kennt: »Man verlässt diesen Krieg niemals«,[66] weil er die negative Wahrheit und Wirklichkeit naturrechtlicher Intersubjektivität ausdrückt. Er manifestiert die »Verwirklichung des Rechts« als »Nicht-Recht« und »Frucht« der freien und gleichen Relation aller mit allen. Hobbes legt diese antisoziale ›Animalität‹ nicht als menschlichen Schuldzusammenhang aus und enthält sich aller transzendenten Lösungen, die zu Gott, zur Vernunft oder zu moralischen Normen Zuflucht nehmen. Wir haben es mit einer rigorosen Säkularisierung der christlichen Schuldgemeinschaft in das zu tun, was Althusser als »erste Form einer Entfremdungstheorie« der Moderne bezeichnet: »Die freie Tätigkeit der Individuen bringt eine Ordnung menschlicher Beziehungen hervor, die zugleich Produkt und Widerspruch ihres Wesens ist«.[67]

Kalküle des Todes

Althusser strukturiert das Hobbes'sche Naturrechtsverständnis um die begriffliche Serie Enteignung, Krieg, Angst und Tod, in deren Zentrum der Term der »Leere«[68] steht. Die Reduktion aller Handlungen auf Machtstreben geht mit der Fiktion eines störungs- und »hindernisfreien Raums«[69] einher. In diesem Raum, betont Althusser, wird das naturrechtliche »Prinzip der Gleichheit«[70] durch den Tod artikuliert. So schreibt Hobbes im *Leviathan*, dass noch der »Schwächste [...] genügend Kraft [hat], den Stärksten zu töten«.[71] Dieser Egalitarismus des Totschlags erweist sich Althusser zufolge als eigentlicher Inhalt des Sozialen. Anders gesagt: Der Tod bildet die »Grenzbedingung« des natürlichen Menschen. In ihm »begegnet der Mensch in verkehrter Spiegelung seinem eigenen Wesen«. Der Primat des Todes im Hobbes'schen Naturrecht bestimmt schließlich den Zusammenhang von Affektivität und Politik, aus dem die Angst als primärer Affekt hervortritt. Sie folgt aus der Omnipräsenz des Todes als »Schlimmstem aller Übel«.[72] »Der Tod«, erklärt Althusser, ist für Hobbes »immer im Kommen.« Er rahmt den Horizont der Zukunft. Er ist sowohl eine »Metapher der Konkurrenz« als auch »des Bürgerkriegs und des Klassenkampfs«. Die Angst vor einem gewaltsamen

Tod steht damit am Anfang der politischen Übergänge in die Staatsform. Da sie der Vorausschauendste unter den Affekten ist, lässt sie die Menschen »von der Unmittelbarkeit der Leidenschaften«[73] zurücktreten. Als einzige Leidenschaft, die das unendliche Spiel der Konkurrenzen unterbrechen kann, nötigt sie zum Denken und vermittelt die Einsicht, dass es besser ist, die natürlichen Rechte auf einen Souverän zu übertragen, damit er »sie alle in Schrecken hält«[74] und den naturzuständlichen Krieg beendet.

Multitudo dissoluta

In Hobbes' Dialektik des Naturrechts bleibt Althusser zufolge ein letzter Selbstwiderspruch, eine letzte »Unmöglichkeit« übrig: Wenn den Menschen keine Kooperationsfähigkeiten zukommen, wie sollen sie dann dazu in der Lage sein, gemeinsam einen Staat einzurichten? Wo Spinoza das Politische von der »Macht der Menge« (*potentia multitudinis*) aus entwirft, greift Hobbes auf eine transzendente Lösung zurück und führt eine allen Rechtsdelegationen vorausliegende »absolute Macht«[75] ein. In *De Cive* steht er zunächst vor folgendem Dilemma: Wenn Hugo Grotius' Vorstellung zutrifft, dass ein Volk, das sich versammelt, um einen Monarchen einzusetzen, ein verfasstes und politisches Volk sein muss, leitet sich die Legitimation der in Hobbes' Augen »besten Regierungsform«, der Monarchie, von der »schlechtesten«,[76] der Demokratie, ab. Dieses Problem löst Hobbes, indem er den *demos* nach der Einsetzung des Souveräns zerfallen lässt. Auch Carl Schmitt betont, dass sich die Hobbes'sche Volksversammlung mit ihrer Auflösung überschneidet.[77] Nach der Rechtsdelegation setzt sich der »Wille des [Souveräns]«[78] an die Stelle des Volks. »[D]ie absolute Macht«, schreibt Althusser, geht in paradoxer Verkehrung der Reihenfolge »dem Vertrag voraus als fundamentales Requisit jeder rationalen Organisation menschlichen Lebens.«[79] Hobbes erfindet einen Modus politischer Verpflichtung, der auf einer Vereinigungsfiktion ohne konstituierende Macht basiert. Dementsprechend ist der Souverän der *multitudo dissoluta* gegenüber zu nichts verpflichtet, da das Volk, mit dem er den Vertrag geschlossen hat, in seiner Zerstreuung verschwunden ist.[80] Zwischen *multitudo* und Souverän existiert »keine Reversibilität«,[81] sodass der Staat eine vertragliche Legitimierung erhält, die auf einer Ausnahme vom Vertrag beruht. Die Immanenz naturrechtlicher Beziehungen, die nur angsterfüllte Feindschaft hervorgebracht hat, wird in der »unilateralen Transzendenz« des Staates aufgehoben: »Die einzige wirkliche Einheit«, schreibt Althusser, »ist die, die die politische Macht aufoktroyiert.«[82] Die Menschen bilden entweder eine »ungeeinte Menge« (vor der Rechtsübertragung) oder aber eine »aufgelöste Menge« (nach der Rechtsübertragung). Auf alle Fälle ist die *multitudo* eine Figur in beständiger Desintegration. Im *Leviathan* radikalisiert Hobbes die Transzendenz souveräner Macht, indem er an die Stelle der kollektiven Bevollmächtigung eine individuelle Autorisierung des Souveräns rückt. Die natürlichen Rechte werden in Einzelverträgen an den Oberherrn übertragen. Die Subjekte bleiben die Autor*innen von Handlungen, die vom Souverän im Dienste der kollektiven Sicherheit ausgeführt werden.[83] Wird ein Subjekt in einem Grenzfall zum Tode verurteilt, darf es sich um der Selbsterhaltung willen der Hinrichtung entziehen, wird es aber gefasst, vollzieht sich alles so, als ob das Subjekt sich selbst exekutiert hätte. Dieser Zusammenfall von Selbsterhaltung und Tötung zeigt den immunitären Kern der Hobbes'schen Naturrechts- und Staatstheorie. Die Menschen agieren als Akteur*innen ihrer Selbstenteignung. Eine solche Konvergenz von Autonomie und Heteronomie macht Althusser in IISA als Kernmechanismus ideologischer Anrufung aus. Ihm zufolge erfindet Hobbes die Vorstellung eines durch Unterwerfung unter den Souverän hervorgebrachten ›freien‹, weil ›sicheren‹ Subjekts. Seitdem gilt, dass es »Ideologie nur durch das Subjekt und für das Subjekt«[84] gibt. Hobbes beseitigt dadurch »das Wesen des klassischen Rechts«, die »Vereinigung«[85] der Vielen zu einer politischen Macht. Die Eliminierung der *potentia multitudinis* führt in ein Gemeinwesen, aus dem Angst und Krieg nicht verschwunden sind, sondern nur ihre Gestalt verändert haben: Es ist nun der Souverän, der einen virtuellen Krieg gegen alle führt, welcher aber nicht stattfindet, weil der Souverän »für sich allein alle Herrschaftsvollmachten besitzt.« Althussers Hobbes-Vorlesungen enden in der Diagnose, dass sich die Extremität des Hobbes'schen Denkens in der Figur eines »absolutistischen Liberalismus«[86] offenbart, der zunächst darauf aus ist, »den Bürgerkrieg zu verhindern« und »dem gewalttätigen Klassenkampf ein Ende zu bereiten«. Darüber hinaus soll das freie Spiel ökonomischer Konkurrenz »unter der Todesdrohung«[87] eines Staats gefördert werden, der auf der ökonomischen Ebene möglichst wenig eingreift. Die Entleerung der Handlungsvermögen der Menge verbindet sich mit der Freigabe der nekropolitischen Potenziale der frühkapitalistischen Wettbewerbsgesellschaft. Althusser zeigt ein Todesunternehmen auf, das seine Existenzbedingungen in den repressiven Verfahren präventiver Aufstandsbekämpfung sowie den ideologischen Praktiken eines Klassenkampfes von oben findet, aus dem ein Subjekt der Selbst- und Fremdenteignung hervorgeht. Dabei übersieht er aber eine entscheidende Spezifität: Hobbes hat den Naturzustand und den Krieg aller gegen alle als koloniale Szene entworfen.

Naturrecht und Kolonialismus

Althussers Philosophiegeschichte der »juristischen« und »moralischen Ideologie« entgeht, dass Hobbes und Locke zwischen 1640 und 1680 souveränitäts-

und eigentumstheoretische Rechtfertigungsnarrative englischer Kolonisation entwerfen. Beide Legitimationen haben sich tief in die Revolutionierung des Naturrechts während der ideologischen Formationsphase der Neuzeit zwischen Spätscholastik und Rationalismus eingeschrieben und müssen im Kontext der Bemühungen gelesen werden, mit denen Holland und England im 17. Jahrhundert um die Etablierung und Systematisierung eines Rechtsdiskurses ringen, der mit dem kolonialen Legitimationsnarrativ Kastiliens – Entdeckung und Eroberung – bricht.[88] War die spanische Conquista in den Amerikas durch die von Papst Alexander VI. verfassten Bullen *Inter caetera* von 1493 zunächst theologisch sanktioniert und durch den Vertrag von Tordesillas von 1494 mit den portugiesischen Gebietsansprüchen diplomatisch vermittelt worden, zielen Holland und England auf eine stärker säkulare und ökonomische Verteidigung der Kolonisation. Sie suchen nach Doktrinen, um territoriale Aneignung, Krieg und Versklavung im Kontext der Plantagenregime beider Länder naturrechtlich zu begründen. Zugleich grenzen sie sich propagandistisch von den Grausamkeiten der spanischen Conquista ab, insbesondere nach der englischsprachigen Veröffentlichung von Las Casas' *A Brief Narration of the Destruction of the Indies* im Jahr 1583.

In Auseinandersetzung mit der Salamanca-Schule sucht die englische Kolonial-Fraktion seit der Gründung von Jamestown 1607 und dem Beginn der dauerhaften Kolonisierung Nordamerikas nach eigenständigen Rechtfertigungsstrategien, die die Konzentration auf naturrechtliche Argumente von den spanischen Juristen übernimmt, deren Argumentationsrichtung jedoch umkehrt, indem sie Kolonisation nicht auf Vertrag und Übereinkunft, sondern auf eine unmittelbare Aushebelung der Souveränitäts- und Eigentumsrechte der First Nations gründet. Hobbes' Verständnis von der Kontingenz des Todes als staatsbegründender Instanz sowie Lockes konkurrierende Idee der Akkumulation der Lebenskräfte und -güter als eigentumsbegründender Norm sind mit den Legitimationsnarrativen des englischen Siedlerkolonialismus in Virginia und Carolina unauflösbar verflochten. In je anderer Weise haben beide Autoren die First Nations und die aus Afrika deportierten Versklavten qua Identifikation mit dem Naturzustand aus dem neuzeitlichen Gründungsnexus von Recht, Arbeit, Eigentum und Souveränität ausgeschlossen, der im Zentrum der naturrechtlichen Reflexionen von Althussers Vorlesungen steht. Beide Autoren haben konkurrierende Modelle eines »*settler*« oder »*racial contract*«[89] geschaffen, in den First Nations und Schwarze als ›wilder‹ oder ›bestialischer‹ Exzess der *multitudo* nur durch Ausschluss eingeschlossen sind, ohne Beteiligung an einer wie hypothetisch auch immer konzipierten Rechtsübertragung. Im Folgenden geht es um die naturrechtlichen Argumente, mit denen Hobbes und Locke legitimieren, welches Land kriegerisch besetzt oder als ›unbestelltes‹ Territorium zustimmungsfrei angeeignet werden kann. Welche Ideen »billiger Natur«,[90] verfügbarer Körper, verwertbarer Arbeitskraft und ›leeren‹ Raums haben sie dabei gestiftet? Wie haben sie Versklavung gerechtfertigt und matrilineare Vererbungen von *enslavability* verteidigt? Wem sprechen sie Staatsbildungsfähigkeit und agrarindustriellen Fleiß zu, wem ab, und wie fügen sich diese Disqualifizierungen in die Althusser'sche Philosophiegeschichte des Naturrechts ein?

Hobbes und die Virginian Frontier

Durch seine über zwanzigjährige Sekretärstätigkeit für William Cavendish, Second Earl of Devonshire, Widmungsubjekt des *De Cive* und Gesandter der Virginia Company beim King's Council, ist Hobbes an der Kolonisation Virginias und der Somers Isles (Bermudainseln) beteiligt. Die Protokolle der Virginia Company belegen, dass Hobbes 1622 als Shareholder zeichnet und in den folgenden zwei Jahren an nicht weniger als 37 Sitzungen teilnimmt. Als Cavendishs Sekretär übernimmt er administrative Aufgaben wie die Erledigung der Korrespondenz zwischen den Kolonist*innen und der Londoner Company.[91] Sein Engagement fällt in die krisenhafte Zeit kurz vor der Auflösung der Kolonialgesellschaft und dem Verlust der königlichen Charter im Jahr 1624, die durch Konkurrenzen zwischen der monarchistischen Fraktion um Robert Rich und der neu aufgestiegenen Führungsclique um Edwin Sandys geprägt ist. Letztere treibt den Ausbau der Plantagenwirtschaft sowie die Einrichtung einer General Assembly in Virginia voran. Hobbes steht hier mit einer proto-liberalen, dem kolonialen Atlantikhandel und dem Parlamentarismus zugewandten Gruppierung in Kontakt, die seiner Vision absolutistischer Monarchie widerspricht und für »Country gegen Court, Common Law gegen Chancery und *parliamentary privilege* gegen *royal prerogative*«[92] eintritt. Die Kolonialunternehmung in Virginia verzeichnet hohe Sterblichkeitsraten unter den Siedler*innen und fortgesetzten ökonomischen Mißerfolg, der sich nur langsam im Übergang zum Tabakanbau mildert.[93] Edwin Sandys legt 1619 ein Programm zur Anreizung kolonialer Emigration, zum Ausbau des Schuldknechtschaftssystems sowie zur Privatisierung der Plantagenwirtschaft auf. Es scheitert umfassend und führt in den Hungertod der Mehrheit der neu zugewanderten Siedler*innen. Dennoch sichert sich die junge Kolonie, wie Peter Linebaugh und Michael Rediker festhalten, durch den Ausbau der *indentured slavery*, die vor allem arme Weiße betraf, die für die Tabakplantagen immer stärker benötigten Arbeitskräfte.[94] Aus diesem System bildet sich zur Zeit des Hobbes'schen Kolonialengagements der Grundstock des gezwungenen Tabakproletariats der englischen Kolonien. Im Rahmen systematischer Deportationen, Entführungen und Verurteilungen werden Besitzlose, Kriminelle, Verschuldete, Iren und Roma, darunter viele Kinder und Frauen, nach Nordamerika verschifft. Zur Bekämpfung des »Müßiggangs« der ›gefährlichen

Klassen‹ empfiehlt Hobbes Strafmaßnahmen, mit denen die *idle poor* »zur Arbeit gezwungen werden«. Im *Leviathan* spricht er sich für Gesetze aus, »die jederlei Gewerbe fördern«, das »Arbeitskräfte braucht«, und skizziert angesichts der steigenden Anzahl »armer und doch kräftiger Menschen« ein Zwangsarbeitssystem, in das die Kolonien als »nicht genügend bewohnte Länder«[95] einbezogen werden sollen. Eric Williams rekonstruiert, wie die *racial slavery* auf dem in Virginia entworfenen System von Schuldknechtschaft und Deportation aufsattelt, wobei Entrechtung und Tortur mit der Vererbung des Sklavenstatus totalisiert werden. Auf den Bermudainseln, an deren Kolonisierung Hobbes ökonomisch beteiligt ist, belegen frühe Versklavungsverträge von amerindischen und schwarzen Personen diesen Übergang, wenn nicht die üblichen fünf bis zehn Jahre, sondern 99 Jahre Zwangsarbeit – *»four score and 19 years«*[96] – festgeschrieben werden und somit lebenslanger »sozialer Tod«.[97]

Als Hobbes 1622 in die Virginia Company eintritt, hat eine noch unsystematische Deportation schwarzer Sklav*innen in die Kolonie sowie der Zweite Englische Powhatankrieg begonnen: Gegen die Plünderungen, Brandschatzungen und explosiv zunehmenden Vertreibungen durch die englischen Siedler*innen, die aufgrund des Tabakanbaus immer mehr Land den James River hinauf in Beschlag nehmen, setzen sich die Powhatan unter der neuen militärischen Führung von Opechancanough mit einem Angriff auf Jamestown zur Wehr. Die Kolonist*innen reagieren mit den schon eingeübten »Techniken und Rhetoriken kolonialer Eroberung«,[98] die im Sinne von Rita Segatos »Pädagogiken der Grausamkeit«[99] Erniedrigung, Vertreibung, Tötung und Versklavung umfassen und bereits bei der Unterwerfung Irlands – dem wichtigsten Vorläufer der Kolonisation Nordamerikas – erprobt worden sind.[100] Im August 1622 empfiehlt die Virginia Company, den Angriff auf Jamestown mit einem »erbarmungslosen« Krieg zu beantworten. Sie plädiert für eine vollständige Auslöschung der indigenen Bevölkerung in der Chesapeake Bay bei Verschonung allein junger Menschen, »deren Körper durch Arbeit und Gottesdienst nutzbringend werden könnte«.[101] Die Siedler*innen reagieren aufgrund ihrer ungesicherten Lage mit der Räumung eines großen Teils der Plantagen, um zugleich durch Raubzüge auf die Korn- und Getreidevorräte der Algonquin-Siedlungen ihre Versorgungslage zu stabilisieren. Erst nach einer Zeit des Rückzugs greifen sie die Politik von Landnahme, Vertreibung und Tötung erneut auf, sodass die Gewaltkonflikte an der Virginian Frontier, wie Matthew Kruer erklärt, die Gestalt einer »Sinuskurve von Eskalation und Deeskalation«[102] annehmen, die sich im *Leviathan* in der dürren Definition niederschlägt, dass Kolonien »Niederlassungen« in einem »fremden Land« sind, »das entweder zuvor menschenleer war oder durch einen Krieg menschenleer gemacht wurde«.[103]

Hobbes' These, dass Natur- und Kriegszustand weitgehend zusammenfallen, die Althusser entlang der Begriffe der Leere, der Enteignung und des Tods kommentiert, ist von der Frontier nicht abzutrennen, an der sich im Kontext der englischen *company colonization* halbstaatliche Kolonialkriege, private Feldzüge der Siedler*innen und militärische Widerstände der Algonquin Nations überlagern. Wie legitimiert Hobbes in dieser überdeterminierten Kriegssituation das ›Menschenleer‹-Machen kolonialer Territorien, einen Topos, den er von Thomas Morus und Aberico Gentili übernommen hat?[104] Wieso ist die Virginia Company in seinen Augen berechtigt, dieses Land zu entvölkern, anzueignen und englischer Souveränität zu unterstellen?

Indigenes und staatliches Wolfswesen

Der von Althusser bei Hobbes hervorgehobene Topos des »leeren Raums« versinnbildlicht nicht nur die Logik ungehinderter Eigenbewegung, sondern auch den geopolitischen Einsatz der Kriege, die zwischen den europäischen Staaten um den kolonialen Raum geführt werden. Im Grußwort an William Cavendish zu Beginn des *De Cive* bezeichnet Hobbes den Kampf »um den Raum«[105] als letzte Rechtfertigungsmöglichkeit staatlicher Kriegsführung. Er unterstellt sowohl dem vorstaatlichen als auch dem zwischenstaatlichen Krieg, sich unter Naturzustandsbedingungen zu vollziehen. So verwundert es wenig, wenn er unter Bezug auf Ovids und Plautus' Formel, »Der Mensch ist ein Wolf für den Menschen«,[106] beiden Kriegstypen Raubtiercharakter attestiert.[107] Aufgrund der Monopolisierung der Gewalt durch den Souverän behauptet Hobbes aber, dass der von Staaten geführte Krieg die negativen Wirkungen des zwischenmenschlichen Kriegs eindämme und als transformiertes Todesunternehmen historisch fruchtbare Wirkungen zeitige, indem er den »Fleiß«[108] der Untertanen sowie den militärischen und ökonomischen Fortschritt der Nationen fördere. Diesen Unterschied zwischen unproduktiven und zivilisatorischen Kriegs- und Raubtiertypen, zwischen amerindischem und staatlichem Wolfswesen, gilt es zu verstehen, um die Gleichzeitigkeit zu begreifen, mit der Hobbes die Hegung des Staatenkriegs und die Enthegung des Kolonialkriegs affirmiert, während er den Charakter kriegerischer indigener Gesellschaften vollständig verkennt.

Anders als in Lockes *Zweiter Abhandlung über die Regierung* sind Hobbes' Bezüge auf Amerika und die First Nations rar. Sie tauchen in *De Cive* und im *Leviathan* jedoch an genau den Stellen auf, an denen Natur- und Kriegszustand miteinander identifiziert werden. In den *Elements* hatte Hobbes sogenannte ›vorgesellschaftliche‹ Lebensformen noch an Germanen und anderen *ancient nations* exemplifiziert, in *De Cive* aber schreibt er den naturzuständlichen Krieg erstmals den »Amerikaner[n]« des »jetzige[n] Jahrhundert[s]« zu. Die First Nations bilden nun das Paradigma für die negative Vergemeinschaftung des Naturzustands, der endlosen Krieg, frühzeitigen Tod und den Mangel »alle[r]

Erleichterungen und alle[n] Schmuck[s] des Lebens«[109] zementiere. Mit dieser Bemerkung etabliert Hobbes das Grundmuster, mit dem er die amerindische Bevölkerung auf einen, wie Srinivas Aravamudan schreibt, »lebenden Anachronismus«[110] reduziert, der ohne eigene Geschichte die Vergangenheit der europäischen Zivilisationen vergegenwärtigt. Im XIII. Kapitel des *Leviathan* folgt in einer langen Passage »vergleichender Verneinung«[111] die Abwertung der First Nations entlang der Aufwertung europäischer Kulturleistungen. In ihren Lebensformen, schreibt Hobbes, gibt es »keinen Platz für Fleiß, denn seine Früchte sind ungewiß, und folglich keine Kultivierung des Bodens, keine Schiffahrt oder Nutzung der Waren, die auf dem Seeweg importiert werden mögen, kein zweckdienliches Bauen, keine Werkzeuge zur Bewegung von Dingen, deren Transport viel Kraft erfordert, keine Kenntnis über das Antlitz der Erde, keine Zeitrechnung, keine Künste, keine Bildung, keine Gesellschaft, und, was das allerschlimmste ist, es herrscht ständige Furcht und die Gefahr eines gewaltsamen Todes; und das Leben des Menschen ist einsam, armselig, widerwärtig, vertiert und kurz.«[112]

Waren für die Juristen der Salamanca-Schule Mexika und Inka »echte Herren«[113] ihres Landes, die Eigentum und Regierung ausgebildet haben, führt Hobbes die Naturzuständlichkeit der First Nations auf vorgeblich mangelnde Staatsgründungsprozesse zurück. Als Erklärungsmuster zieht er die Existenz im Familienverband heran. In einem Diskurs transhistorischer Mythologisierung setzt er dabei die Indigenous Tribal Groups mit den Germanen gleich: »Außer der Herrschaft kleiner Familien, deren Eintracht von der natürlichen Lust abhängt, [haben] sie keine Regierung [...].«[114] In der für den frühen Kolonialdiskurs typischen Überblendung von antikem ›Barbarentum‹ und kolonialer ›Wildheit‹ unterstellt Hobbes Germanen und First Nations, in plündernden Familien- und Kriegsökonomien zu existieren, die ihren Verkehr auf »gegenseitige[s] Ausrauben«[115] beschränken. Zusammen verkörpern sie die naturzuständliche Nicht-Gemeinschaft der Feinde und die Kontingenz des Todes, die Althusser als zentrale Topoi der naturrechtlichen Entfremdungstheorie herausgearbeitet hat. Durch die Lektüre von Bänden wie Samuel Purchas' *Purchas his pilgrimage* (1613) weiß Hobbes, dass die Diagnose unkonstituierter Familiarität falsch ist, und die indigenen Gesellschaften der Tidewater-Region Charakterzüge eines Commonwealth tragen. Mit der Komplexität ihrer Landwirtschafts- und Bautechniken, Ernährungs- und Begräbnisriten sowie der Konföderationsstruktur unter *mamantowick* Wahunsenacah (Powhatan), die ungefähr dreißig Gruppen mit rund 9.000 Personen[116] umfasst, ist Hobbes durch Thomas Harriots *A Briefe and True Report on the New Found Land in Virginia* (1590) vertraut, der mit unzähligen Stichen Theodor de Brys versehen war, die auf den Aquarellen John Whites, des ersten Gouverneurs von Virginia, basierten.

Staatsgründung durch Aneignung

Indem Hobbes den Native Americans unterstellt, »kein Gemeinwesen«[117] zu haben, verwandelt er ihre Gesellschaften gegenüber dem europäischen Innenraum transzendentaler Souveränität in einen ›natürlichen‹ Außenraum, der in verfehdete Familienverbände zerfallen ist. Dieser Raum wird im *Leviathan* als faktisches Objekt europäischer Souveränitätsbildung »durch Aneignung«[118] dargestellt. Anders als im Aristotelismus und im klassischen Monarchismus und Patriarchalismus verbindet Hobbes den staatlichen Makrokosmos nicht mehr mit dem familiären Mikrokosmos in einem Modell »konzentrischer Abhängigkeit«.[119] Verpflichtung gründet sich nur noch auf Individualbeziehungen zum Souverän. Wo Robert Filmer die theologische Ableitung des Staats aus der patriarchalen Familie vertritt, setzt Hobbes die moderne Dichotomie von Natur- und Gesellschaftszustand an, sodass sich Souveränität nicht mehr auf die klassischen Quellen der Familie, der Despotie und der vertraglichen Übereinstimmung – *ex generatione, ex delicto, ex contractu* – verteilt.[120]

In den *Elements of Law* spricht er noch von der Herrschaftsform des »patrimonialen Königtums«, das durch »Vermehrung der Kinder« oder »Leibeigenen« eine derart große Familie bildet, das es »sich selbst schützen«[121] kann. Im *Leviathan* aber wird Souveränität nur noch in zwei Formen generiert, entweder durch vertragliche »Einsetzung« oder durch gewalttätige »Aneignung«, d. h. »Eroberung« und »Sieg im Kriege«.[122] Die Familie gilt nicht mehr als patriarchales Anfangsstadium des Staats, und die aristotelische Unterscheidung zwischen väterlicher Herrschaft im *oikos* und politischer Herrschaft in der *polis* wird eingeebnet. In einem Gewaltstreich verquickt Hobbes väterliche, despotische und politische Herrschaft im Modell kriegerischer Staatsgründung *by acquisition*. Er schafft einen thanatopolitischen Souverän, der in weitestgehender Immunität mit der patriarchalen *vitae necisque potestas,* der Macht über Leben und Tod, ausgestattet wird, die er bei der Eroberung fremder Territorien über kolonisierte Bevölkerungen auszuüben berechtigt ist.

Indem Hobbes die First Nations dem Familienverband zuschlägt, spaltet er den Naturzustand: Auf der einen Seite steht ein hypothetisches Modell freier und gleicher Individuen, die kraft ihrer Interessens- und Nutzenkalküle die Vorteilhaftigkeit staatlicher Oberherrschaft begreifen. Auf der anderen Seite findet sich ein kolonial-mythisches Modell, bei dem kleine Familiensippen ohne Gemeinwesen »ständig miteinander Krieg führen«.[123] Mit dieser transhistorischen Fiktion plündernder Familienclans gründet Hobbes die europäischen Souveränitätsgesellschaften auf der ›Staatenlosigkeit‹ der indigenen Gesellschaften und verknüpft beide in einem Inferioritäts- und Umkehrverhältnis. Dadurch schafft er staats- und völkerrechtliche Konzepte, die den entstehenden Souveränitätsraum des Westfälischen Friedens von einem kolonialen Naturraum scheiden, in dem – in den Worten Carl Schmitts gesprochen, einem der »letzten großen Theoretiker und Apologeten des Kolonialismus«[124] – naturzuständliche »[R]echtsleere«[125] vorherrscht.

Settler contract und koloniale Thanatopolitik

Die First Nations werden bei Hobbes durch kriegerisch erzwungene, nicht durch freiwillige Rechtsübertragung vergesellschaftet und bleiben damit vom weißen *settler contract* noch rigoroser ausgeschlossen als die *multitudo dissoluta*. In *Der Nomos der Erde* affirmiert Carl Schmitt, dass Hobbes hier zwei Kriege in einer Hierarchiebeziehung verknüpft, nämlich den vorstaatlichen Krieg der First Nations und den Eroberungskrieg der europäischen Staaten, die sich die Kolonien als faktischen Konkurrenz- und »Entlastungsraum«[126] gewalttätig erschließen. Dass die europäischen Regierungen die »Neue Welt« in eine »Kampfzone« verwandelt haben, in der der »Unterschied von Recht und Unrecht als nicht vorhanden«[127] betrachtet wird, zählt er zu den positiven Gründungselementen der europäischen Rechtsordnung: Jenseits der Beschränkungen, die Hobbes zufolge »im Krieg eines Volkes gegen ein anderes« eingehalten werden und ihm »ein gewisses Maß«[128] an Grausamkeitsminimierung vorschreiben, können die europäischen Staaten ihre Konkurrenzen um die »Verteilung einer neuen Welt«[129] militärisch frei ausagieren. Entsprechend der reaktionären Maxime von der »Raumgebundenheit des Rechts«, derzufolge »Recht nur am rechten Ort«[130] existiert, bilden die Kolonien eine rechtsfreie Zone, deren Existenz Schmitt zufolge den »völkerrechtliche[n] Sinn«[131] hat, der Hegung des europäischen Kriegs zu dienen: Dadurch können sich die europäischen Staaten unter Einbeziehung privater Kolonialgesellschaften Land und Bodenschätze einverleiben und abjagen, ohne umgehend einen Krieg in Europa zu induzieren. Sie können gegen die First Nations einen massakrierenden Krieg führen, wie sie es gegen die Algonquin Nations in Virginia getan haben, ohne sich ins Unrecht zu setzen. Hobbes legitimiert derartige Staatsgründungen durch »natürliche Gewalt«,[132] indem er die Produktion des Gemeinwesens mit antiken Doktrinen der Kriegssklaverei sowie der väterlichen Macht über Leben und Tod der Kinder (*potestas vitae necisque*) engführt.

Mary Nyquist hat herausgestellt, dass noch nie in der Philosophie eine derartige Verschränkung von Gemeinwesen, patriarchaler Nekropolitik und *war slavery* im Rahmen rationalen Naturrechts mit so umfassender Straffreiheit ausgestattet worden ist: Die »Angleichung von väterlicher [...] und ›despotischer‹ Macht sowie die Synthese beider mit der Vertragstheorie«[133] münden in ein Narrativ absoluter Herrschaft, das den englischen Siedlerkolonialismus mit einem umfassenden Rechtfertigungsnarrativ für die Unterwerfung kolonisierter Bevölkerungen ausstattet. Hobbes normalisiert dabei ein Modell des Versklavungsvertrags, bei dem die Kategorie des Selbsterhaltungsinteresse dafür eingesetzt wird, die totale Unterordnung unter einen Kriegsherren oder ein Imperium zu rationalisieren und zu normalisieren. Er begründet Knechtschaft und Versklavung mit der Einsicht der Besiegten, dass es besser ist, »um den sofortigen Todesstoß zu vermeiden«, ihr Leben dem Sieger zu unterstellen, der »davon nach Belieben Gebrauch machen soll«.[134] Die Hobbes'sche Angleichung väterlichen Tötungsrechts und staatlicher Souveränität führt, wie Agamben schreibt, in die Produktion eines »absolut tötbaren Leben«, das »als Fundament der politischen Macht« dient und »durch seine Tötbarkeit selbst politisiert wird«.[135]

Porno tropics und Gesellschaften gegen den Staat

Für einen Autor wie Hobbes, der eine aktive »Tilgung«[136] seiner kolonialen Denkeinsätze betrieben hat, ist das Frontispiz der Erstausgabe von *De Cive* überraschend explizit. Quentin Skinner führt dies auf Hobbes' Wunsch zurück, seine Theorie »in einem zugänglicheren Stil«[137] zu präsentieren: Das Titelkupfer besteht aus einer Kontrastmontage zweier idealtypischer Frauenfiguren, die englisches Imperium und koloniale Libertas, landwirtschaftliche Staatszone und indigene Kriegszone allegorisieren. Der weiblichen Verkörperung europäischer Souveränität wird die anarchische ›Wildheit‹ Amerikas gegenüber gestellt, die mit den Meistertropen kolonialer Andersheit – Menschenjagd und Kannibalismus – ausgestattet wird.[138] Während sich die Imperia vor einem Hintergrund fleißiger Erntearbeit abhebt und einem klassischen Anmutsideal europäischer Weiblichkeit entspricht, wird die amerikanische Libertas gemäß eines zeitgenössischen kolonialen Stereotyps, was die Darstellung indigener Frauen anbelangt, als androgyn und alt abgebildet. Mit gebeugtem Rücken und gesenktem Pfeil artikuliert sie einen spezifischen Aspekt dessen, was Anne McClintock als koloniale »porno tropics« bezeichnet hat, als Ausstellung von »sexueller Abweichung und Exzess«[139] durch die Verkörperung geschlechtlicher Unbestimmtheit und Deformation. Merral L. Price betont das ambivalente Schwanken der frühen kolonialen Ikonographie zwischen fetischistischer Exotisierung und abjektaler Abwertung des indigenen Frauenkörpers.[140] Mit dieser Kontrastmontage von Imperia und Libertas wird im Medium rassifizierender und sexualisierender Stereotype die »Phylogenese kultureller Pluralität«, wie Aravamudan schreibt, »in eine Ontogenese politischer Universalität umgeformt«.[141] Die Geschichte der indigenen Bevölkerung wird verleugnet und mit einem naturrechtlichen Mythos der Unterlegenheit überlagert, sodass die Kolonisierung als Eingliederung in eine europäische Friedens- und Produktionsordnung visuell als gerechtfertigt erscheint.

Die Motive der Menschenjagd, der indigenen Wehrdörfer und Palisadenzäune, die auf Manipulationen der Bildmotive John Whites basieren, zeigen, dass Hobbes' Darstellung amerindischer Lebensformen als Raub- und Kriegsökonomien die eigentliche Ontologie indigener Kriegskulturen weder versteht noch an ihr interessiert ist. In *Archäologie der Gewalt* erklärt Pierre Clastres, dass das Hobbes'sche Narrativ des Krieges aller gegen alle in Bezug auf die indigene Kriegsführung umgekehrt werden müsse: Die First Nations seien nicht auf einem derart geringen Entwicklungsstand, dass von ihnen keine Staatsgründungen ausgehen können, sondern sie setzen fortgeschrittene »Kodierungen zur Abwendung des Staates«[142] ein, die statt Zentralität Segmentarität befördern. Clastres zufolge verhindern die indigenen Kriegsstrategien die Verselbständigung einer »vereinheitlichenden Instanz« der Gesellschaft. Sie unterbinden den Zusammenschluss in eine große Gruppe bzw. die Produktion eines vom Körper abgetrennten Raums, der Tausch und Allianz unterworfen wird. Der von Hobbes hypostasierten Einheit des Souveräns, seiner »Abtrennung vom gesellschaftlichen Körper«, treten die indigenen Lebensweisen mit Strategien entgegen, die Staatsbildungsprozesse zugunsten einer »Fliehkraft« abwehren, die die »Vervielfältigung des Multiplen«, die »Autonomie« der kleinen Gruppe sowie die »politische Unabhängigkeit«[143] einer »Gesellschaft gegen den Staat«[144] stärkt. Es handelt sich um »Gesellschaften für den Krieg«, aber »gegen den Krieger«,[145] denn wer sich dem Krieg zu stark verschreibt, wird vom Tod ereilt und dadurch aus dem Sozius entfernt. Die First Nations leben nicht in einer »Welt ohne Gesellschaft«,[146] wie Hobbes propagiert, und auch nicht in der Welt allseitigen Krieges, sondern sie haben eine Gesellschaft erfunden, die die Entstehung souveräner Herrschaft und die Autonomisierung des Kriegerischen verhindern. »[D]er Krieg«, schreiben Gilles Deleuze und Félix Guattari, »hält die Zersplitterung und Segmentarität der Gruppen aufrecht, und der Krieger ist mit der Anhäufung seiner Heldentaten beschäftigt, was zu Einsamkeit und Tod führt und ihm zwar Prestige, aber keine Macht verleiht.«[147]

Partus sequitur ventrem: Enteignung der Verwandtschaft

Dass Hobbes' koloniale Ursprungsfantasien patriarchale Fantasien sind, in der sich die Problematiken des *racial* und *sexual contract* durchdringen, wird auch anhand seiner Bezugnahmen auf das Mutterrecht deutlich. Carole Pateman erklärt, dass Hobbes in *De Cive* und im *Leviathan* zwei Thesen zur Stellung der Frau im Naturzustand vertritt:[148] Logisch gesehen sind Männer und Frauen in naturrechtlicher Hinsicht – anders als im klassischen Patriarchalismus – gleichwertig. Im Hobbes'schen Naturzustand gilt aufgrund der Abwesenheit von Gesetzen deshalb matrilineares Recht. Damit »hängt die Herrschaft über das Kind vo[m] [...] Willen [der Mutter] ab«.[149] Sie ist Hobbes zufolge dessen naturrechtliche Eigentümerin. In historischer Hinsicht betont Hobbes aber, dass naturzuständliche Familienverbände tendenziell patriarchal organisiert sind, weil sich die Etablierung von Männerherrschaft als geschichtliche Bedingung für den Übergang in den Gesellschaftszustand herausgebildet habe. Unter Verweis auf »manche Länder«, in denen Frauen »noch heutzutage«[150] höchste Gewalt über ihre Kinder besitzen, fusioniert Hobbes in *De Cive* logische und historische Perspektiven und macht die These matrilinearer Verwandtschaft für die Kolonien geltend. Aus der Gleichsetzung von Natur- und Mutterrecht schließt er, dass die Rechtsregel, derzufolge »das Erzeugte der Erzeugerin folgt« – *offspring follows belly*, oder lateinisch: *partus sequitur ventrem*[151] – in Gegenden Anwendung findet, in denen die Bedingungen des Naturzustands herrschen. Hobbes trägt hier eine Rechtsregel vor, die 1662, zwanzig Jahre später, in Virginia erstmals in einem nordamerikanischen *slave code* auftaucht und festlegt, dass Versklavung gegen die Bestimmungen bürgerlicher Ehe- und Erbgesetze mutterrechtlich übertragen wird.

Hobbes bereitet in der Philosophie ein Narrativ vor, das die Versklavung schwarzer Kinder von der Zeugung an legitimiert und der Zerstörung von Verwandtschaftsbeziehungen im *atlantic slaving* eine naturrechtliche Grundlage gibt. Damit erschafft er eine der extremsten naturrechtlichen Verbindungen von Enteignung und Tod. Erneut versucht er, die Gewalttätigkeit seiner Reflexionen durch Bezüge auf Formen der *war slavery* zu normalisieren, indem er darauf hinweist, dass »das Kind einer kriegsgefangenen Mutter dem Gefangennehmenden gehört«.[152] Jennifer L. Morgan erklärt, dass Virginia durch den sich nur langsam vollziehenden Übergang zur *chattel slavery* in der Forschung besondere Aufmerksamkeit erfahren hat, um die Entwicklung frühmoderner *racial formations* zu verstehen.[153] Passt Hobbes' Doktrin des Versklavungsvertrags mit den lebenslänglichen Kontrakten der *indentured slavery* auf den Somers Isles zusammen, weist die *offspring follows belly*-Rechtsregel in *De Cive* auf das reproduktionslogische Kernstück der transatlantischen Eigentumssklaverei voraus, die auf dem Kapital schwarzer Körper basiert. Die Untersuchung dieser Rechtsbestimmung erschließt die materiellen Zusammenhänge von Sexualität, Reproduktion, *race* und Entfremdung qua Geburt. Neben Morgan haben auch schwarze Feministinnen wie Hortense Spillers oder Saidiya Hartman herausgearbeitet, wie die *partus sequitur ventrem*-Regel die Reproduktion der Plantagenregime garantierte, indem bereits das ungeborene Leben in ein ›Warending‹ und schwarze Frauen in eine »Produktionsfabrik« versklavter Arbeitskräfte verwandelt worden sind. Diese Rechtsregel bildet den Höhepunkt des kolonialen Naturrechts, indem sie die Enteignung von Verwandtschaft, die Zerstörung von Sexualität, die »Entstellung von Mutterschaft«[154] und die Rechtmäßigkeit von *natal alienation* durchsetzt. Diese Bedingungen haben Hartman zufolge auch »den Charakter [...] [der] Verweigerung [schwarzer Frauen] und ihres Widerstands gegenüber der Sklaverei« geprägt, wobei der »Raub, die Regulierung und die Zerstörung der sexuellen und reproduktiven Kapazitäten schwarzer Frauen [...] noch das Nachleben der Sklaverei bestimmen«.[155]

Aneignen und Strafen: Althusser liest Locke

Im dritten Teil seiner Vorlesung über »*Rousseau et ses prédécesseurs*« wendet sich Althusser John Lockes Theorien des Eigentums und des natürlichen Strafrechts in der *Zweiten Abhandlung über die Regierung* zu. Im Zentrum stehen die in der Locke-Forschung meist übersehenen Kategorien des »Unmenschlichen« und der »Bestie«.[156] Im Rahmen einer klassisch eurozentrischen Lektüre, die in Locke einen »revolutionären Liberalen«[157] erkennen will, bezieht Althusser diese Kategorien strafbarer Personen auf die *tyrannis*, ohne ihre Funktion in Lockes *racial regime of ownership*[158] zu bedenken. Er strukturiert seine Vorlesung um die These, dass das Locke'sche Denken das »Gegenteil« des Hobbes'schen bildet. Ihr Antagonismus besteht weniger in der Schlussfolgerung – dem »Liberalismus eines auf sein Minimum reduzierten Staats« –, sondern berührt eine tieferliegende Dimension, nämlich die Vorstellung der »inneren Essenz der Gesellschaft«: Wo Hobbes den natürlichen Menschen als wölfische Raubmaschine präsentiert und »alle Bestimmungen des Staates« auf die Angst der Menschen vor ihren wechselseitigen Beschädigungen zurückführt und damit auf ein »nicht-juridisches und nicht-ethisches Prinzip«,[159] da vertritt Locke den ethischen Universalismus eines vernünftigen Naturgesetzes, das die Menschen bereits im Naturzustand verpflichtet, sich in ihren Handlungs- und Eigentumsrechten wechselseitig als Freie und Gleiche anzuerkennen und zu lieben. Dieser Mensch ist kein Wolf unter Wölfen, sondern in der Lage, sein Zusammenleben »anderen Regeln« als denen der »Tiere«[160] zu unterwerfen. Althusser betont, dass Locke die Metapher der Animalität genau dort einsetzt, wo er gegen Filmer und Hobbes einen alternativen »Ursprung politischer Macht«, die kein »Produkt von Stärke und Gewalt«[161] ist, ins Spiel bringen will. Er zeigt, dass Locke diesen Ursprung in der Wechselseitigkeit von Selbst- und Gattungserhaltung ausmacht. Er spricht von einem »doppelten Naturgesetz«, das in taktischer Bezugnahme auf Richard Hookers Liebesbegriff als schöpfungstheologisch vermittelte Pflicht bestimmt wird, »sich selbst [...] und die anderen zu erhalten und zu schützen«,[162] da alle »Eigentum« und »Werk«[163] Gottes sind. Freiheit und Gesetzesgehorsam konvergieren in einer Weise, in der Althusser frühe Vorgriffe auf Kant erkennt.[164] Nicht die naturzuständlichen Menschen werden hier als Raubtiere präsentiert, sondern die Personen, die das Naturgesetz gleicher und freier Eigentümersubjektivität verletzen, das die Vernunft bereits im Naturzustand verständlich macht. Aufgrund dieser Vernünftigkeit der ersten Anfänge geht Locke im Gegensatz zu Hobbes von einer vorstaatlichen Eigentumsbildung aus, die die Menschen im Rahmen eines natürlichen Strafrechts zu verteidigen berechtigt sind. Als Richter in eigener Sache dürfen sie – in Althussers Worten gesprochen – den »Verbrecher« bestrafen, »der die Vernunft zurückgewiesen hat« und »die Unmenschlichkeit inmitten der Menschlichkeit« verkörpert. Zu Lockes eigentlichem politischen Problem wird deshalb, »im Element des Friedens als universaler Essenz von Natur- und Gesellschaftszustand, den Krieg«[165] und die Strafe zu denken. Bezieht man Althussers Rezension von Raymond Polins *La politique morale de John Locke* (1962) mit ein, zeigt sich, dass es ihm darum geht, die Spannungen zwischen Lockes »politischem Idealismus«, seinem »erkenntnistheoretischen Empirismus«[166] sowie seiner Straf- und Eigentumstheorie auszuloten, um eine »juridisch-moralische Ideologie« nachzuzeichnen, die stärker noch als die Hobbes'sche das Auftauchen eines normativen Supplements des Rechts verdeutlicht, das in *Über die Reproduktion* eine so bedeutsame Rolle spielt. Im Folgenden wird die koloniale Grammatik, die Lockes Naturrechtsverständnis zu eigen ist, unter den Begriffen einer *ideology of improvement* und eines *war on waste* rekonstruiert.[167]

Eigentum an der eigenen Person

Der Locke'sche Naturzustand bildet Althusser zufolge eine Aneignungsökonomie, die keinen leeren Raum kontingenter Todesdrohungen darstellt wie bei Hobbes, sondern einen Garten Eden, voll des »Überflusses«,[168] der den Menschen zu Kultivierung und *improvement* von Gott übereignet wurde, ein zu bestellender und zu privatisierender Park, der *tillage*, *husbandry* und *planting* bedarf. Das Privateigentum, schreibt Althusser, wird deshalb von Locke »in der menschlichen Natur gegründet und nicht im Gesellschaftsvertrag«.[169] Der Zweck der Regierung und der Grund ihrer Einrichtung bestehen allein in der effizienteren »Erhaltung«[170] von Eigentum, nicht seiner Ermöglichung. Indem Locke das »Eigentum an Gütern« zum »Phänomen«[171] eines viel grundlegenderen Eigentums erklärt, das er als »Eigentum eines Menschen an sich selbst« bezeichnet und »tief i[n seinem] Wesen«[172] verankert, leitet er einen radikalen Umbruch im frühmodernen Verständnis des Eigentums ein: Als *property* bezeichnet er nicht bloß den Besitz von Dingen (*possessions, estates*) oder die Wirkung von Herrschaftsverhältnissen, sondern die Grundlage aller menschlichen Machtartikulationen. Das Eigentum umschreibt die Fähigkeit, sowohl über das innere Selbst als auch die äußeren Dinge der Welt willentlich zu verfügen. »Unter Eigentum«, erinnert Althusser, »muss man hinsichtlich eines Individuums *sein Leben, seine Freiheit* und *seine Besitztümer* verstehen.«[173] Weit über Sachherrschaft hinausgehend, umfasst das

Eigentum die Fähigkeit, das Leben geistig und körperlich in Aneignungsbeziehungen zu äußeren Objekten zum Ausdruck zu bringen und zugleich die Vielfalt der eigenen Gedanken in der Diskontinuität der Zeit reflexiv in Besitz zu nehmen, sodass von einem aneignungsfähigen Selbst überhaupt erst die Rede sein kann.[174] Diese sich wechselseitig bedingende, sowohl geistige als auch materielle Aneignungsherrschaft, die die Identität einer Person, die Einheit ihrer Gedanken, die Identifizierbarkeit ihrer Handlungen sowie die Zuweisbarkeit der von ihr bearbeiteten Güter gewährleistet, fasst Locke in der »allgemeinen Bezeichnung«[175] Eigentum zusammen. Die innere Aneignung von Wahrnehmungsleistungen durch ein synthetisierendes Bewusstsein gilt als Voraussetzung der äußeren Aneignung von Naturgegenständen und umgekehrt. Lockes Theorie der Eigentümersubjektivität schließt deshalb ein instrumentelles Verständnis des Körpers ein, der von einem utilitaristischen Verstand angeleitet wird, welcher seinerseits die Vielheit seiner Operationen zu vereinen in der Lage ist. Althusser nimmt *en passant* Fragen vorweg, die Étienne Balibar und Warren Montag vertiefen werden. Beiden Autoren zufolge garantiert Lockes Eigentumslehre »die Einheit des Individuums mit ›seinem eigenen Denken‹« sowie »mit der Organisation des Körpers«,[176] dessen Handlungen sich das Besitzindividuum retroaktiv aneignet. Statt des substanziellen Dualismus von *res cogitans* und *res extensa* führt Locke eine »›anthropologische Doublette‹ von Bewusstein und Arbeit«[177] ein, in der die Innerlichkeit des Selbst mit der Äußerlichkeit der Welt korreliert. Arbeit wird weniger als körperliche Tätigkeit bestimmt, sondern als Organisation körperlicher Tätigkeit durch einen instrumentellen Geist. Deshalb kann Locke die Arbeit anderer Körper, insofern sie geistig angeleitet werden, unter die eigene Arbeit subsumieren: »Das Gras, das mein Pferd gefressen, der Torf, den mein Knecht gestochen, und das Erz, das ich an irgendeiner Stelle gegraben [...] habe, werden ohne die Anweisung und Zustimmung von irgend jemandem mein *Eigentum*.«[178] Die Locke'sche Arbeitstheorie des Eigentums verdient deshalb den Titel einer bewusstseinstheoretischen Kommandotheorie, in der sich die Aneignung von Identität und Gegenständen durch geistige Administration von Körpern vollzieht. Was sich hier ereignet, schreiben Fred Moten und Stefano Harney, ist der »Diebstahl des fleischlichen, irdisch-erdigen Lebens«, das in einen dienstbaren Körper »eingekerkert wird«.[179] Wie ist Locke auf die Subsumption subalterner Körper unter die Arbeit eines instrumentellen Geistes Dritter gekommen? Und ist der Sinn seiner Eigentumstheorie damit bereits umrissen?

Erste Besitzergreifung

Von der römischen Okkupationslehre, dem thomistischen Naturrechtsverständnis, aber auch dem Puritanismus des 17. Jahrhunderts übernimmt Locke die

These, dass Gott den Menschen die Welt zum gemeinsamen Gebrauch überlassen hat. »Woher« aber, fragt Althusser, »rührt die [private] Aneignung?«[180] Zunächst wird sie durch Selbsterhaltung und Selbsternährung plausibilisiert.[181] Unter Ausschluss von Kooperation, Gabe und Mahlzeit führt Locke Früchte und Lebensmittel als erste Objekte des Privateigentums ein, die ohne Zustimmung der anderen Commoner angeeignet werden können. Locke greift hier auf die *prima occupatio*-Regel des römischen Rechts zurück, die besagt, dass man sich einen Gegenstand, der von niemandem benutzt wird (*res nullius*), unter der Bedingung privat aneignen kann, dass man ihn als erste*r körperlich in Besitz genommen hat. Mit der Wiederbelebung des römischen Rechts im Europa des 11. und 12. Jahrhunderts etabliert sich die Okkupationslehre als Standarderklärung für die Entstehung von Privateigentum aus ursprünglichem Gemeinbesitz.[182] Um die frühkommunistischen Angriffe auf das Privateigentum durch die Franziskaner*innen und das protestantische Täufertum abzuwehren sowie die koloniale Privatisierung der Welt zu legitimieren, verwandeln die Juristen der Salamanca-Schule das Gemeineigentum von einer göttlich »angeordneten« in eine bloß göttlich »erlaubte«[183] Instanz. Während aber die Salamanca-Schule vertragliche Regelungen für die Schaffung von Privateigentum vorsieht, vollzieht sie sich bei Locke ohne Kontrakt und Konsens. Sie basiert auf der arbeitsvermittelten Transferierung des Eigentums an der eigenen Person auf die äußeren Dinge: »Der Einzelne überträgt ihnen«, wie Althusser schreibt, »seine eigene Substanz und hat somit das Recht, sie sich einzuverleiben«, denn sie sind nichts anderes als »die Erweiterung seines eigenen Körpers [...], der sich auf die Gegenstände ausdehnt, die er aneignet«.[184] Arbeit wird hier noch nicht als *productio* im ökonomischen Sinne, sondern als *appropriatio* im rechtlichen Sinne der Zuweisbarkeit verstanden, die auf dem Austausch von Selbst- und Sacheigentum gegründet wird.[185] Diese Aneignung findet ihr Maß am göttlichen Gebot, nur anzueignen, was sich aufbrauchen lässt, »bevor es verdirbt«.[186] Locke säkularisiert hier theologische Verfalls- und Verfaulungsängste, wobei nur das Verderben, nicht aber die soziale Ungleichheit der Privatisierung Grenzen setzt. Außer einiger verstreuter Bemerkungen bei William Petty oder Richard Baxter kennt die Locke'sche Arbeitstheorie des Eigentums kaum Vorläufer. Bei Grotius vermittelt die Arbeit zwar bereits Aneignungsrechte, diese müssen aber – und daran schließt auch Pufendorf an – noch im thomistischen Sinne durch Übereinkunft und Vertrag geregelt werden. Locke hingegen erschließt Commons und Kolonien der zustimmungsfreien Aneignung durch die englischen *gentry proprietors*. Solange die Moralprinzipien naturrechtlichen Gattungserhalts gewährleistet werden, indem erstens anderen »genug und ebenso Gutes«[187] bleibt sowie zweitens jede*r nur nimmt, was er oder sie zum Eigenbedarf braucht, können sich alle am Gemeineigentum privat bedienen. Bereits Macpherson hat verdeutlicht, dass der Sinn der moralphilosophischen Monopolisierungs- und Vergeudungsverbote bei Locke in ihrer darauffolgenden geldvermittelten Entschränkung besteht.[188] Sobald Locke von der Aneignung von Nahrungsmitteln, die dem Eigengebrauch dienen, zur Inbesitznahme von Land übergeht, die er als eigentlichen »Hauptgegenstand«[189] der Eigentumsbildung bestimmt, setzt er die Aufhebung aller Aneignungsgrenzen in Gang: Das subsistenztheoretische Modell der »Zugehörigkeit« der Güter zum »eigenen Körper« wird, wie Althusser schreibt, durch das werttheoretische Modell geldvermittelter »Akkumulation« und wachsender sozialer »Ungleichheit«[190] ersetzt. Dass diese Ungleichheit nicht gegen das Naturgesetz verstößt, rechtfertigt Locke in protoliberaler Manier, indem er den geldvermittelten Tausch als Motor begreift, der das »gemeinsame Vermögen der Menschheit nicht vermindert, sondern vermehrt«,[191] sodass mit wachsender Ungleichheit wachsender Reichtum auf exponentieller Stufenleiter in Gang kommt, weshalb ein »englischer Tagelöhner« besser genährt und gekleidet sei als ein »König«[192] in Amerika. Lockes Wert- und Geldtheorie bildet das entscheidende Scharnier bei seiner Legitimierung entschränkter privater Akkumulation und expansiver Landnahmen, vor allem hinsichtlich der nordamerikanischen Kolonien: In seiner Funktion als Wert- und Zeitspeicher kann das Geld die Arbeitsprodukte aus dem Verderbnisprozess herauslösen, weswegen der Mensch »von den beständigen Dingen« – Geld, Gold, Diamanten – »soviel anhäufen [darf], wie er [will]«.[193] Der Eigentumsbegriff wird dabei von Locke durch einen frühmodernen Kapitalbegriff erweitert, während das Konzept privaten Gebrauchs liquidiert wird: Entscheidend ist, was über den eigenen Gebrauch hinaus als *overplus* verkauft werden kann, um Geld zu akkumulieren und, wie Macpherson betont, »durch nutzbringende Investition neues Kapital zu erzeugen«. Unter Bezugnahme auf die *Considerations on Money* merkt Macpherson an, dass für Locke das »Ziel der merkantilistischen Politik [...] die Benutzung von Boden und Geld als Kapital [ist]; das Geld sollte in Handelsgeschäften oder in Materialien und Löhnen angelegt werden, der Boden sollte den Handel mit Waren versorgen«.[194] Im Übergang von der Arbeitsverausgabung zur Kapitalakkumulation legitimiert der Locke'sche Eigentumsdiskurs, wie Althusser betont, dass das Land »von denen besessen wird, die es nicht bearbeiten«.[195]

Ideologie der Verbesserung. Krieg der Brache

Obwohl Locke an nicht weniger als zehn Stellen des Eigentumskapitels in der *Zweiten Abhandlung* das Problem der Aneignung auf die First Nations bezieht, verschweigt Althusser, dass Locke die amerindischen Ideen von Existenz und Gemeinschaft der Souveränität europäischer Begriffe unterwirft.[196] Hatte Locke indigene Ökonomien zunächst als positives Modell eingeführt, um die private

Aneignung ursprünglichen Gemeineigentums zu illustrieren, wo »die Frucht oder das Wildbret, die den wilden Indianer ernähren, [...] ihm gehören«,[197] beginnt er kurz darauf, diese Ökonomien als »bedürftige« und »armselige«[198] Subsistenzwirtschaft bar aller »Bequemlichkeiten«[199] abzuwerten. Als eigentlich eigentumsbegründende Norm setzt er das englische System von »Arbeit und Fleiß«, von »Verbesserung, Feldanbau oder Landwirtschaft« ein, das er auf den Kreislauf von *cash crop*-Ökonomien und transatlantischem Außenhandel bezieht. Die thomistischen Verständnisse von Gottes universalem Gemeinwohl werden zugunsten der Selektion der »Fleißigen und Verständigen« aufgehoben: Gott hat die Welt weder allen gleichermaßen noch auf immer als »Gemeingut« gegeben. Stattdessen werden Extensität und Intensität der Bodenbestellung nun als Maß für den »Rechtsanspruch«[200] auf Güter und Böden bestimmt: »Soviel Land ein Mensch bepflügt, bepflanzt, kultiviert«, schreibt Locke, »soviel ist sein Eigentum«.[201] Die »Unterwerfung und Kultivierung der Erde« wird im Sinne des biblischen »*increase and multiply*«[202] mit der »Ausübung von Herrschaft« verschränkt. »Das eine«, so Locke, »verleiht einen Rechtsanspruch auf das andere«,[203] sodass die First Nations den Boden, auf dem sie leben, nicht ihr Eigentum nennen können. Sie fallen auf die Seite des Gebrauchs und der Bedürfnisarmut, der Arbeits- und der Eigentumslosigkeit. Ihr *usus* des Lands wird als *abusus* verworfen. Sie werden von Locke entrechtet, weil er ihren schonenden Landgebrauch als Brachliegenlassen, als Vergeudung von Ertragsmöglichkeiten, als Verstoß gegen Gottes Auftrag verurteilt, die Welt nicht bloß zu erhalten, sondern fruchtbar zu machen zum »Nutzen« und »zu den größtmöglichen Annehmlichkeiten des Lebens«.[204] Höhepunkt seiner Argumentation ist der Vorwurf, die Native Americans hätten sich der »stillschweigende[n] Übereinkunft der Menschheit«,[205] qua Geld überschüssige Güter global zu vermarkten, entzogen und sich damit aus der Universalität gottgewollter Eigentumsherrschaft selbstverschuldet ausgeschlossen.

Lockes »Besitzuniversalismus«[206] wird durch das koloniale Ideologem des *improvement* oder der Verbesserung strukturiert, in dessen Zentrum der Widerspruch von *waste* und *value* steht. Die Enteignung der First Nations wird durch den fiktiven Vorbehalt gerechtfertigt, sie würden »wild wachsende Wälder oder unbebaute Einöden«[207] nicht bestellen, große *tracts* brachliegen und die Welt als *waste land* verkommen lassen, weswegen ihr Land als *vacuum domicilium* zustimmungsfrei angeeignet werden kann. Die Natur tritt hier als »billige Natur«[208] und Brache in Erscheinung. Anders als die Physiokraten misst ihr Locke keinen intrinsischen Wert zu, denn es ist die Arbeit, »die *dem Boden den größten Teil seines Wertes verleiht*«.[209] Die Natur dient als *tabula rasa* ökonomischer Zwecksetzungen und verfügt über keine eigene Produktivität.[210] Alle Wertschöpfungen werden durch landwirtschaftliche Bearbeitung, globale Vermarktung der Überschussgüter und Reinvestition von Kapital geschaffen. Die Bodenerträge indigener Subsistenzökonomien belaufen sich hingegen auf »vielleicht nicht einen Penny«,[211] sodass die Landnahme Lockes Darstellung zufolge keine Schädigung impliziert. Locke postuliert hier die Straffreiheit einseitiger Enteignung in einem *racial regime of ownership*, in dem Landraub, Vertreibung, Rodung, Auslaugung der Böden, exportorientierte Produktion und Versklavung von Arbeits- und Lebenskräften normalisiert werden. Das Geld fungiert dabei als entscheidende Achse, entlang der – wie Onur Ulas Ince betont – »die religiöse Teleologie, sich die Erde untertan zu machen, mit den Praktiken der Wertakkumulation«[212] verschaltet wird. So stehen die Rechtmäßigkeit der Landenteignung, die Effizienz arbeits- und geldvermittelter Akkumulation sowie die Gottgewolltheit ökonomischer Ungleichheit und die Unterordnung amerindischer Lebensformen in einem wechselseitigen Begründungszusammenhang, der die Verwandlung von Gemein- in Privateigentum, den Ausschluss der First Nations von ihrem Land und von dort aus ein offenes Regime maximaler Wertakkumulation legitimiert. Für diese Enteignungs- und Entrechtungsverfahren des agrarkapitalistischen Siedlerkolonialismus Englands hat Mark Neocleous den Begriff des *war on waste* geprägt, eines Kriegs gegen das Brache, Unnütze und Unbestellte, Verschwendete und Vergeudete; ein Krieg, der gegen indigene Kosmologien, Gewohnheitsrechte und Gemeineigentumsformen, gegen nichtverwertetes Land, unausgebeutete Arbeitskraft, gegen jedes *lying waste* von Natur-, Körper-, Denk- und Handlungskräften in all seinen Dimensionen geführt wird.

Bestien und Nicht-Personen

Im Zentrum der Althusser'schen Locke-Vorlesung steht die Verbindung von Eigentum, Strafe und Versklavung. An den Figuren der Unmenschlichkeit und der Bestialität zeigt er, dass Locke eine radikale Spaltung in die Menschheit einführt, die die Unterscheidung von *waste* und *value* vertieft. Da er Locke nicht als Vertreter der kolonialen Neuausrichtung der Whigs nach der *restauration*, sondern als Repräsentant von Bill of Rights, King-in-Parliament, Unterordnung der Exekutive unter die Legislative sowie Revolutions- und Widerstandsrecht versteht, schweigt Althusser von den kolonialen Dimensionen der natürlichen Strafrechtstheorie. Seit der dekolonialen Wende der Locke-Forschung sind diese Dimensionen sowie Lockes administrative und ökonomische Beteiligung am Kolonialismus detailliert untersucht worden: 1663 wird er Teilhaber der Royal Adventurers in England Trading into Africa, 1671 der Royal African Company, den zentralen Institutionen und Monopolisten des englischen Sklavenhandels im Atlantik. 1672 investiert Locke in die Company of the Merchant Adventurers to Trade with the Bahamas. Vermittelt durch seinen Gönner Anthony Ashley

Cooper, First Earl of Shaftesbury, arbeitet er von 1668 bis 1671 als Sekretär der Lords Proprietors of Carolina, von 1673 bis 1674 als Sekretär und Schatzmeister des English Council of Trade and Foreign Plantations und von 1696 bis 1700 als *member* im Board of Trade and Plantations. 1669 ist er an der Abfassung der Fundamental Constitutions of Carolina beteiligt, Anfang der 1680er an ihrer Revision. Er zeichnet für die Formulierung des Paragraphen 110 verantwortlich, in dem Versklavung als »absolute willkürliche Macht«[213] über schwarze Menschen egal welcher Religion bestimmt wird, sodass Taufe vor Versklavung nicht mehr schützen kann. Locke fungiert als Architekt von Landnahme, kolonialer Administration und *racial slavery* zu einem Zeitpunkt, an dem ihre ökonomischen und rechtlichen Formen noch hochbeweglich sind.[214] Um seine Legitimationen kolonialer Versklavung in der *Zweiten Abhandlung* entziffern zu können, lassen sich Althussers Überlegungen zur natürlichen Strafrechtstheorie im Rahmen einer Umkehrlektüre fruchtbar machen. Althusser zeigt, dass Locke mit einem »radikalen Antagonismus von Humanität und Inhumanität« operiert, der sich »im Innern der Gewalt selbst reflektiert«[215] und diese in gerechte und ungerechte teilt. Unabhängig von Grotius, der als erster neuzeitlicher Theoretiker von einem privaten Straf- und Kriegsrecht ausgeht, entwickelt auch Locke in einem »bemerkenswert[en] Fall intellektueller Übereinstimmung«[216] ein »Regime rechtlich-moralischer Verpflichtung«,[217] dessen Verteidigung »in jedermanns Hände gelegt«[218] ist, sodass im Naturzustand alle als »Richter und Henker«[219] berufen sind, die Verletzung der naturgesetzlich garantierten Freiheits- und Eigentumsrechte zu ahnden. Der Verbrecher begeht Locke zufolge nicht bloß einen kriminellen Akt, sondern verwandelt sich, wie Althusser schreibt, in einen »Grenzfall« der Menschheit, der sich aus der ethischen Universalität der Gattung ausschließt und der »Nicht-Vernunft« zuzuschlagen ist, deren »natürliche Figur« die »Bestialität« ist: »[Die Menschheit] wirft den Verbrecher auf sein eigenes Wesen zurück«, erklärt Althusser, »das Nichts, den Tod.«[220] Wie dem Aneignen setzt Locke auch dem Strafen mit den Prinzipien »der Wiedergutmachung und der Abschreckung«[221] eine doppelte Grenze, die er selber suspendiert: Vom »Recht, einen Mörder zu töten«,[222] geht er zur Legitimation über, Räuber präventiv zu erschlagen, denn wer »ohne jedes Recht Gewalt anwendet«, wird auch Freiheit und Leben rauben wollen. Schließlich setzt Locke illegitime Gewaltanwendung mit dem »Kriegszustand«[223] gleich, sodass in Notwehrsituationen selbst der Totschlag von Dieben rechtmäßig ist. Damit kreiert er einen Zusammenhang zwischen Vernunft, Naturgesetz und Selbstverteidigung, den er um die Tötung »entartet[er]« Personen und »schädliche[r] Geschöpfe«[224] organisiert: »Man darf einen Menschen«, schreibt Locke, »der einem den Krieg erklärt oder der eine Feindseligkeit gegen die eigene Existenz gezeigt hat, aus demselben Grund töten, aus dem man einen Wolf oder einen Löwen tötet.«[225]

Eigentums- und Rechtspersonalität werden auf einem natürlichen Strafrecht gegründet, das unter bestimmten Bedingungen bereits den Diebstahl als »Vergehen gegen das ganze Menschengeschlecht«[226] wertet. Sich erhalten fällt also, wie Elsa Dorlin schreibt, in einem dramatischen Sinne mit »strafen« in eins. Wer aber sind all diese totzuschlagenden Menschen? »In dem Moment, in dem der Diebstahl als Kriegserklärung bestimmt wird«, fügt Dorlin an, »verwandelt Locke d[en] heimlichen Krieg in eine wirkliche Jagd: Dies ist keine Schlacht zwischen Eigentümern und Dieben, sondern vielmehr eine Jagd auf mittellose, heteronome, versklavte Körper.«[227] In der *Ersten Abhandlung* verrät Locke, wen er als *noxious creatures* des natürlichen Strafrechts im Sinn haben könnte, wenn er das natürliche Recht englischer Pflanzer bestätigt, »bezahlte Soldaten oder mit Geld gekaufte Sklaven« gegen »die Indianer zu führen«, um »für einen erlittenen Schaden Wiedergutmachung zu suchen«.[228] In der *Zweiten Abhandlung* begründet er das gesamte natürliche Strafrecht – eine Tatsache, die bemerkenswerterweise auch Althusser hervorhebt – aus der Notwendigkeit, über First Nations und Fremde, die an positives englisches Gesetz nicht gebunden sind, Rechtsgewalt ausüben zu können.[229] Die dabei vorgenommene Verschränkung von Eigentumsdelikt und Kriegszustand übersetzt Locke in eine Theorie der *war slavery*, die eine chiffrierte Rechtfertigung der *racial slavery* zur Verfügung stellt. Anders als Grotius, Hobbes oder Pufendorf verneint er zwar die Möglichkeit eines freiwilligen Versklavungsvertrags unter Hinweis auf Gottes Eigentum an seiner Schöpfung. Stattdessen gründet er die Sklaverei in einer Ununterscheidbarkeitszone von ungerechtem Krieg und Kriminalität. Er spricht von der »Verwirkung« des Lebens, die durch »irgendeine Handlung, die den Tod verdient«,[230] verschuldet worden ist, seien es verbrecherische Taten, ungerechte Angriffskriege oder absolutistische Herrschaftsansprüche. Wie Althusser schreibt, wird bei Locke »der Mensch, den ich töten kann und am Leben lasse, mein Sklave«, sodass Versklavung als ein »aufgeschobener« oder »ausgesetzter Tod«[231] bestimmt wird, der nur im Kriegszustand in Erscheinung tritt. Er überführt das Subjekt in einen Zustand totaler Enteignung, in der es »jeglichen Eigentums bar« ist und »absoluter willkürlicher Gewalt«[232] untersteht. Diese »*absolute power and authority*«, gegen die Lockes gesamter politischer Diskurs sich in Szene zu setzen vorgibt, kann weder der Natur noch dem Vertrag entspringen, sondern allein ihrer Ausnahme – dem Verstoß gegen die Vernunft der Natur- und Eigentumsrechte. Locke überlagert somit zwischen dem 4., 15. und 16. Kapitel zwei Typen selbstverschuldeter Versklavung, deren erster aus Diebstahl, Raub und Mord folgt, der zweite aus ungerechtem Krieg und illegitimer Eroberung. Beide Schemata fungieren nicht als buchstäbliche, sondern latente und metonymische, aus dem historischen Kontext zu rekonstruierende Verteidigungen der Plantagensklaverei und der militärischen Kriegsoperationen englischer

Siedler*innen im Kontext nordamerikanischer *company colonization*. Auch wenn Locke die Möglichkeit der Vererbbarkeit von Versklavung und die Konfiszierung des Eigentums, das Kindern oder Frauen zukommt, verneint, schafft er in der *Zweiten Abhandlung* das Schema eines vollständig enteigneten Menschen, der das Gegenstück zum Besitzindividuum bildet. Er konstruiert ein straffrei tötbares Leben, das einer gänzlich entregelten, maß- und verhältnislosen Gewalt unterworfen werden kann. Hier zeigt sich, wie ein Vertreter und Vordenker der Bill of Rights einerseits *cruel and unusual punishment* kritisieren kann, sie andererseits aber in den Kolonien einsetzt und rechtfertigt. Obwohl die Figur der *war slavery* nicht auf die der *racial slavery* passt, wählt Locke dieses Legitimationsschema, weil der Rückgriff auf den Diskurs des Gerechten Kriegs, wie Bernasconi und Mann rekonstruieren, einen Gemeinplatz der *pro slavery*-Fraktion des 17. Jahrhunderts bildet.[233] Hatte Althusser aus den naturrechtlichen Ursprungsphantasmen das Ungesagte des liberalen Denkprojekts herauszuarbeiten angekündigt, stoßen wir hier auf dessen nekropolitischen Sinn: die Verschränkung akkumulationslogischer Freiheits- und Eigentumsrechte mit der massenhaften Versklavung schwarzer Menschen. Locke produziert ein Schema von Nicht-Personen, Unmenschen, Anti-Willen und sich selbst enteigneten Körpern, die im Kontext des frühen englischen Kolonialkapitalismus Objekte von Disziplinierung, Strafe oder Versklavung werden. Sie werden naturrechtlich verurteilt, eine »auf[geschobene] Hinrichtung«[234] oder, in Althussers Worten, einen »Tod auf Bewährung«[235] zu leben.

Hobbes und Locke haben zwei Naturrechtstheorien entworfen, die den agrarischen Kolonialkapitalismus Englands verteidigen. Hobbes stellt Krieg und Enteignung, Angst und Tod in das Zentrum des Naturzustands. Er skizziert die amerikanischen Territorien als rechtsleere Räume, die sich die europäischen Staaten einverleiben, um die Kolonisierten durch den Krieg zu erziehen. Locke formuliert einen geldvermittelten Akkumulationsbegriff, der Landnahme, Strafe und *racial slavery* legitimiert. Im Zentrum seines Denkens stehen die Kategorien des Eigentums und des Kapitals, der »billigen Natur« und des *improvement* sowie der Bestrafung und Versklavung rassifizierter Körper. Die Naturrechtsverständnisse beider Autoren manifestieren, dass Althusser die nekropolitischen Seiten des Rechts und der »rechtlich-moralischen Ideologie« unterschätzt, was sich aus der eurozentrischen Perspektivierung seines Denkens erklärt. Der Ausschluss von First Nations, schwarzen Versklavten und Teilen der europäischen Armen aus dem Nexus von Eigentum, Recht und Akkumulation gibt einen Hinweis darauf, dass die »juristische Ideologie«, der Althusser eine so entscheidende Rolle bei der Reproduktion kapitalistischer Gesellschaften zuweist, nicht allein durch Normeninternalisierung und Produktion freiwilligen Gehorsams bestimmt werden kann, sondern im Sinne einer überdeterminierten Konstellation auseinanderweisender Tendenzen zugleich durch die rassistische Produktion entrechteter und enteigneter Lebensformen zu definieren ist. Diese Entrechtung wird in gegenwärtigen dekolonialen Theorien in ein Denken der Politik übersetzt, das die Dimensionen verwirft, die in der frühen Moderne den Subalternen verweigert worden sind – Autonomie, Subjektivität, Eigentum an der eigenen Person, Rechtspersonalität. An dieser Stelle ergeben sich zwei weiterführende Forschungsperspektiven für einen dekolonialen Marxismus in Althusser'scher Orientierung: Zum einen stellt sich die Frage, ob Althussers Denken ohne Ziel und Subjekt sowie seine Abwendung vom Humanismus der Marx'schen Frühschriften für dekoloniale Theorien nicht-autonomer Politik Anregungen bieten könnte.[236] Zum anderen zeichnet sich die Aufgabe ab, ausgehend von der herausragenden Bedeutung, die der ›ursprünglichen‹ Akkumulation in Althussers spätem Materialismus der Begegnung zugewiesen wird,[237] eine Theorie pluraler Entstehungs- und Entwicklungswege kapitalistischer Gesellschaftsformationen voranzutreiben. Diese Theorie müsste Althussers eurozentrische Erklärung ›ursprünglicher‹ Akkumulation als »Enteignung der Produktionsmittel der britischen Landbevölkerung«[238] suspendieren und die Auseinandersetzung mit Akkumulationsweisen, die in konstitutiver Weise Entrechtungs- und Enteignungsgewalt einschließen, auf einen Kreis kontroverser theoretischer ›Begegnungen‹ öffnen, um den Materialismus der Begegnung zu ›entprovinzialisieren‹. Zu diesem Kreis könnten Félix Guattaris Konzept des Kapitals als Integral heterogener Machtformationen zählen sowie die Weltsystemtheorie und die globale Geschichtsschreibung der Arbeit, die aktuellen Fortsetzungen der Black Radical Tradition in ihren afrooptimistischen und afropessimistischen Varianten, die (queer)feministischen Theorien sozialer Reproduktion sowie die unterschiedlichen Interventionen des dekolonialen Marxismus in die Begriffsverständnisse von abstrakter Arbeit, Wertform und Überdetermination, um ein neues Konzept fortgesetzter Akkumulation zu schmieden, aus dem die Worte ›ursprünglich oder ›primitiv‹ gestrichen worden sind.

Anmerkungen

1 Louis Althusser: Ideologie und ideologische Staatsapparate. Hamburg 2010, S. 47. Althussers Groß- und Kursivschreibungen werden im Folgenden nicht beachtet.

2 Vgl. Warren Montag: The Threat of the Outside. Althusser's Reflections on Law. In: Lauren de Sutter (Hg.): Althusser and Law. London, New York 2013, S. 17.

3 Vgl. Jacques Bidets »Editorische Notiz« in: Louis Althusser: Über die Reproduktion. Hamburg 2012, S. 304–308.

4 Gregory Elliott: The Lonely Hour of the Last Instance. In: Michael Sprinker / Ann E. Kaplan (Hg.): The Althusserian Legacy. New York 1993, S. 237. Zitate aus bislang unübersetzten Texte sind hier und im Folgenden von der Autorin ins Deutsche übertragen worden.

5 Althusser: Ideologie und ideologische Staatsapparate. A. a. O., Fn 2, S. 37.
6 Karl Marx: Zur Kritik der Politischen Ökonomie. In: Marx-Engels-Werke. Band 13. Berlin 1971, S. 8.
7 Vgl. Althusser: Ideologie und ideologische Staatsapparate. A. a. O., S. 60.
8 Étienne Balibar: Foreword: Althusser and the »Ideological State Apparatuses«. In: Louis Althusser: On the Reproduction of Capitalism. Ideology and Ideological State Apparatuses. London, New York 2014, S. xiii.
9 Althusser: Ideologie und ideologische Staatsapparate. A. a. O., S. 44 und 88.
10 Balibar: Foreword. A. a. O., S. viii.
11 Vgl. Étienne Balibar / Louis Althusser: Das Kapital lesen. Band 1. Reinbek 1972, S. 123.
12 Althusser: Ideologie und ideologische Staatsapparate. A. a. O., S. 44–47.
13 Ebd., S. 46. In der ersten Übersetzung von Peter Schöttler heißt es »Wirksamkeitsmerkmale«.
14 Louis Althusser: Für Marx. Frankfurt/M. 1968, S. 65.
15 Ebd., S. 64.
16 Vgl. Karl Marx / Friedrich Engels: Das Manifest der Kommunistischen Partei. In: Marx-Engels-Werke. Band 4. Berlin 1972, S. 480.
17 Althusser: Ideologie und ideologische Staatsapparate. A. a. O., S. 75.
18 Ebd., S. 96.
19 Ebd., S. 82. Vgl. Blaise Pascal: Über die Religion und über einige andere Gegenstände. Hg. von Ewald Wasmuth. Heidelberg 1972, Fragment 250.
20 Althusser: Ideologie und ideologische Staatsapparate. A. a. O., S. 75.
21 Louis Althusser: Elemente der Selbstkritik. Berlin 1975, S. 76.
22 Étienne Balibar: Über historische Dialektik. Kritische Anmerkungen zu »Lire le Capital«. In: Urs Jaeggi / Axel Honneth (Hg.): Theorien des Historischen Materialismus. Frankfurt/M. 1977, S. 307.
23 Balibar: Foreword. A. a. O., S. xiii.
24 Vgl. das V. Kapitel »Über das Recht« (S. 95–106) und das XI. Kapitel »Abermals über das Recht. Seine Wirklichkeit: der juristische ideologische Staatsapparat« (S. 233–241).
25 Vgl. de Sutter (Hg.): Althusser and Law. A. a. O.
26 Althusser: Über die Reproduktion. A. a. O., S. 95–97.
27 Vgl. beispielhaft Karl Marx: Zur Judenfrage. In: Marx-Engels-Werke. Band 1. Berlin 1976, S. 360–370; aber auch ders: Das Kapital. Kritik der politischen Ökonomie. Erster Band. In: Marx-Engels-Werke. Band 23. Berlin 1975, S. 189–190.
28 Althusser: Über die Reproduktion. A. a. O., S. 98. Vgl. zudem ebd., S. 236–237.
29 Georg Wilhelm Friedrich Hegel: Grundlinien der Philosophie des Rechts. In: Werke. Band 7. Frankfurt/M. 2019, § 231, S. 382.
30 Althusser: Über die Reproduktion. A. a. O., S. 106. Vgl. Immanuel Kant: Die Metaphysik der Sitten. In: Werkausgabe. Band VIII. Frankfurt/M. 2021, S. 365–366.
31 Althusser: Über die Reproduktion. A. a. O., S. 107.
32 Ebd., S. 110. Das eine Mal werden Freiheit und Gleichheit »durch das Recht, durch das System seiner Regeln« garantiert, das andere mal aber werden Freiheit und Gleichheit durch Mechanismen gesichert, die »außerhalb der Rechtsregeln« (S. 109), d. h. außerhalb des positiven Gesetzes operieren, nämlich auf der Basis eines Diskurses, demzufolge die Menschen »von Natur aus gleich und frei sind« (S. 110).
33 Ebd., S. 109–111.
34 Ebd., S. 239.
35 Louis Althusser: Ist es einfach, in der Philosophie Marxist zu sein? In: Ders.: Ideologie und ideologische Staatsapparate. Hamburg, Westberlin 1977, S. 51.
36 Étienne Balibar: Citizen Subject. In: Eduardo Cadava / Peter Connor / Jean-Luc Nancy (Hg.): Who Comes after the Subject? New York, London 1991, S. 55.

37 Vgl. Pierre-François Moreau: Le Récit utopique: droit naturel et roman de l'état. Paris 1981. https://journals.openedition.org/am/640 [28.7.2023].
38 Althusser: Ist es einfach, in der Philosophie Marxist zu sein? A. a. O., S. 51.
39 Vgl. Louis Althusser: Politique et histoire de Machiavel à Marx. Cours à l'École normale supérieure de 1955 à 1972. Paris 2006.
40 Vgl. Étienne Balibar: Von Charonne nach Vitry. In: Ders.: Die Grenzen der Demokratie. Hamburg 1993, S. 15–22.
41 Louis Althusser: Rousseau et ses prédécesseurs. III. Locke. In: Ders.: Politique et histoire de Machiavel à Marx. A. a. O., S. 290.
42 Althusser: Rousseau et ses prédécesseurs. II. Hobbes. In: Ders.: Politique et histoire de Machiavel à Marx. A. a. O., S. 262.
43 Vgl. C. B. Macpherson: Die politische Theorie des Besitzindividualismus. Von Locke zu Hobbes. Frankfurt/M. 1967.
44 Althusser/Balibar: Das Kapital lesen. Band 1. A. a. O., S. 84. Vgl. Warren Montag: On the Function of the Concept of Origin. In: Steven H. Daniel (Hg.): Current Continental Theory and Modern Philosophy. Evanston 2006, S. 148.
45 Étienne Balibar: Die Umkehrung des Besitzindividualismus. In: Ders.: Gleichfreiheit. Berlin 2012, S. 132.
46 Louis Althusser: Der Unterstrom des Materialismus der Begegnung. In: Ders.: Materialismus der Begegnung. Zürich 2010, S. 33.
47 Althusser/Balibar: Das Kapital lesen. Band 1. A. a. O., S. 134.
48 Louis Althusser: Lettre à Claire, 27 décembre 1956. Zitiert nach François Matheron: Présentation. In: Althusser: Politique et histoire de Machiavel à Marx. A. a. O., S. 16.
49 Vgl. Althusser: Rousseau et ses prédécesseurs. II. Hobbes. A. a. O., S. 268.
50 Vgl. Leo Strauss: Naturrecht und Geschichte. Stuttgart 1956. Vgl. auch Gilles Deleuze: Spinoza und das Problem des Ausdrucks in der Philosophie. München 1993, S. 225–240.
51 Vgl. Deleuze: Spinoza und das Problem des Ausdrucks. A. a. O., S. 228 f.
52 Althusser: Rousseau et ses prédécesseurs. II. Hobbes. A. a. O., S. 267.
53 Thomas Hobbes: Leviathan. Hg. von Hermann Klenner. Hamburg 1986, XIV, S. 108.
54 Louis Althusser: Hobbes (1971-1972). In: Ders.: Politique et histoire de Machiavel à Marx. A. a. O., S. 375.
55 Hobbes: Leviathan. A. a. O., XI, S. 81. Vgl. Macpherson: Die politische Theorie des Besitzindividualismus. A. a. O., S. 48–49.
56 Althusser: Rousseau et ses prédécesseurs. II. Hobbes. A. a. O., S. 265.
57 Hobbes: Leviathan. A. a. O., XIII, S. 107.
58 Althusser: Hobbes (1971-1972). A. a. O., S. 372.
59 Vgl. Hobbes: Leviathan. A. a. O., XIII, S. 105.
60 Thomas Hobbes: Vom Bürger. In: Ders.: Vom Menschen. Vom Bürger. Elemente der Philosophie. Band II/III. Hg. von Günter Gawlick. Hamburg 1994, I, 1, 2, S. 79.
61 Althusser: Rousseau et ses prédécesseurs. II. Hobbes. A. a. O., S. 269.
62 Althusser: Hobbes (1971-1972). A. a. O., S. 375 und 380.
63 Althusser: Rousseau et ses prédécesseurs. II. Hobbes. A. a. O., S. 266.
64 Althusser: Hobbes (1971-1972). A. a. O., S. 375.
65 Althusser: Rousseau et ses prédécesseurs. II. Hobbes. A. a. O., S. 265–267.
66 Althusser: Hobbes (1971-1972). A. a. O., S. 377.
67 Althusser: Rousseau et ses prédécesseurs. II. Hobbes. A. a. O., S. 267–268.
68 Vgl. ebd., S. 265–280.
69 Althusser: Hobbes (1971-1972). A. a. O., S. 374.
70 Althusser: Rousseau et ses prédécesseurs. II. Hobbes. A. a. O., S. 266.
71 Hobbes: Leviathan. A. a. O., XIII, S. 102.

72 Althusser: Rousseau et ses prédécesseurs. II. Hobbes. A. a. O., S. 266.
73 Althusser: Hobbes (1971-1972). A. a. O., S. 379–380.
74 Hobbes: Leviathan. A. a. O., XIII, S. 104.
75 Althusser: Rousseau et ses prédécesseurs. II. Hobbes. A. a. O., S. 276 und 278.
76 Alexandre Matheron: La fonction théorique de la démocratie chez Spinoza und Hobbes. In: Ders.: Études sur Spinoza et les philosophies de l'âge classique. Lyon 2011, S. 160.
77 Vgl. Carl Schmitt: Der Leviathan in der Staatslehre des Thomas Hobbes. Sinn und Fehlschlag eines politischen Symbols. Stuttgart 1982, S. 48.
78 Althusser: Hobbes (1971-1972). A. a. O., S. 388. Vgl. Hobbes: Vom Bürger. A. a. O., XII, S. 198–199.
79 Althusser: Rousseau et ses prédécesseurs. II. Hobbes. A. a. O., S. 278.
80 Vgl. Hobbes: Vom Bürger. A. a. O., VII, 16, S. 156.
81 Althusser: Rousseau et ses prédécesseurs. II. Hobbes. A. a. O., S. 278.
82 Ebd., S. 278–279.
83 Vgl. Hobbes: Leviathan. A. a. O., XVI, S. 134–139.
84 Althusser: Ideologie und ideologische Staatsapparate. A. a. O., S. 84.
85 Althusser: Hobbes (1971-1972). A. a. O., S. 387.
86 Althusser: Rousseau et ses prédécesseurs. II. Hobbes. A. a. O., S. 279–280.
87 Althusser: Hobbes (1971-1972). A. a. O., S. 392.
88 Vgl. Anthony Pagden: Lords of All the World: Ideologies of Empire in Spain, Britain, and France, c. 1500–c.1800. New Haven 1995. Vgl. zudem Carole Pateman: The Settler Contract. In: Charles Mills / Dies.: Contract and Domination. Cambridge, Malden 2007, S. 35–78; oder auch Richard Tuck: The Rights of War and Peace. Political Thought and the International Order from Grotius to Kant. Oxford 1999, S. 51–77.
89 Vgl. Charles Mills: The Racial Contract. Ithaca, London 1997.
90 Vgl. Jason Moore: Über die Ursprünge unserer ökologischen Krise. In: Prokla. Heft 185, 46. Jg. (2016), S. 599–620.
91 Vgl. Noel Malcolm: Hobbes, Sandys, and the Virginia Company. In: The Historical Journal. Heft 2, 24. Jg. (1981), S. 297–321. Vgl. zudem Alan Taylor: American Colonies. The Settling of North America. London, New York 2001, S. 118–137.
92 Malcolm: Hobbes, Sandys, and the Virginia Company. A. a. O., S. 301.
93 Vgl. Wesley Frank Craven: The Dissolution of the London Company for Virginia. In: The American Historical Review. Heft 1, 37. Jg. (1931), S. 14–24.
94 Vgl. Peter Linebaugh / Marcus Rediker: Die vielköpfige Hydra. Die verborgene Geschichte des revolutionären Atlantiks. Berlin, Hamburg 2008, S. 70–75.
95 Hobbes: Leviathan. A. a. O., XXX, S. 294.
96 Vgl. Eric Williams: Capitalism and Slavery. Chapel Hill 1945, S. 9–19; sowie Virginia Bernhard: Slaves and Slaveholders in Bermuda, 1616–1782. Columbia, London 1999, S. 49.
97 Vgl. Orlando Patterson: Slavery and Social Death. A Comparative Study. Cambridge 1982.
98 Taylor: American Colonies. A. a. O., S. 123.
99 Rita Segato: Wider die Grausamkeit. Für einen feministischen und dekolonialen Weg. Wien, Berlin 2021, S. 15.
100 Vgl. Nicholas Canny: The Ideology of English Colonization: From Ireland to America. In: The William and Mary Quarterly. Heft 4, 30. Jg. (1973), S. 575–698; sowie David Armitage: The Ideological Origins of the British Empire. Cambridge 2004, S. 24–60.
101 Letter to Governor and Council in Virginia, August 1, 162. Zitiert nach Srinivas Aravamudan: Hobbes and America. In: Daniel Carey / Lynn Festa (Hg.): The Postcolonial Enlightenment. Eighteenth Century Colonialism and Postcolonial Theory. Oxford 2009, S. 50.
102 Matthew Kruer: Red Albion: Genocide and English Colonialism, 1622–1646. Master Thesis. https://scholarsbank.uoregon.edu/xmlui/bitstream/handle/1794/10306/Kruer_Matthew_ma2009sp.pdf [31.7.2023], S. 49.

103 Hobbes: Leviathan. A. a. O., XXIV, S. 214.
104 Vgl. Tuck: The Rights of Peace and War. A. a. O., S. 47–50.
105 Hobbes: Vom Bürger. A. a. O. Widmung an Se. Exz. den Grafen Wilhelm von Devonshire, S. 61.
106 Ebd., S. 59.
107 Zur Naturzuständlichkeit zwischenstaatlicher Kriege vgl. Thomas Hobbes: Naturrecht und Staatsrecht in den Anfangsgründen. Hg. u. eingel. von Ferdinand Tönnies. Berlin 1926, II. Teil, X, 10, S. 211.
108 Hobbes: Leviathan. A. a. O., XIII, S. 106.
109 Hobbes: Vom Bürger. A. a. O., I, 13, S. 84.
110 Srinivas Aravamudan: Hobbes and America. A. a. O., S. 55.
111 Ter Ellington: The Myth of the Noble Savage. Berkeley 2005, S. 26.
112 Hobbes: Leviathan. A. a. O., XIII, S. 105.
113 Francisco de Vitoria: De indis. In: Ders.: Vorlesungen II. Völkerrecht, Politik, Kirche. Hg. von Ulrich Horst / Heinz-Gerhard Justenhoven / Joachim Stüben. Stuttgart 1997, V, 2.
114 Hobbes: Leviathan. A. a. O., XIII, S. 106.
115 Ebd., XVII, S. 142; und Hobbes: Vom Bürger. A. a. O., V, 2, S. 125.
116 Englische Städte wie Norwich zählten zur gleichen Zeit 15.000, Bristol 12.000 und York 11.000 Einwohner*innen. Vgl. Tuck: The Rights of War and Peace. A. a. O., S. 120.
117 Hobbes: Leviathan. A. a. O., XX, S. 173.
118 Ebd., XX, S. 168.
119 Aravamudan: Hobbes and America. A. a. O., S. 55.
120 Vgl. Norberto Bobbio: Thomas Hobbes and the Natural Law Tradition. Chicago, London 1993, S. 13–18.
121 Hobbes: Naturrecht und allgemeines Staatsrecht in den Anfangsgründen. A. a. O., II, 4, 10, S. 157.
122 Hobbes: Leviathan. A. a. O., XX, S. 168 und 171.
123 Ebd., X, S. 78.
124 Matthieu Renault: L'Amérique de John Locke. L'expansion coloniale de la philosophie européenne. Paris 2014, S. 11.
125 Carl Schmitt: Der Nomos der Erde im Völkerrecht des Jus Publicum Europaeum. Berlin 1974, S. 67.
126 Reinhart Koselleck: Kritik und Krise. Eine Studie zur Pathogenese der bürgerlichen Welt. Frankfurt/M. 1973, S. 171. Schmitt selbst benutzt im *Der Nomos der Erde* den Begriff der »Entlastung« (S. 62).
127 Schmitt: Der Nomos der Erde. A. a. O., S. 66.
128 Hobbes: Vom Bürger. A. a. O., V, 2, S. 124.
129 Schmitt: Der Nomos der Erde. A. a. O., S. 66.
130 Ebd., S. 67.
131 Ebd., S. 62.
132 Hobbes: Leviathan. A. a. O., XVII, S. 145.
133 Mary Nyquist: Arbitrary Rule. Slavery, Tyranny, and the Power of Life and Death. Chicago 2013, S. 295–296.
134 Hobbes: Leviathan. A. a. O., XX, S. 170.
135 Giorgio Agamben: Homo sacer. Die souveräne Macht und das nackte Leben. Berlin 2002, S. 98.
136 Aravamudan: Hobbes and America. A. a. O., S. 45.
137 Quentin Skinner: Hobbes and Republican Liberty. Cambridge 2008, S. 98.
138 Vgl. z. B. Philip Manow: Politische Ursprungsphantasien. Der Leviathan und sein Erbe. Konstanz 2011, S. 55–79.

139 Anne McClintock: Imperial Leather: Race, Gender and Sexuality in the Colonial Context. London, New York 1995, S. 22
140 Vgl. Merral L. Price: Consuming Passions. The Uses of Cannibalism in Late Medieval and Early Modern Europe. London, New York 2003, S. 102.
141 Aravamudan: Hobbes and America. A. a. O., S. 55.
142 Pierre Clastres: Archäologie der Gewalt. Zur Rolle des Kriegs in primitiven Gesellschaften. Berlin, Zürich 2008, S. 31.
143 Ebd., S. 77–79.
144 Vgl. Pierre Clastres: Staatsfeinde. Studien zur politischen Anthropologie. Konstanz 2020, 145–168.
145 Clastres: Archäologie der Gewalt. A. a. O., S. 120.
146 Ebd., S. 73.
147 Gilles Deleuze / Félix Guattari: Tausend Plateaus. Kapitalismus und Schizophrenie. Berlin 1992, S. 490.
148 Vgl. Carole Pateman: God Hath Ordained to Man a Helper. Hobbes, Patriarchy, and Conjugal Right. In: British Journal of Political Sciences. Heft 4, 19. Jg. (1989), S. 451–458; sowie dies.: The Sexual Contract. Oxford 1988, S. 48–50.
149 Hobbes: Leviathan. A. a. O., XX, S. 170.
150 Hobbes: Vom Bürger. A. a. O., IX, 3, S. 167.
151 Ebd., IX, 3, S. 167.
152 Ebd., IX, 5, S. 168.
153 Vgl. Jennifer L. Morgan: Partus sequitur ventrem: Law, Race, and Reproduction in Colonial Slavery. In: Small Axe. Heft 1, 22. Jg. (2018), S. 1–17.
154 Saidiya Hartman: Der Bauch der Welt. Eine Anmerkung zu den Arbeiten schwarzer Frauen. In: Dies.: Diese bittere Erde (ist womöglich nicht, was sie scheint). München 2022, S. 74. Vgl. auch Hortense Spillers: Mama's Baby, Papa's Maybe. In: Diacritics. Heft 2, 17. Jg. (1987), S. 64–81.
155 Hartman: Der Bauch der Welt. A. a. O., S. 74 und 65.
156 Vgl. Warren Montag: Locke et le concept d'inhumain. In: Multitudes. Heft 33 (2008), S. 79–90.
157 Louis Althusser: Eine Anmerkung zur politischen Philosophie John Lockes. In: Ders.: Machiavelli, Montesquieu, Rousseau. Zur politischen Philosophie der Neuzeit. Berlin 1987, S. 180 und 182.
158 Vgl. Brenna Bhandar: Colonial Lives of Property. Law, Land, and Racial Regimes of Ownership. London, Durham 2018, S. 5–17.
159 Althusser: Rousseau et ses prédécesseurs. III. Locke. A. a. O., S. 281.
160 John Locke: Zweite Abhandlung über die Regierung. Kommentar von Ludwig Siep. Studienbibliothek. Frankfurt/M. 2007, VI, 1, S. 12. Vgl. Althusser: Rousseau et ses prédécesseurs. III. Locke. A. a. O., S. 283.
161 Locke: Zweite Abhandlung. A. a. O., I, 1, S. 12. Vgl. Althusser: Rousseau et ses prédécesseurs. III. Locke. A. a. O., S. 283.
162 Althusser: Rousseau et ses prédécesseurs. III. Locke. A. a. O., S. 284.
163 Locke: Zweite Abhandlung. A. a. O., II, 6, S. 14.
164 Vgl. Althusser: Eine Anmerkung zur politischen Philosophie John Lockes. A. a. O., S. 179.
165 Althusser: Rousseau et ses prédécesseurs. III. Locke. A. a. O., S. 288.
166 Althusser: Eine Anmerkung zur politischen Philosophie John Lockes. A. a. O., S. 177.
167 Zur *ideology of improvement* vgl. Bhandar: Colonial Lives of Property. A. a. O., S. 8 und 33–76; aber auch Neal Wood: John Locke and Agrarian Capitalism, Berkeley, Los Angeles 1984. Zum *war on waste* vgl. Mark Neocleous: War Power, Police Power. Edinburgh 2014, S. 60–74.

168 Locke: Zweite Abhandlung. A. a. O., V, 28, S. 31.
169 Althusser: Rousseau et ses prédécesseurs. III. Locke. A. a. O., S. 284.
Vgl. Louis Althusser: Eine Anmerkung zur politischen Philosophie John Lockes. A. a. O., S. 295.
170 Locke: Zweite Abhandlung. A. a. O., VII, 94, S. 80 und XI, 138, S. 115.
171 Althusser: Rousseau et ses prédécesseurs. III. Locke. A. a. O., S. 295.
172 Locke: Zweite Abhandlung. A. a. O., V, 44, S. 43.
173 Althusser: Rousseau et ses prédécesseurs. III. Locke. A. a. O., S. 295, Herv. i. O. Althusser zitiert hier Locke.
174 Vgl. John Locke: Versuch über den menschlichen Verstand. Band I: Buch I und II. Hamburg 2006, insbesondere das XXVII. Kapitel: Über Identität und Verschiedenheit, S. 410–437.
175 Locke: Zweite Abhandlung. A. a. O., IX, 123, S. 103.
176 Warren Montag: A Parallelism of Consciousness and Property. Balibar's Reading of Locke. In: Ders. / Hanan Elsayed (Hg.): Balibar and the Citizen Subject. Edinburgh 2017, S. 160.
177 Étienne Balibar: Identity and Difference. John Locke and the Invention of Consciousness. London, New York 2013, S. 72.
178 Locke: Zweite Abhandlung. A. a. O., V, 28, S. 31.
179 Stefano Harney / Fred Moten: Allseits unvollkommen. Plantokratie und schwarzes Studium. Wien 2023, S. 21.
180 Althusser: Rousseau et ses prédécesseurs. III. Locke. A. a. O., S. 295
181 Vgl. Locke: Zweite Abhandlung. A. a. O., V, 28, S. 31.
182 Vgl. Marcus Tullius Cicero: De officiis. Vom pflichtgemäßen Handeln. Hg. v. Heinz Gunermann. Stuttgart 1984, I, 21. Vgl. Manfred Brocker: Arbeit und Eigentum. Der Paradigmenwechsel in der neuzeitlichen Eigentumstheorie. Darmstadt 1992, S. 30–124.
183 Zu vorschreibendem und erlaubendem Naturrecht vgl. Brocker: Arbeit und Eigentum. A. a. O., S. 47.
184 Althusser: Rousseau et ses prédécesseurs. III. Locke. A. a. O., S. 295.
185 Vgl. Birger P. Priddat: Eigentum, Arbeit, Geld: Zur Logik einer Naturrechtsökonomie bei John Locke. In: Michaela Rehm / Bernd Ludwig (Hg.): John Locke: Zwei Abhandlungen über die Regierung. Berlin 2012, S. 79–94, hier: S. 81–82.
186 Locke: Zweite Abhandlung. A. a. O., V, 31, S. 33.
187 Ebd., V, 27, S. 30.
188 Vgl. Macpherson: Die politische Theorie des Besitzindividualismus. A. a. O., S. 225.
189 Locke: Zweite Abhandlung. A. a. O., V, 32, S. 33.
190 Althusser: Rousseau et ses prédécesseurs. III. Locke. A. a. O., S. 296.
191 Locke: Zweite Abhandlung. A. a. O., V, 37, S. 37.
192 Vgl. ebd., V, 41, S. 41.
193 Ebd., V, 46, S. 45.
194 Macpherson: Die politische Theorie des Besitzindividualismus. A. a. O., S. 233 und 231.
195 Althusser: Rousseau et ses prédécesseurs. III. Locke. A. a. O., S. 296.
196 Vgl. James Tully: An Approach in Political Philosophy. Locke in Context. Cambridge 1993, S. 139.
197 Locke: Zweite Abhandlung. A. a. O., V, 26, S. 30.
198 Ebd., V, 37, S. 38.
199 Ebd., V, 41, S. 41.
200 Ebd., V, 34, S. 34.
201 Ebd., V, 32, S. 33.
202 Locke: Erste Abhandlung. A. a. O., IV, 41, S. 98.
203 Locke: Zweite Abhandlung. A. a. O., V , 35, S. 35.
204 Ebd., V, 34, S. 34.
205 Ebd., V, 36, S. 37.

206 Vgl. George Caffentzis: Clipped Coins, Abused Words, and Civil Government: John Locke's Philosophy of Money. New York 1989, S. 118–119.
207 Locke: Zweite Abhandlung. A. a. O., V, 37, S. 38.
208 Vgl. Fußnote 90.
209 Locke: Zweite Abhandlung. A. a. O., V, 43, S. 42, Herv. i. O.
210 Vgl. Birger P. Priddat: Ökonomie und/oder Natur. Zur Abschätzung ökonomischer Reichweiten ökologischer Ideen. Schriftenreihe des Instituts für Ökologische Wirtschaftsforschung (IÖW). Berlin 1988, S. 20–23.
211 Locke: Zweite Abhandlung. A. a. O., V, 43, S. 42.
212 Onur Ulas Ince: Colonial Capitalism and the Dilemmas of Liberalism. Oxford 2018, S. 54.
213 Vgl. The Fundamental Constitutions of Carolina (1669). https://avalon.law.yale.edu/17th_century/nc05.asp [3.8.2023]: »One hundred and ten. Every freeman of Carolina shall have absolute power and authority over his [n-] slaves, of what opinion or religion soever.«
214 Vgl. Robert Bernasconi / Anika Maaza Mann: The Contradictions of Racism: Locke, Slavery, and the Two Treatises. In: Andrew Valls (Hg.): Race and Racism in Modern Philosophy. Ithaca 2005, S. 90–91.
215 Althusser: Rousseau et ses prédécesseurs. III. Locke. A. a. O., S. 289.
216 Tuck: The Rights of War and Peace. A. a. O., S. 82.
217 Althusser: Rousseau et ses prédécesseurs. III. Locke. A. a. O., S. 287.
218 Locke: Zweite Abhandlung. A. a. O., II, 7, S. 15.
219 Althusser: Rousseau et ses prédécesseurs. III. Locke. A. a. O., S. 281.
220 Ebd., S. 288–289.
221 Locke: Zweite Abhandlung. A. a. O., III, 16, S. 22.
222 Ebd., II, 11, S. 18.
223 Ebd., III, 18, S. 23-24.
224 Ebd., II, 10, S. 17 und III, 16, S. 22.
225 Ebd., II, 16, S. 22.
226 Ebd., II, 8, S. 16.
227 Elsa Dorlin: Selbstverteidigung. Eine Philosophie der Gewalt. Berlin 2020, S. 113.
228 John Locke: Zwei Abhandlungen über die Regierung. Frankfurt/M. 1977, I, XI, 130, 131, S. 171.
229 Vgl. Locke: Zweite Abhandlung. A. a. O., II, 9, S. 17. Vgl. Althusser: Rousseau et ses prédécesseurs. III. Locke. A. a. O., S. 287.
230 Locke: Zweite Abhandlung. A. a. O., IV, 23, S. 28.
231 Althusser: Rousseau et ses prédécesseurs. III. Locke. A. a. O., S. 290.
232 Locke: Zweite Abhandlung. A. a. O., IV, 23, S. 27 f.; XV, 172, S. 140 sowie XV, 173, S. 141.
233 Bernasconi/Mann: The Contradictions of Racism. A. a. O., S. 95–101.
234 Locke: Zweite Abhandlung. A. a. O., IV, 24, S. 24.
235 Althusser: Rousseau et ses prédécesseurs. III. Locke. A. a. O., S. 290.
236 Für eine Einführung in nicht-autonome Politikverständnisse aus dekolonialer und antirassistischer Perspektive vgl. Çiğdem Inan: Affekttheoretische Perspektiven auf Rassismus. In: Nationaler Diskriminierungs- und Rassismusmonitor (Hg.): Rassismusforschung I. Theoretische und interdisziplinäre Perspektiven. Bielefeld 2023, S. 192–229.
237 Vgl. Althusser: Der Unterstrom des Materialismus der Begegnung. A. a. O., S. 52. Althusser bezeichnet hier das Kapitel über die ursprüngliche Akkumulation als »eigentliches Herzstück« des *Kapital*.
238 Ebd., S. 53.

Louis Althusser und der Prozess als Bühne

Von Laurent de Sutter

§ 1

Als Giorgio Strehler gemeinsam mit Paolo Grassi beschloss, in einem kleinen Raum in der Via Rovello 2 in der Mailänder Innenstadt ein Theater zu errichten, war er kaum 25 Jahre alt. Der Krieg war soeben zu Ende gegangen und mit ihm die langen Jahre der politischen und ästhetischen Kompromisse, die eine Erneuerung des italienischen Theaters unmöglich gemacht hatten. Mit dem Piccolo Teatro schlugen Strehler und Grassi schließlich eine Art Renaissance vor: Dank ihnen trat das italienische Theater in die Moderne ein, der es sich so lange verweigert hatte. Diese Moderne war zunächst eine des Ortes [lieu] – dieses kleine Zimmer mit fünfhundert Plätzen, das trotz seiner Enge die allererste ortsfeste [*installé* (c'est-à-dire fixe, *stabile*)] Spielstätte Italiens war. Bis zur Eröffnung des Piccolo Teatro bestand das italienische Theater aus Schauspieltruppen, die sich von Stadt zu Stadt und von Saal zu Saal bewegten, ohne jemals einen festen Sitz zu haben. Strehler und Grassi änderten das – so wie sie seit der Uraufführung ihrer ersten Inszenierung (Maxim Gorkis *Nachtasyl* [1902], im Mai 1947) die Sprache des Theaters änderten. Wie die Theaterwissenschaftler Christian Biet und Christophe Triau hervorgehoben haben, bildet Strehlers Kunst einen Ausweg aus der Idee des »totalen Theaters«, die von Antonin Artaud stammt und von der gesamten französischen Avantgarde übernommen wurde.[1] Im Gegensatz dazu ist Strehlers Theater ein integrales oder auch ein analytisches Theater: eines, das den *Sondercharakter* [caractère *distinct*] jedes seiner Elemente betont. Autor, Schauspieler, Bühne und Zuschauer sind hier lauter Allerweltsdinge [items conventionnels]; die ganze Inszenierungskunst zielt darauf ab, sie durch Zulassen ihres Allerweltscharakters [caractère conventionnel] in ein Beziehungsgeflecht zu bringen [en construire le réseau de relations]. Aus diesem Grund sprechen Biet und Triau in Bezug auf Strehlers Werk von »relativer Totalität« – von einem *Totum* [*totum*] von Beziehungen zwischen besonderen [distingués] und eigenständigen [autonomes] Elementen.[2] Das Theater, so Strehler, sei kein abgeschottetes Ganzes [tout], sondern eine offene Konstellation, und deren Öffnung auch eine Bewegung hin zu allem, was kein Theater ist. Diese Bewegung, die Strehler von Brecht gelernt hatte und die ihm stets am Herzen lag, beinhaltete zumindest einen Aspekt, der Louis Althusser nicht verborgen bleiben konnte: den *politischen* Aspekt.

§ 2

Im Juli 1962, bei der Aufführung von Carlo Bertolazzis *El nost Milan* (1893), präsentiert vom Picollo Teatro im Théâtre des Nations, entdeckte Althusser Strehlers Inszenierungsprinzipien. Der eisige Empfang, der diesem Ereignis bereitet wurde und von dem die Medien von *Le Monde* bis *Combat* berichteten, drängte Althusser zu einem Text, der in der Dezemberausgabe der *Esprit* erschien. In einem Brief an seine italienische Übersetzerin, Franca Madonia, vom 30./31. Juli bekundet er seine Begeisterung, diesen Text sich mehr und mehr entwickeln, ja zu einem »kleinen Denkmal«[3] werden zu sehen. Bernard Dort, so erklärt er, habe es aufgegeben, einen Artikel für seine eigene Zeitschrift zu schreiben: »Er ist nicht mehr in der Lage, irgendetwas über das Stück zu schreiben ... Ich habe es ihm gestohlen!«[4] Althusser geht sogar so weit, diesen Beitrag in seiner Wichtigkeit mit seinem ein Jahr zuvor erschienenen Text Über den jungen Marx (*Sur le jeune Marx*) zu vergleichen, der bereits zu einem Referenzwerk geworden war: »Jetzt zählt er zu den Klassikern ...«[5]

Ebenso wie dieser wird auch der Artikel über *El nost Milan*, unter dem Titel *Das »Piccolo Teatro« – Bertolazzi und Brecht (Bemerkungen über ein materialistisches Theater)* (*Le «Piccolo», Bertolazzi et Brecht [Notes sur un théâtre matérialiste]*), 1966 in der ersten Ausgabe von *Für Marx* (*Pour Marx*)[6] erscheinen. Viele Jahre später wird Étienne Balibar im Vorwort einer Neuauflage des Sammelbandes den Text über *El nost Milan* als das »wahre geometrische Zentrum des Buches«[7] bezeichnen. Er wird jedoch hinzufügen, dass es sich um einen Text handelt, »der auch als ›gestohlener Brief‹ [›lettre volée‹] erscheint, in dem Sinne, dass niemand ihn als solchen liest, vielleicht aus dem beschämenden Grund, dass es um Ästhetik und Theater geht«[8]. Doch geht es in dem Artikel bei Weitem nicht nur darum, wie Zuschauer durch ein Werk unterhalten oder verführt werden, es geht auch um die politischen Anliegen von Strehlers Inszenierung. Indem Althusser diese Anliegen erkannte und gegen die damalige Presse bemüht war, ihnen zu ihrer vollen Geltung zu verhelfen, leitete er etwas ein, was sich später zu einer langen und fruchtbaren Freundschaft entwickeln sollte. Er schickte seinen Artikel an Strehler und begann eine Korrespondenz mit Grassi, bevor er Letzterem im Juni 1967 bei einer Aufführung von *Die Riesen vom Berge* (*I giganti della montagna*, 1937) von Luigi Pirandello[9] begegnete.

§ 3

Die in den *Bemerkungen über ein materialistisches Theater* entwickelte Hauptthese lässt sich in wenigen Worten zusammenfassen: Das politische Problem des Theaters ist das Problem des Bewusstseins [conscience]. Bertolazzi erzählt in seinem Stück davon, wie ein junges Zirkusmädchen die Schönheit entdeckt, von einem bösen Jungen verdorben wird und wie der Vater sich an diesem rächt. Doch Bertolazzi gibt dieser banalen Geschichte ein unerwartetes Ende: Als der Vater seiner Tochter verrät, dass er derjenige ist, der sie von dem Rüpel befreit hat, wendet sie sich gegen ihn. Hat sie doch von dem Rüpel gelernt, dass die Schönheit und das, was sie umgibt, Mythen sind, die der Welt des Geldes und des Vergnügens fremd sind, nach der sie nun strebt – eine Welt, die sie als die Welt der wahren Freiheit ansieht. Der bemerkenswerte Zug von Strehlers Inszenierung war für Althusser der Versuch, aus dieser für die bürgerliche Moral so unerwarteten Wendung [revirement] die Konsequenzen zu ziehen. Unter Rückgriff auf Brechts Lehren hatte Strehler diese Wendung als den einzig würdigen Schluss dargestellt. Auf die von der bürgerlichen Moral geforderte Versöhnung oder Verurteilung des aufmüpfigen jungen Mädchens hatte er verzichtet. Für Althusser war diese amoralische Wahl gleichbedeutend mit einer Gehorsamsverweigerung gegenüber den Codes des Melodrams, gleichbedeutend mit einer grundsätzlichen Aufgabe der Kategorien des bürgerlichen Bewusstseins zugunsten von Kategorien eines anderen, diesem fremden Bewusstseins. Es gab im bürgerlichen Melodram eine seltsame Dialektik, die jeden Widerspruch zwischen den Bewusstseinsformen unmöglich machte – eine Dialektik ohne Dialektik, eine »Dialektik der Leere, die von der realen Welt für immer abgeschnitten ist«[10]. Indem Strehler sich weigerte, das Verhalten des Mädchens moralisch zu chiffrieren, und es einfach *darstellte* [*présenter*], vollzog er eine Zwangsdialektisierung des bürgerlichen Melodrams. Plötzlich brach in seiner Inszenierung eine Figur mit der zirkulären Mechanik der bürgerlichen Lesart des Verhaltens derer, die nicht bürgerlich sind: der Arbeiter oder Proletarier. Diese Figur schuf dort eine Form des Widerspruchs, wo jede Möglichkeit dazu im Namen der hergebrachten Codes des Melodrams im Voraus ausgeschlossen war. In Strehlers Inszenierung setzte das junge Mädchen der bürgerlichen Theatralik [mythes théâtraux de la bourgeoisie] einen wirklichen Widerspruch entgegen, der ihren mythischen – sprich ideologischen – Charakter offenlegte.

§ 4

Doch Althusser begnügte sich nicht damit, die dem bürgerlichen Melodram inhärente ideologische Dimension bloß festzustellen. Die Analyse von Strehlers Inszenierung brachte ihn dazu, einen Schritt weiterzugehen, den Schritt von der Kritik eines Genres zur Kritik einer *Struktur*: von der Kritik des Melodrams, zu der Bertolazzi seine Vorschläge gemacht hatte, zur Kritik des Theaters selbst. Wie Althusser sagte, lag die Stärke von Strehlers Geste darin, die »latente Struktur« sichtbar zu machen, um die sich die von Bertolazzi ausgedachte Geschichte rankte.[11] Wo das bürgerliche Melodram die Unmöglichkeit jeglichen Widerspruchs organisierte, da manifestierte sich bei Strehler die Spiegelbildlichkeit [caractère spéculaire] allen Theaterspiels. Ein Stück wie das von Bertolazzi anzusehen und sich daran zu ergötzen, wie das Bewusstsein einer Klasse dem einer anderen aufgedrückt wird, ist nichts anderes, erklärte Althusser, als sich selbst anzuschauen. »Die Aufführung« [spectacle], so schrieb er, »ist im Grunde die Gelegenheit zur kulturellen und ideologischen Wiedererkennung [reconnaissance]«, das heißt die Gelegenheit zur *Repräsentation* [*représentation*] einer Welt vor den Augen derjenigen, die diese Welt bilden.[12] Strehlers Genie bestand also darin, diese Aporie der Repräsentation hinzunehmen und ihr mit dem Versuch entgegenzutreten, eine Präsentation [présentation] zu inszenieren – die des jungen Mädchens, das die Mythen seines Vaters ablehnt. Diese Präsentation sollte die Aporie jedoch nicht auflösen; sie sollte durch das Aufzeigen der Aporie beim Zuschauer eine Veränderung des Bewusstseins bewirken. Anstatt auf ihn intellektuell einzuwirken – was bei Brecht erreicht wird, indem das Schauspiel auf Distanz gehalten wird (was jeden Zuschauer auf sein eigenes Bewusstsein zurückwirft) –, setzte Strehler darauf, den Zuschauer spürbar zu erschüttern. Althusser erklärte, das Stück müsse seinen eigenen Zuschauer hervorbringen – einen neuen Zuschauer, der, wie der Mensch bei Marx, dem Menschen, der er beim Eintritt in das Theater war, nichts mehr schuldet.[13] Genau das hatte Strehler in seiner Inszenierung von *El nost Milan*, zum großen Missfallen der Intellektuellen seiner Zeit, beim Publikum des Théâtre des Nations erreicht, angefangen bei Althusser selbst. Plötzlich brach das System der Wiedererkennung zusammen und ließ Raum [place] für eine Leere, in der keine Identifikation mehr möglich war, auch nicht in Form der Distanzierung.

§ 5

Fast sechs Jahre nach der Aufführung [représentation] von *El nost Milan* besuchte Althusser eine weitere Aufführung [spectacle] des Piccolo Teatro in Paris: eine Inszenierung von Carlo Goldonis *Diener zweier Herren* (*Il servitore di due padroni*, 1776). Am Tag nach dieser Aufführung [spectacle] schickte er an Grassi, den nunmehr alleinigen Leiter des Piccolo, einen Brief, in dem er von dem »außergewöhnlichen Eindruck« sprach, den Strehlers Arbeit erneut auf ihn gemacht habe.[14] Die am 6. März 1968 verschickte Nachricht las Strehler am 1. April 1968, anlässlich einer öffentlichen Diskussion, zu der Althusser eingeladen worden war und die in Mailand, am Sitz des Vereins der Freunde des Teatro, stattfand. Althusser selbst hatte für diesen Anlass einen Vortrag geplant, um die Thesen aus seinen *Bemerkungen über ein materialistisches Theater* zu vertiefen. Der Vortragstext wurde jedoch erst 1996 unter dem Titel *Sur Brecht et Marx* endlich veröffentlicht: Es scheint, als hätte Althusser ihn weder abgeschlossen noch vorgetragen.[15] Die Frage nach der Schaffung eines neuen Zuschauers, mit der die *Bemerkungen* schlossen, nahm dort die Form einer Untersuchung zum Sujet [sujet] der »Umstellungen« [»déplacements«] an, die das Theater vornehmen müsse, um den neuen Zuschauer zu schaffen. Diese Umstellungen, so Althusser, sollten nicht nur die Ideologie des Theaters betreffen, sondern auch die Auffassung davon, was ein Stück ist, sowie die Technik der Schauspieler. Zum einen müsse die Theaterideologie die Zugehörigkeit des Theaters zur Kunst zu erkennen geben; zum anderen müsse das Zentrum der Stücke außerhalb ihrer selbst liegen; und schließlich müsse der Schauspieler sich von der Schauspielerei distanzieren, die von ihm erwartet wird. Kurzum, die verschiedenen Elemente der bürgerlichen Theatertradition müssten von den Sedimenten befreit werden, in denen diese sie verkrusten ließ.[16] Tatsächlich sollten diese drei von Brecht inspirierten Umstellungen allesamt eine ganz neu verknüpfte Beziehung zwischen dem Stück, der Inszenierung, den Schauspielern und dem Publikum anbieten, eine Verknüpfung, die darauf zielt, jedwede Identifikation aufzugeben.[17] Das heißt vor allem, diejenige Figur aufzugeben, die die verschiedenen Klauseln des Paktes vereint, durch den sich das Theater schon immer als bürgerliche Kunst behauptet hat: die Figur des Helden.[18]

§ 6

Obwohl er die Notwendigkeit, diese Figur aufzugeben, sehr deutlich machte, sagte Althusser in *Sur Brecht et Marx* nichts über die Figur, die den Helden ersetzen sollte – auch wenn diese Ersetzung gefordert war. Andererseits finden sich in seinem *Brief an Paolo Grassi* (*Lettre à Paolo Grassi*) hierzu einige Indizien, etwa in seinen Komplimenten an den Schauspieler Ferruccio Soleri, der unter Strehlers Regie den Harlekin spielte. Soleris Größe, so Althusser, rühre daher, dass er bei der Aufführung im Théâtre d'Aubervilliers die wahre Bedeutung des Schauspielerseins aufgedeckt habe. Ein Schauspieler sei derjenige, der *agiert*: derjenige, durch den das Theater den Bereich der reinen Repräsentation verlässt, um in den Bereich der Präsentation einzutreten, das heißt der *Praxis*.[19] Wenn es die Schaffung eines neuen Zuschauers gäbe, so könne dieser nur als neuer Schauspieler geschaffen werden, der eine neue Beziehung zwischen dem Publikum und der Bühne herstellt. Diese Praxis der Veränderung [transformation] sei im Bereich des Theaters die Praxis des Schauspielers als Schauspieler, das heißt als Akteur und nicht als *Interpret*. Sie gehört zum Versprechen der Weltveränderung, wie es von Marx niedergelegt wurde. Soleris Vitalität in der Rolle des Harlekins war für Althusser ein solcher Akt: Teil einer transformierenden statt interpretierenden Theaterpraxis. Tatsächlich war diese Vitalität mehr als eine Eigenschaft, die einer Rolle hinzugefügt wird; sie äußerte sich in der Rolle als eine Tugend an sich, als eine Idee. Soleris Harlekin war keine Rolle voller Vitalität, voller Antrieb, wie Harlekine sie immer spielen: Er *selbst* war Vitalität – er war Hunger und er war Sex.[20] So gesehen, führte das Handeln des Schauspielers eine jener »Umstellungen« in die

Vorstellung ein, von denen Althusser in Über Brecht und Marx spricht: Die dem Harlekin zugewiesene Stelle [place] wurde plötzlich leer.[21] Aber diese Umstellung, diese Entflechtung [décentrement] der Rolle des Harlekins in Goldonis Variation der Commedia dell'arte, war nicht nur ein negatives Manöver, nicht nur eine Ausflucht. Es ging nicht nur darum, diese Rolle aus den Codes der bürgerlichen Theateraufführung [représentation théâtrale bourgeoise] herauszulösen: Es ging darum, ihre neue Stellung [place] zu bestimmen – die Stellung derer, die keine Stellung haben, die Stellung des Volkes [peuple].

§ 7

Althussers Bewunderung für Strehlers Theater gilt daher der Stellung, die darin dem Volk vorbehalten war – einer Stellung, die nicht Gegenstand irgendeiner Repräsentation war. Soleris Harlekin repräsentierte nicht das Volk: Er begnügte sich damit, eine Rolle so zu verschieben, dass in der Struktur von Goldonis Stück eine Leere entsteht, die zu füllen unmöglich ist. Der Harlekin spielte nicht mehr die Rolle eines Helden, des ungestümen Helden einer italienischen Komödie, mit dem sich der Zuschauer hätte identifizieren oder von dem er sich hätte distanzieren können. Der Harlekin *wurde* zu diesem Hunger, der dem bürgerlichen Zuschauer unzugänglich bleibt – einem Hunger, dessen Offenbarung [manifestation] es diesem Zuschauer unmöglich machte, sich in dem Stück wiederzuerkennen, dessen »Aufführung« [«représentation»] er zusah. Die Stellung des Volkes, ganz wie die Logik des Wiedererkennens, wurde so zu einer strukturalen Frage: Es war die »latente Struktur« von Goldonis Stück, die Soleri (und Strehler) angriff(en). Sie definierte sich weder durch einen Inhalt noch durch eine Rhetorik, noch nicht einmal durch Zeichen, die erneut eine Klassenidentität nahegelegt hätten; im Gegenteil, sie definierte sich als *unidentisch* [*inidentique*]. Die Stellung des Volkes ist die Stellung, an der der Held seine Identität verliert – die Stellung, an der sich die dem Helden von den Codes der Aufführung [représentation] zugewiesene Identität in die strukturale Reinheit einer Umstellung auflöst. Ohne Stellung zu sein vor einem Publikum, das auf den Moment wartet, sich in einer Aufführung [représentation] wiederzuerkennen, bedeutet, ohne Identität zu sein – es bedeutet, eine Umstellung auszuführen gegenüber der Unterwerfungslogik, die jeder Identifikation eigen ist. Dies war der Moment, dem Althusser in Strehlers Inszenierungen nachspürte: der Moment, in dem ein Schauspieler an die Stelle der Repräsentation die Präsentation setzt und damit aufhört, die Rolle eines *Subjekts* zu spielen. In seinen verschiedenen Schriften über das Theater ebenso wie in seiner Korrespondenz darüber versucht Althusser kein einziges Mal, die Kategorien des Helden und des Subjekts einander anzunähern. Dennoch ist die Logik beider ähnlich: So wie der Polizist die Unterwerfung [assujettissement] desjenigen *performt*, den er anruft, so interpretiert der Schauspieler die Unterwerfung der Rolle, die er auf der Bühne verkörpert.[22] Die Herausforderung bestand also darin, für das Theater ein System der »Repräsentation« festzulegen, das diese Logik der Unterwerfung vereitelt und schließlich die Möglichkeit einer Praxis ohne Subjekt eröffnet.

§ 8

Von allen Denkern, die am sogenannten »philosophischen Moment der 1960er Jahre« teilhatten, war Althusser derjenige, für den sich die Notwendigkeit, dem Subjekt ein Ende zu setzen, am radikalsten zeigte.[23] Diese Radikalität wollte jedoch konkret werden: Es ging nicht darum, mit einem Konzept Schluss zu machen; es ging darum, die Praktiken zu transformieren, für die das Subjekt die Narbe und den Motor bildete. In diesem Punkt, wie in so vielen anderen, weigerte Althusser sich, von den Positionen Marx' abzuweichen, für den das Subjekt weniger ein philosophisches als vielmehr ein politisches, wirtschaftliches und rechtliches Problem war.[24] Die Verkehrung der Figur des Helden in ihr Gegenteil, als deren Vehikel das Theater gewirkt hatte, war so die Art und Weise, in der der Held in seiner konkretesten Praxis zur Entleerung [évacuation] des Subjekts schreiten konnte. Wenn jedoch der Wille, dem Subjekt ein Ende zu setzen, die Form einer skrupulösen Aufmerksamkeit für die spezifischen Anforderungen jeder einzelnen Praxis annahm, so bot die Praxis des Theaters hierfür dennoch so etwas wie ein Modell. Die Theaterpraxis der Umstellung in Bezug auf die Figur des Helden bot selbst, zumal sie (wie ein Schlag) auf die Struktur eines jeden Stücks wirkte, auch eine Art strukturaler Lektion. Das heißt, sie bot die struktural reinste Form dessen, was auch in anderen Bereichen und durch andere Praktiken hätte entstehen können, sobald es darum ging, dem Subjekt ein Ende zu setzen. *Ein Individuum musste seine Identifikation als Subjekt verweigern, indem es deren Umstellung produziert – eine Umstellung, die die Leere einer Stelle* [*place*] *offenbart, eine Leere, die sich als Stellung* [*place*] *des Volkes äußert.* Dies war die Lektion über Struktur, praktisch wie politisch (da jede Praxis, als Praxis, politisch ist), die das Theater bot und deren Isomorphie in anderen Bereichen beobachtet werden konnte. Unter den Praktiken, auf die Althusser das von ihm für das Theater entwickelte Modell anwandte, gab es eine, der er mehr Aufmerksamkeit widmete als den üblichen. Diese Praxis war die Praxis des Rechts. Oder besser gesagt: Es war die Praxis des Rechts, soweit dieses bei einem Prozess Gegenstand einer Art Inszenierung, einer Art Aufführung [représentation] war. In der Tat hatte Althusser Erfahrungen aus erster Hand: Er selbst hatte im Drama um den Tod seiner Lebensgefährtin Hélène Rytman eine zentrale Rolle gespielt, die er eines Abends im November 1980 erwürgt hatte.

§ 9

Seit dem Vorwort seiner Autobiografie *Die Zukunft hat Zeit* (*L'avenir dure longtemps*), die er mehrere Jahre nach diesem Ereignis abfasste, äußerte Althusser ein Bedauern, ja fast eine Qual darüber, dass er den Geschworenen entkommen war. Sein Verfahren wurde nämlich in Anwendung des Artikels 64 des Strafgesetzbuches von 1838 aus psychiatrischen Gründen eingestellt [ordonnance de non-lieu], was ihn daran hinderte, sich für seine Taten zu »verantworten«.[25] Für unzurechnungsfähig [irresponsable] erklärt, wurde Althusser in die psychiatrische Anstalt des Saint-Anne-Krankenhauses eingewiesen, dann in Choisy-le-Roi [Choisy], von wo aus er nach und nach seine Aktivitäten wieder aufnahm – zur Entrüstung einiger, darunter auch der Journalistin Claude Sarraute. In einem *Le Monde*-Artikel vom 14. März 1985 rief diese anlässlich des Erfolgs eines Buches, das der Täter Issei Sagawa über seinen kannibalistischen Mord an einer deutschen Studentin verfasst hatte, den »Fall« Althussers in Erinnerung. Sarrautes Vorwurf lässt sich in wenigen Worten zusammenfassen: »Das Opfer? Sie verdient keine drei Zeilen. Der Star ist der Täter [...]« – ein Argument, das später Eric Marty in einem bitterbösen Buch aufgreifen würde.[26] Dieser Vorwurf war es, der bei Althusser den Willen entfachte, sich für seine Taten zu verantworten, obwohl man ihm dies verwehrt hatte, und seine Autobiografie zu einer Art Ersatz für einen Prozess zu machen.[27] Was Sarraute Althusser im Wesentlichen vorwarf, war, der Star einer Seifenoper [feuilleton à sensation], der Held eines Stückes gewesen zu sein, dessen Ausgang sie, Sarraute, nicht zufriedenstelle und nicht zufriedenstellen konnte. Indem die Journalistin jedoch darauf hinwies, dass in einem Prozess der »Star der Täter ist«, wies sie auf so etwas wie die Wahrheit des Prozesses hin: *Der Prozess ist Theater.* Übrigens ist es zu einem völlig banalen Sprachreflex geworden, das Gericht mit einem Theater [salle de spectacle], die Verhandlung mit einer Aufführung [représentation] und ihre Protagonisten mit Schauspielern zu vergleichen.[28] Wenn Sarrautes Vorwurf ins Schwarze traf, dann deshalb, weil auch Althusser sich dieser Wahrheit vollkommen bewusst war – aber die Art und Weise, in der er Repräsentant der Gerichtsaufführung war, konnte er nicht ertragen. Es war ihm nämlich etwas vorenthalten worden: Althusser hatte kein *Publikum*, vor dem er sich hätte verantworten, keine Zuschauer, denen er sich anders als ein – wenn auch böser – Held hätte präsentieren können. Althusser war ein »Subjekt ohne Prozess« gewesen, wohingegen er sich die Chance gewünscht hätte, Schauspieler in einem *Prozess ohne Subjekt* zu sein.

§ 10

Es gab zwei Gründe für Althussers Wunsch, sich vor einem Publikum erklären zu können: Einer lag in der Figur des Subjekts, der andere in der Notwendigkeit, dem

Gemunkel ein Ende zu setzen. Tatsächlich ist die Hauptwirkung eines Urteils, erklärte er in *Die Zukunft hat Zeit*, dass es das Gerede beendet. Ist über Schuld oder Unschuld einmal entschieden, ist es nicht mehr zulässig, diese Frage wieder aufzugreifen.[29] Aber es handelt sich hier um einen mechanischen Effekt, der zu der Welt gehört, von der Althusser wollte, dass in ihr der Prozess zugleich das Urteil sei – diese Welt, die ihr juridisches Zentrum zur Figur des Rechtssubjekts macht. Da er vor seiner möglichen Verurteilung bei einer psychiatrischen Begutachtung als »wahnsinnig« [»déments«] klassifiziert wurde, konnte Althusser seinen Prozess nicht zur Bühne für die von ihm gewünschte Umstellung machen. Eine solche Klassifizierung ist in der Tat eine furchtbare Hinterlist: Das Subjekt wird bei seinem Gegenteil gefasst, um sein Subjektsein, ja seine Unterwerfung zu besiegeln. Denn was ist ein »Wahnsinniger«, wenn nicht ein Super-Subjekt, ein Subjekt, das so unterworfen ist, dass ihm selbst die wenigen Spielräume, die dem Nicht-Wahnsinnigen bleiben (wie die des »Sich-Verantwortens«), verwehrt werden können? Vielleicht muss man sogar noch weiter gehen und festhalten, dass der »Wahnsinnige« – in dem der bürgerlichen Gesellschaft eigenen Prozesssystem – *die Wahrheit jedes Subjekts ist* – der Punkt, den jedes Subjekt erreichen müsste, wenn die Gesellschaft perfekt wäre. In einer solchen Gesellschaft wäre die Normalität nur eine *niedere* Form des Wahnsinns, die darauf wartet, dass das Ereignis eintritt, das ihren latenten, aber unausweichlichen Inhalt, die Verantwortungslosigkeit, aufdeckt.[30] Louis Althusser, den seine prestigeträchtige Karriere und die große Anerkennung [reconnaissance], die er genoss, quasi zum gelungensten und integersten unter den Subjekten erhob, verkörperte ein Musterbeispiel dieser Logik. Indem man ihm das Recht verweigerte, sich für seine Taten zu verantworten, verweigerte man ihm die Möglichkeit, etwas anderes zu sein als ein Subjekt; über seine Person wiederholte man die Unterwerfung, von der auch seine Geschichte zeugte. Vor allem *versetzte* man ihn *zurück an seine Stelle* [*place*] – dorthin, wo er, ein öffentlicher Intellektueller, der mit der Kommunistischen Partei verbunden war, sich gern eine andere Stellung [place] gegeben hätte, eine umgestellte Stellung, von der aus er endlich im Namen des Volkes sprechen könnte. Das ist Althussers Drama: Als er zum ersten Mal im Namen des Volkes aus einer Stellung heraus hätte sprechen können, die nicht die seine war, da wurde ihm diese Gelegenheit verwehrt.

§ 11

Gleichwohl könnte man die Dinge umdrehen und Althussers Drama als Enthüllung einer Möglichkeit ansehen, die inmitten des Rechtssystems verscharrt liegt, eines Rechtssystems, dessen Aufführung [représentation] der Prozess ist. Diese Möglichkeit besteht gerade in der Umstellung: in der Verweigerung der Unterwerfung und der von ihr aufgeworfenen Alternative zwischen Subjekt und Wahnsinn, Verantwortung und Verantwortungslosigkeit. Es ist möglich, der *Star* eines Prozesses zu sein und aus diesem Prozess zugleich die Bühne des Prozesses jedes Stars zu machen – soweit der *Star*, der Held, die Bühnenerscheinungsform [forme théâtrale épiphanique] des Subjekts bildet. Aber dafür bedarf es eines Publikums: eines Publikums von Zuschauern, die sich der möglichen Schaffung dieses »neuen Zuschauers« gegenüber öffnen, der allein das Ereignis der Umstellung ermöglichen kann. Die Umstellung der Stellung des Helden im Prozess ist nur so weit erlaubt, wie es ein Publikum (das heißt eine Jury) gibt, für das diese Stellung im Voraus das Objekt der Wiedererkennung ist, die es zu durchbrechen gilt. So wie Soleris Harlekin hinsichtlich der Vitalität, die man üblicherweise in dieser Figur wiedererkennt, eine Umstellung erfuhr, muss die Schuldfähigkeit, die man im Mörder wiedererkennt, zu etwas anderem werden. Was Althusser vor allem wollte, war, so kann man annehmen, nicht so sehr, als *schuldig erkannt* [*reconnu coupable*] zu werden, sondern die Schuld selbst zu werden – der Inszenierung der Schuld eine Bühne zu bieten [donner lieu]. Aber eine solche Operation ist in der Tat eine politische Operation: Es geht darum, beim Übergang von der Anerkennung der Schuld [reconnaissance] zu ihrer Verweigerung die Praxis des Prozesses selbst zu transformieren und daraus einen Ort zu machen, an dem die Gesellschaft nicht mehr ihr Spiegelbild betrachten kann. Anstatt ein Spiegel des bürgerlichen Rechts zu sein, würde der Prozess dann zu einem Prozess gegen das Recht selbst: zu einem Prozess gegen die Kategorien, durch die das Recht sich als Ort einer Wiedererkennung [reconnaissance] geben kann. Die Umstellung der Starfigur in einem Strafprozess wäre die Gelegenheit für eine Umstellung des Prozesses an sich, eine Umstellung, die die Stellung des Volkes aufscheinen ließe, da, wo dieses aufgefordert ist, zwischen Unterwerfung [sujétion] und Wahnsinn zu wählen. Das also wäre Althussers wahre »Lektion« auf dem Gebiet des Rechts: Wenn sich kein sozialistisches Recht vorstellen [imaginer] lässt, so lassen sich zumindest die Mittel vorstellen, um dem bürgerlichen Recht ein Ende zu setzen. Oder besser gesagt: die Mittel, um den Techniken ein Ende zu setzen, durch die sich das bürgerliche Recht als ein Recht der Subjekte inszeniert – was im Grunde nichts anderes ist als ein Recht der Wahnsinnigen.

Übersetzt aus dem Französischen von Mitgliedern der AG Rechtskritik

Anmerkungen

1 Vgl. Christian Biau / Christophe Triau: Qu'est-ce que le théâtre? Paris 2006, S. 722. Zu Strehler s. außerdem Giorgio Strehler: Un théâtre pour la vie. Réflexions, entretiens et notes de travail. Paris 1980; Giorgio Strehler: Introduction, entretiens, choix de textes et traduction par Myriam Tanant. Arles 1997.

2 Ebd., S. 723.

3 Siehe Louis Althusser: Lettres à Franca (1961–1973). Hg. von François Matheron und Yann Moulier-Boutang. Paris 1998, S. 200.

4 Ebd.
5 Ebd.
6 Vgl. Louis Althusser: Pour Marx. Paris 1996, S. 129 ff.
7 Vgl. Étienne Balibar: Avant-propos pour la réédition de 1996. In: ebd., S. VIII.
8 Ebd.
9 Siehe Althusser: Lettres à Franca. A. a. .O., S. 748 (Brief vom 28. Juni 1967).
10 Althusser: Pour Marx. A. a. O., S. 140.
11 Ebd., S. 141.
12 Ebd., S. 149–150.
13 Ebd., S. 151. Für einen Kommentar zu all dem siehe Luke Ferretter: Louis Althusser. London 2006, S. 98 ff.
14 Vgl. Louis Althusser: Lettre à Paolo Grassi. In: Ders.: *Écrits* philosophiques et politiques. Hg. von François Matheron. Paris, 1997, S. 555.
15 Siehe Louis Althusser: Sur Brecht et Marx. In: Althusser: *Écrits philosophiques et politiques. A. a. O.,* S. 561 ff.
16 Ebd., S. 571–572.
17 Ebd.
18 Ebd., S. 573.
19 Althusser: Lettre à Paolo Grassi. A. a. O., S. 556.
20 Ebd., S. 557.
21 Ebd., S. 558.
22 Zur Logik der Unterwerfung bei Althusser siehe Judith Butler [2001]: Psyche der Macht: das Subjekt der Unterwerfung. Übers. von Rainer Ansén. Frankfurt am Main 2001, S. 101 ff. Siehe auch die Kommentare von Yoshiyuki Sato: Prohibitionary Law as Apparatus of Subjectivation. Butler's *Psychic Life of Power* and Althusser. In: Laurent de Sutter: Althusser and Law. London 2013, S. 81 ff.
23 Siehe die Studien in Patrice Maniglier (Hg.): Le moment philosophique des années 1960s en France. Paris 2012: insbesondere den vierten Teil, *Althusser 1965*, und die Studie von Dimitra Panopoulos: De la distanciation à la désidentification: controverses sur la réception de Brecht en France. Ebd., S. 431 ff.
24 Die kanonische Version der marxistischen Konzeption des Subjekts wurde geprägt von Eugen Paschukanis [1924]: Allgemeine Rechtslehre und Marxismus. Versuch einer Kritik der juristischen Grundbegriffe. Freiburg 2003. In Althussers' Umfeld wurde diese Konzeption aufgenommen von Bernard Edelman [1973]: Le droit saisi par la photographie. Eléments pour une théorie marxiste du droit. Paris 2001, S. 74 ff.
25 Louis Althusser: L'avenir dure longtemps, suive de Les Faits. Hg. von Oliver Corpet und Yann Moulier-Boutang. 2. Auflage. Paris 1994, S. 31.
26 Siehe Olivier Corpet / Yann Moulier-Boutang: Présentation. In: Althusser: L'avenir dure longtemps. A. a. O. S. 8; Eric Marty: Louis Althusser, un sujet sans procès. Anatomie d'un passé très récent. Paris 1999.
27 Siehe Corpet/Moulier-Boutang: Présentation. A. a. O.
28 Siehe die Bibliografie in Antoine Garapon: Bien juger. Essai sur le rituel judiciaire. Paris 1997.
29 Siehe Louis Althusser: L'avenir dure longtemps. A. a. O., S. 38 ff. Für einen Kommentar siehe Laurent de Sutter: Louis Althusser et la critique du droit. In: Droit et société 75 (2010), S. 457 ff.
30 Für eine Meditation zu diesem Thema siehe Laurent de Sutter: Théorie du trou. Cinq méditations métaphysiques sur « Une sale histoire » de Jean Eustache. Paris, 2013, S. 92 ff.

Die prekäre Figur des Subjekts

Von Hanna Meißner

Das Subjekt ist ein integraler Bestandteil der Funktions- und Wirkungsweise bürgerlich-rechtlicher Herrschaft: An dieser wichtigen Einsicht Louis Althussers – wie er sie in Passagen der Bände *Ideologie und ideologische Staatsapparate* (2010) und *Über die Reproduktion* (2012) formuliert – setzt der vorliegende Beitrag an. Bürgerlich-kapitalistische Gesellschaften zeichnen sich, so Althusser, dadurch aus, dass das Eingreifen des repressiven Staatsapparats in der alltäglichen Sicherstellung der Reproduktion der Produktionsweise die Ausnahme darstelle, denn »in der unermesslichen Mehrheit der Fälle [reguliert] das RECHT das ›reguläre‹ Funktionieren der kapitalistischen Produktionsweise ›über die juristisch-moralische Ideologie‹«.[1] Diese Regulation erfolge also nicht primär durch äußere Gewalt oder durch Zwang. Vielmehr tun die mit Bewusstsein und Gewissen ausgestatteten Subjekte in der Regel freiwillig das, was im Sinne der Ideologie ›richtig‹ ist. Solche Subjekte, die in der Regel das Richtige tun, werden konstituiert, indem sie im Rahmen dieser ideologischen Ordnung in bestimmter Weise angerufen werden und sich in dieser Anrufung und durch diese Anrufung selbst erkennen. Das heißt also, dass es kein Subjekt gibt, das vor oder jenseits dieser Ideologie existiert; Ideologie wirkt insofern auch nicht täuschend auf bereits bestehende Subjekte ein, sondern das Subjekt wird überhaupt erst durch die produktive Wirkung der ideologischen Anrufung konstituiert.

Damit wird die Frage der Konstituierung des Subjekts oder der Subjektivierungsweisen als wichtiger Aspekt von Gesellschaftskritik und transformatorischer Politik erkennbar: Subjekte sind für emanzipatorische Projekte keine unmittelbaren Hoffnungsträger, die sich der Herrschaft deshalb entgegenstellen könnten, weil sie dieser Herrschaft äußerlich gegenüberstünden. Sie sind vielmehr integrale Elemente der Funktionsweise dieser Herrschaft. Das Subjekt ist insofern keine Substanz, sondern eine Form, die als solche mit bestimmten gesellschaftlichen Verhältnissen verbunden ist. Diese Form ist daher (ebenso wie die gesellschaftlichen Verhältnisse) prinzipiell veränderbar – und muss auch als Gegenstand transformatorischer Praxis betrachtet werden, wenn es um eine Umgestaltung der Produktionsweise gehen soll.

Die Frage ist dann allerdings, wo und inwiefern Möglichkeiten für eine solche Transformation von gesellschaftlichen Verhältnissen und Subjektivierungsweisen entstehen können. Das Subjekt und seine Individualität sind einerseits nicht einfach kritische Instanzen, die den kapitalistischen Verhältnissen entgegengesetzt werden können. Wenn das Subjekt aber andererseits unmittelbar und vollständig als einfache Funktion dieser Verhältnisse betrachtet wird, ist nicht zu erklären, warum, wie und unter welchen Bedingungen Subjekte eigentlich an einer emanzipatorischen Transformation ihrer Existenzweise arbeiten können – und warum sie das überhaupt wollen sollten. Um diese Fragen anzugehen, scheint es mir sinnvoll, die Figur des Subjekts noch genauer zu betrachten. Im Folgenden will ich mit Rückgriff auf feministische und dekoloniale Theorien skizzieren, inwiefern diese Figur weitaus prekärer, begrenzter und letztlich gewaltvoller ist, als es bei Althusser erscheint. Das will ich an drei Aspekten aus den hier zugrunde gelegten Texten Althussers illustrieren.

1. Die Szene der Anrufung

Paradigmatisch für die Subjektkonstituierung durch ideologische Anrufung ist bei Althusser die Szene, in der ein Polizist eine Passant_in mit dem Ausruf »He, Sie da!« zum Umdrehen veranlasst.[2] Ohne bewusste Reflexion fühlt sich die Passant_in angesprochen, erkennt sich in der Anrufung und nimmt dadurch einen (›ihren‹) Platz als konkretes Subjekt in der ideologischen Ordnung ein. Das Individuum wird durch diese Wendung zum Subjekt, »[w]eil es damit anerkennt, dass der Anruf ›genau‹ ihm galt und dass es ›gerade es war, das angerufen wurde‹ (und niemand anderes)«.[3] Die Figur des Polizisten versinnbildlicht die Autorität des Gesetzes (der ideologischen Ordnung), die hinter der Macht dieser performativen Anrufung steht, durch die das sich umwendende Individuum als Subjekt konstituiert wird. Althusser unterscheidet hier also begrifflich zwischen Individuum und Subjekt (der ideologischen Form, die das Individuum annehmen muss), fügt aber sogleich hinzu, dass die Individuen »immer schon Subjekte« sind[4] und die konkreten Individuen daher »in Bezug auf die Subjekte, die sie immer schon sind, ›abstrakt‹«[5] seien: »Noch bevor das Kind geboren ist, ist es immer schon Subjekt, ist es in und durch die spezifische familiale ideologische Konfiguration zum Subjekt bestimmt, in der es nach der Zeugung ›erwartet‹ wird.«[6]

Wie Judith Butler allerdings kritisch anmerkt, impliziert Althussers Anrufungsszenario letztlich die souveräne Figur eines ›Supersubjekts‹: »[D]ie Theorie der Anrufung, die die ideologische Konstitution des Subjekts erklären soll, wird durch die göttliche Macht der Benennung strukturiert.«[7] Butler hält die Frage, warum und inwiefern sich das Subjekt in der Anrufung erkennt, für weitaus komplizierter, als es in dieser Szene bei Althusser erscheint. Wer ist es eigentlich, der_die sich umwendet, wenn das handelnde Subjekt erst in der Wendung entsteht? Die Beantwortung dieser Frage wirft Butler zufolge – entgegen der Annahme Althussers – durchaus ein logisches Paradox auf:

> »In dem Moment, da wir zu bestimmen suchen, wie die Macht ihr Subjekt hervorbringt, wie das Subjekt die Macht in sich aufnimmt, der es seine Entstehung verdankt, scheinen wir in dieses tropologische Dilemma zu geraten: Wir können kein Subjekt annehmen, das eine Verinnerlichung vollzieht, wo allererst die Subjektbildung zu erklären ist.«[8]

Obgleich es also tatsächlich kein Subjekt gibt, das der Wendung vorausgeht, treffen die Normen in dieser Bewegung offenbar auf ›etwas‹ – und dieses nie wirklich als benennbare Präsenz anwesende ›Etwas‹ macht die Wirkung der Normen immer in gewisser Weise unvorhersehbar und individuell.

Die subjektkonstituierende Wirkung einer Anrufung kann also erstens nicht auf eine bereits bestehende bestimmte Bereitschaft oder Disposition seitens des als Subjekt adressierten Individuums zurückgeführt werden, sich in dem Namen, mit dem es angerufen wird, wiederzuerkennen. Das ist besonders augenfällig bei der Szene der gewissermaßen ursprünglichen Anrufung nach der Geburt: Das neugeborene Kind kann sie zunächst gar nicht als solche wahrnehmen, ist aber existenziell darauf angewiesen, sich an die Personen zu binden, die es (wenn auch auf für es zunächst rätselhafte Weise) anrufen – und zwar nicht nur sprachlich, sondern gerade auch durch Berührungen: »Das Kind weiß nicht, woran es sich bindet, aber es muß sich binden, um überhaupt und um als es selbst weiterzuleben.«[9] Mit der Figur der Wendung fasst Butler den subjektivierenden Effekt, der von außen vorgegebene Spielregeln der Intelligibilität zu dem werden lässt, was das Ich als eigene Affekte erfährt. Gerade aufgrund der existenziellen Abhängigkeit ist diese das Ich konstituierende Unterwerfung in ihren subjektivierenden Ursprüngen mit dem Affekt der Liebe verknüpft (und nicht, wie es die Szene mit dem Polizisten impliziert, mit Schuldgefühlen und Angst) und wird daher als leidenschaftliche Verhaftung erlebt. Zudem ist das Subjekt immer durch Verluste konstituiert, denn wenn ein Individuum in bestimmter Weise adressiert und damit für sich selbst und andere als Subjekt erfahrbar wird, werden zugleich andere Möglichkeiten des Werdens verworfen. Diese sind dem Subjekt allerdings als solche nicht zugänglich, es kann sie daher zumeist auch gar nicht als Verluste wahrnehmen. Der die je spezifische subjektivierende Anrufung überschreitende, nicht assimilierbare Rest konstituiert jedoch das Unbewusste und kann sich in psychischen Dynamiken geltend machen.

Wird die subjektivierende Anrufung in dieser Weise als komplexer Prozess erfasst, der psychische Effekte erzeugt, in dem also »das Subjekt zusammen mit dem Unbewußten«[10] entsteht, dann ist zweitens nicht immer vom Gelingen einer Anrufung im Sinne eines eindeutigen Effekts auszugehen – vielmehr ist die Instabilität und Unvorhersehbarkeit der Wirksamkeit der Anrufungen bedeutsam. So wird etwa das bei der Geburt als Mädchen angerufene (und damit in eine heteronormative Ordnung platzierte) Kind im Verlauf seines Lebens immer in unterschiedlichen Kontexten als Mädchen (oder als Frau) adressiert; wie es sich zu dieser Anrufung verhält, lässt sich nicht voraussagen und ist durch die ursprüngliche Anrufung nicht zu kontrollieren. Zudem ist drittens, wie der Verweis auf den Säugling, der zunächst vor allem auch durch Berührungen angerufen wird, deutlich macht, die Anrufung nicht an eine Sprecher_in oder eine Stimme gebunden. Sie erfolgt vielmehr auch über institutionalisierte und inkorporierte Praktiken, die eventuell einer verbalen Anrufung auch widersprechen oder diese unterlaufen können – beispielsweise wenn das Mädchen in gleichstellungsorientierten Ansprachen als kompetente Ingenieurin angerufen wird, die Praktiken und Strukturen des ingenieurwissenschaftlichen Feldes sie aber als nicht wirklich zugehörig markieren.[11]

Mit Butler lässt sich an Althussers Polizisten-Beispiel problematisieren, dass es die Figur des autoritären und souveränen Subjekts gewissermaßen reinstalliert. Lässt sich die Wirksamkeit von Sprache tatsächlich damit begründen, dass aus einer Position souveräner Macht (verkörpert durch den Polizisten) eine Anrufung erfolgt, die mit bestimmten, eindeutigen Intentionen verbunden ist und bestimmte, eindeutige Effekte erzeugt? Welche Rolle spielen Konventionen und ritualisierte Formen im Prozess der sprachlichen Subjektkonstitution? Inwiefern weisen diese Kontextbedingungen über den Moment der Anrufung hinaus? Althussers Szene ist in Butlers Augen insofern problematisch, als sie den Begriff der Anrufung auf die Wirkung einer Stimme mit schöpferischer Macht beschränkt, die im Moment des Vollzugs zugleich einen eindeutigen Effekt erzielt. Diese Konzeption der Stimme gehöre jedoch »zu einem Bild der souveränen Macht [...], in dem sich eine als Emanation eines Subjekts vorgestellte Macht in einer Stimme vortut, dessen Effekte als die magischen Effekte dieser Stimme erscheinen«.[12] Von dieser im Bild der souveränen Macht verhafteten Figur der Stimme will Butler das Konzept der Anrufung lösen, indem sie den zunächst als rein sprachliche Dynamik betrachteten Prozess der Subjektkonstituierung in ein weiter gefasstes Verständnis gesellschaftlicher Verhältnisse und Praktiken einbettet: »Man muß die Anrufung von der Figur der Stimme ablösen, damit sie als Instrument und Mechanismus von Diskursen hervortritt, deren Wirksamkeit sich nicht auf den Augenblick der Äußerung reduzieren läßt.«[13] Die Handlungsfähigkeit des Subjekts entstehe gerade dort, wo die Eindeutigkeit subjektivierender Identität scheitert, im und durch den gesellschaftlichen Kontext, der wiederum jede einzelne sprachliche Handlung überschreitet und dadurch einen unvorhersehbaren Überschuss an Bedeutung und Effekten ermöglicht.

2. Das widerständige Subjekt als Held

Meine bisherigen Ausführungen müssen nun gar nicht als grundlegender Widerspruch zu Althusser verstanden werden. Ein komplexes und kontextualisiertes Verständnis von Subjektivierungsprozessen lässt sich durchaus mit seiner Konzeption der ideologischen Staatsapparate verbinden, die er als vielfältig und durchaus nicht immer völlig im Einklang miteinander funktionierend fasst:

> »Es gibt in der Tat, wie wir gesehen haben, mehrere ideologische Staatsapparate. Jedes Subjekt (Sie und ich) lebt daher zugleich in und unter mehreren Ideologien, deren Wirkungen der subjektivierenden Unterwerfung sich in seinen eigenen Taten miteinander ›kombinieren‹, eingebettet/eingeschrieben werden in Praktiken, geregelt werden durch Rituale usw.«[14]

Hier gebe es zahlreiche Beispiele »für das, was in der wunderbaren Sprache unserer offiziellen Philosophie als ›Pflichtenkonflikte‹ bezeichnet wird«,[15] die für das Subjekt dann aufkommen, wenn »es zwischen den ideologischen Apparaten objektiv zu einem Knirschen kommt«.[16] Auch hier sehe ich allerdings eher offene Fragen als konkrete Ausführungen dazu, was etwa das Knirschen zwischen den einzelnen Staatsapparaten im Hinblick auf die Subjektkonstituierung bedeuten könnte und wie hier unvorhersehbare Überschüsse an Bedeutungen und Effekten entstehen könnten, die wiederum auch widerständige Praktiken ermöglichten. Dies will ich im Folgenden anhand einiger Bemerkungen Althussers zur Schule zu verdeutlichen versuchen.

Althusser vertritt die These, dass die Schule der ideologische Staatsapparat ist, »der in den reifen kapitalistischen Formationen eine beherrschende Position einnimmt«.[17] Er beschreibt Schule als einen ideologischen Staatsapparat, der Kinder in einer besonders formbaren Lebensphase über die Schulpflicht als Zwangspublikum rekrutiert, um sie im Sinne der Ideologie der bürgerlichen Klassengesellschaft auszubilden (ihnen Know-how ›einzutrichtern‹ und sie im Hinblick auf ihre zukünftigen Rollen in der gesellschaftlichen Arbeitsteilung zu sortieren.[18] Eine tragende Rolle spielen dabei die Lehrer_innen, die unter dem ideologischen Deckmantel von Neutralität und Freiheit den Kindern die bürgerliche Ideologie beibringen. Althusser macht dann aber eine kleine Bemerkung, in der er

> »all diejenigen Lehrer um Verzeihung [bittet, H. M.], die unter unmöglichen, um nicht zu sagen entsetzlichen Bedingungen den Versuch machen, die wissenschaftlichen und politischen Waffen, die sie in der Geschichte und in dem Wissen, dass sie sie ›lehren‹, dafür finden können, gegen die Ideologie, gegen das System und gegen die Praktiken zu richten, in denen sie befangen sind. Sie sind eine Art von Helden. Aber sie sind auch sehr selten; und wie viele sind es (die große Mehrheit!), die noch nicht

> einmal der Anfang eines Verdachts beschleicht in Bezug auf die ›Arbeit‹, welche das System (das weit über sie hinausgeht und sie zerbricht) sie zu vollziehen zwingt [...]«.[19]

Mal ganz abgesehen von der leichten Überheblichkeit, die in der impliziten Selbstpositionierung als ultimativer Held mitschwingt, der die (wenigen) Held_innen unter den Lehrer_innen zu erkennen vermag, ist das eine bemerkenswerte Aussage: Es gibt also offenbar Lehrer_innen (wenngleich nur Ausnahmeerscheinungen), die in dem Wissen, das sie im ideologischen Staatsapparat Schule lehren, Waffen finden, die sie gegen das System richten, in dem sie selbst befangen sind. Wie ist das möglich? Wo finden sie diese Waffen? In welcher Weise sind sie eigentlich in dem System befangen? Bemerkenswert ist vor allem auch der anerkennende Satz, dass diese ›Lehrer‹ eine Art von ›Helden‹ sind. Sind Kritik und Widerständigkeit sinnvollerweise als Akte heroischer Subjekte zu konzipieren – oder wird hier nicht vielmehr eine theoretische Leerstelle zugleich markiert und übergangen? Wäre es nicht vielversprechender, auf der Suche nach den Bedingungen der Möglichkeit solcher Widerständigkeiten im System den Blick auf die Momente des ›Knirschens‹ zu richten? Wo knirschen zum Beispiel die Aufgaben und die Funktionsweisen des Schulsystems (Bildung, Persönlichkeitsbildung) im Verhältnis zu der von Unternehmen geforderten Qualifizierung von Arbeitskräften (als pragmatischem Know-how)? Knirscht es eventuell auch im Verhältnis des ideologischen Staatsapparats Schule zur Ideologie des Staatsapparats? Welche Bedeutung hat solches Knirschen im Hinblick auf Subjektivierungsweisen, sowohl für Lehrer_innen als auch für Schüler_innen? Althusser spricht die ›knirschende‹ Komplexität einer Koexistenz unterschiedlicher und teilweise konfligierender Subjektivierungsprogramme[20] in einzelnen ideologischen Staatsapparaten an, die ihrerseits auch in Spannung zur bürgerlich-kapitalistischen Ideologie des Staatsapparats stehen, verkürzt dies dann im Hinblick auf die Subjekte allerdings auf individualisierte ›Gewissenskonflikte‹:

> »Wie kann man die familialen, moralischen, religiösen, politischen usf. Verpflichtungen miteinander vereinbaren, wenn ›gewisse‹ Umstände eintreten? Dann muss man eine Wahl treffen, und selbst wenn man keine Wahl trifft (bewusst, nach der ›Gewissenskrise‹, die zu den geheiligten Ritualen gehört, welche in diesem Fall zu beachten sind), dann kommt es ganz von selbst zu einer solchen Wahl.«[21]

In weitaus komplexerer Weise und im Hinblick auf subjektivierende Effekte erhellender werden konfligierende Subjektivierungsprogramme beispielsweise im Theorem der doppelten Vergesellschaftung von Frauen[22] angesprochen. Dieses Konzept entstand aus einem Forschungsprojekt, in dem Fabrikarbeiterinnen zu ihren Erfahrungen im Wechsel von Akkordarbeit und Hausarbeit befragt wurden.[23] Demnach stehen als Frauen angerufene Subjekte aufgrund historischer Zuschreibungen und Sozialisationsprozesse in besonderer Weise vor der Aufgabe, konfligierende Anforderungsstrukturen individuell miteinander zu vereinbaren. Die in der bürgerlich-kapitalistischen Gesellschaft auseinandergerissenen und gegensätzlich strukturierten Lebensbereiche der Erwerbsarbeit und der Familie sind durch höchst unterschiedliche Handlungslogiken und -anforderungen gekennzeichnet. Diese funktionale Differenzierung führt zu einer enormen Komplexitäts- und Leistungssteigerung, indem sie den Akteur_innen durch die Spezialisierung in Teilsystemen einen ungeheuren Zugewinn an Fachkompetenz und Detailwissen sowie an affektiven Bezügen ermöglicht. Zwischen diesen Bereichen knirscht es funktional jedoch insofern, als das, was aus der Perspektive der Handlungslogik der einen Sphäre optimal erscheint, in anderen zu schwer behebbaren Folgeproblemen führen kann. Dieses Knirschen schlägt sich in der Subjektivität der Individuen nieder, die beiden Bereichen affektiv verhaftet und in beiden einerseits überfordert sind, andererseits aber eine Erfüllung finden, die sie gerade im jeweils anderen Bereich vermissen. Bei den befragten Fabrikarbeiterinnen zeigte sich ein Wissen darum, dass es unmöglich ist, den Anforderungen in beiden Bereichen in ihrer strukturellen Gegensätzlichkeit gerecht zu werden, und es zugleich subjektiv keine Frage der Wahl sein kann: »Eines ist zuwenig – beides ist zuviel«, so lautet eine Kernaussage aus den Interviews.[24] Regina Becker-Schmidt argumentiert, dass es aufgrund dieser doppelten und widersprüchlichen Vergesellschaftung auf Seiten der Individuen zu Ambivalenzen und Ambitendenzen kommt, die nicht zuletzt affektive und epistemische Potenziale eröffnen können, um die widersprüchlichen Anforderungen kritisch zueinander ins Verhältnis zu setzen.[25] Damit ist nun nicht gesagt, dass aus Ambivalenzen und Ambitendenzen ›automatisch‹ ein kritisches Verhältnis entstünde – diese können durchaus auch zu (selbst)zerstörerischen Verhaltensweisen führen. Aber es wird ein Zugang zu Möglichkeiten kritischer Widerständigkeit eröffnet, der nicht auf die Zufälligkeit heroischer Individualität angewiesen ist, sondern danach zu fragen erlaubt, wie Bedingungen (kollektiv) gestaltet werden können, um entlang geteilter und kommunizierter Erfahrungen des ›Knirschens‹ Kritik und Widerstand artikulieren und transformatorische Praktiken erproben zu können.

3. Die vom Status des (Rechts-)Subjekts ausgeschlossenen Individuen

Es ist bestimmt kein Zufall, dass sich strukturelle Widersprüchlichkeiten der Subjektkonstituierung besonders treffend im Blick derjenigen zeigen, die nicht oder nicht ungebrochen den Status des bürgerlichen Rechtssubjekts genießen. Als letzten Aspekt will ich daher auf spezifische Erkenntnismöglichkeiten eingehen, die sich an den Grenzen der Figur des Subjekts eröffnen. Althussers Aussagen über Subjektkonstituierung im Kapitalismus treten mit einem universellen Gestus auf, der Mensch, Individuum und Subjekt gleichsetzt: »Das Individuum wird als (freies) Subjekt angerufen, damit es sich freiwillig den Anordnungen des SUBJEKTS unterwirft, damit es also freiwillig seine Unterwerfung akzeptiert«.[26] Er konstituiert dabei stillschweigend und unbefangen ein ›Wir‹: »Die Ideologie lässt die Individuen, die immer-schon Subjekte sind – d. h. Sie und mich – ›funktionieren‹.«[27] ›Wir‹ ›funktionieren‹, so spezifiziert Althusser, in der kapitalistischen Produktionsweise vor allem als freie (Eigentums)Subjekte; als solche seien ›wir‹ Rechtspersönlichkeiten, und das Privatrecht sei Grundlage aller weiteren Rechtsbereiche:

> »Das PRIVATRECHT spricht in systematischer Form die Regeln aus, welche den Warentausch regeln – d. h. den Verkauf und den Kauf, die in letzter Instanz auf dem ›Recht des Privateigentums‹ beruhen. Das Recht des Privateigentums lässt sich als solches im Ausgang von den folgenden allgemeinen juristischen Prinzipien explizieren: der juristischen Persönlichkeit (Persönlichkeit im Sinne des bürgerlichen Rechts, durch die die Individuen als Rechtspersonen definiert werden, die mit definierten juristischen Fähigkeiten ausgestattet sind); der juristischen Freiheit, die Güter, auf die sich das Eigentum bezieht, ›zu brauchen oder zu missbrauchen‹; der juristischen Gleichheit ([bezogen auf] alle Individuen, die eine Rechtspersönlichkeit besitzen […]).«[28]

An dieser Stelle kommt dann eine recht unvermittelte Randbemerkung, die dieses ›Wir‹ der freien Rechtspersönlichkeiten einschränkt: Die juristische Gleichheit beziehe sich nämlich auf »alle Individuen, die eine Rechtspersönlichkeit besitzen – in unserem gegenwärtigen RECHT alle Menschen, außer einer gewissen Anzahl von ›Abgängen‹, die von der juristischen Gleichheit ausgeschlossen bleiben«.[29] In einer Fußnote werden diese ›Abgänge‹ folgendermaßen erläutert: »Aus pathologischen Gründen – durch amtlichen Beschluss internierte Geisteskranke –, aus strafrechtlichen Gründen oder aus Gründen, die unterhalb der juristischen Ebene bleiben – im Fall von Kindern, Unmündigen, Ausländern und zum Teil auch der Frauen usf.«[30]

Diese Randbemerkung ist aber durchaus nicht nebensächlich, denn die ›Abgänge‹ eröffnen den Blick auf das konstitutive Außen des Rechtssubjekts und machen es so als begrenzte und instabile Figur erkennbar. Wie feministische, post und dekoloniale Theorien sowie Theorien aus dem Feld der Studies in Ableism deutlich machen, kann die Konstituierung des Subjekts in seiner Form als bürgerliches Rechtssubjekt nur in Abgrenzung zu und in Abhängigkeit von vergeschlechtlichten, rassifizierten und pathologisierten Anderen begriffen werden. Kategorien wie ›Rasse‹ und ›Geschlecht‹, aber auch ›Gesundheit‹ und ›Vernunft‹ sind als spezifische Elemente des Rasters der Intelligibilität zu begreifen, über das sich das bürgerliche Rechtssubjekt definiert. Diese Definition beruht, da sie eben nicht auf eine Substanz verweisen kann, auf der negativen Abgrenzung von dem, was das Subjekt nicht ist. In der Setzung des (Rechts-)Subjekts als ›Normalfall‹ des Menschen (»Sie und ich«) verschwindet diese konstitutive (definitorische) Abhängigkeit als unmarkierte Leerstelle, zugleich wird diese Setzung durch die Thematisierung von vergeschlechtlichten, rassifizierten und pathologisierten Anderen als abweichenden ›Sonderfällen‹ (oder ›Abgängen‹) bestätigt. Es lässt sich hier gewissermaßen ein konstitutiver Riss im Gewebe des Subjekts ausmachen, der über ver-andernde Naturalisierungen gekittet und unsichtbar gemacht wird.

So ist etwa die Anforderung an das Rechtssubjekt, eine qualifizierte Arbeitskraft zu sein, die ihren Lebensunterhalt in kapitalistischen Tauschverhältnissen verdient, nicht eine bloß durch ideologische Anrufungen hervorzubringende Existenzweise. Eine wesentliche Qualifikation dieses Subjekts besteht darin, die Abhängigkeit und Verletzbarkeit seines Lebens in privater Verantwortung zu regulieren. Dies setzt aber notwendige Andere voraus, an die diese Abhängigkeit delegiert und (als deren ›natürliche‹ Aufgabe) ausgelagert werden kann und die dadurch von diesem Subjektstatus ausgeschlossen sind oder zumindest in dieser Hinsicht als weniger qualifiziert erscheinen. Historisch ist eine Begründung/Legitimierung dieses Ausschlusses in der binären und in natürlicher Körperlichkeit begründeten Geschlechterordnung gesucht worden. Historische Forschung macht deutlich, welch hoher diskursiver Aufwand notwendig war, um die Natürlichkeit dieser ›Abgänge‹ zu begründen und welche zentrale Rolle die (Human)Wissenschaften dabei spielten.[31]

Eine weitere Dimension konstitutiver ›Abgänge‹ wird erkennbar, wenn die mit der Industrialisierung verbundene Hervorbringung des Rechtssubjekts als (Privat-)Eigentümer_in in ihrer historisch-konstitutiven Abhängigkeit von der Verfügbarmachung immenser Mengen an Rohstoffen durch kolonial-imperiale Landnahme und Versklavung menschlicher Individuen als Besitz und Handelsware betrachtet wird.[32] Auch hier zeigt historisch-kritische Forschung den nicht zuletzt in den modernen Wissenschaften betriebenen diskursiven Aufwand, den es bedurfte, um eine spezifische Figur des Menschen als Subjekt hervorzubringen, mit der zugleich die Verfügbarmachung anderer Menschen durch rassistische Markierung als weniger menschlich legitimiert wurde.[33] Dass diese rassistische Markierung gerade auch im Hinblick auf die vom repressiven Staatsapparat angewendete Gewalt nach wie vor hochaktuell ist, ist beispielsweise Kernaussage der Black Lives Matter-Bewegung (nicht nur) in den USA.[34] Althussers These, dass in der alltäglichen Reproduktion der Produktionsverhältnisse diese Gewalt eine Ausnahme darstelle, wird dadurch infrage gestellt oder erscheint zumindest als begrenzt und kontextbedürftig.

Althussers Figur des Subjekts, das, ideologisch angerufen, weitestgehend das tut, was es soll, und das deshalb in der Regel keiner staatlichen Gewalteinwirkung bedarf, um reguliert zu werden, erweist sich als begrenzt, historisch zu situieren und in einem ganz spezifischen Kontext zu verorten: Es ist die Figur des Staatsbürgers, der historisch als weißer Mann die Bühne der Geschichte betrat. Diese Figurierung ist flexibel, sie ist nicht unmittelbar an Hautfarbe, Genitalien oder andere körperliche Beschaffenheiten geknüpft. Sie ist aber niemals inklusiv. Jede Strategie, Andere in die Figur des bürgerlichen Subjekts aufzunehmen, lässt letztlich die heteronormativen, rassistisch-eurozentristischen und ableistischen Prämissen dieses Subjekts intakt und führt höchstens zu Verschiebungen in den ›Abgängen‹. In diesem Sinne ginge es also darum, Althussers Einsicht, dass die Frage der Konstituierung des Subjekts wichtiger Einsatz von Gesellschaftskritik und transformatorischer Politik ist, weiterzutreiben. Es geht dabei zum einen um die Frage, wie in der privilegierten Figur des Subjekts widerständige Momente entstehen können (die nicht auf individuellen Heroismus zurückgeführt werden müssen). Zum anderen ist die ideologische Subjektkonstituierung im Kontext globaler, von Kolonialität geprägter Arbeitsteilung zu verorten, um genauer betrachten zu können, wie Subjektstatus und ›Abgänge‹ in systematischen und relationalen Verhältnissen konstituiert werden. Die ›Abgänge‹, also diejenigen, die mehr oder minder vom Status des bürgerlichen Rechtsubjekts ausgeschlossen sind, sollten dabei nicht als Ausnahmen gesehen werden, die die Regel bestätigen, sondern als konstitutives Moment dieser Regel. Das Wissen, das aus der Sicht von Grenzfiguren des bürgerlichen Rechtssubjekts hervorgebracht wird, kann wiederum unschätzbare epistemische Möglichkeiten bieten, über die mit dem bürgerlichen Subjekt verbundene exklusive Figurierung des Menschlichen hinauszudenken und sie in inklusiverer und weniger gewaltsamer Weise zu re-figurieren.[35]

Anmerkungen

1 Louis Althusser: Über die Reproduktion. Hamburg 2012, S. 239.
2 Louis Althusser: Ideologie und ideologische Staatsapparate. Hamburg 2010, S. 88.
3 Ebd.
4 Ebd., S. 90.
5 Ebd.
6 Ebd., S. 91.
7 Judith Butler: Hass spricht. Zur Politik des Performativen. Frankfurt/Main 2006, S. 56.
8 Judith Butler: Psyche der Macht. Das Subjekt der Unterwerfung. Frankfurt/Main 2001, S. 9.
9 Ebd., S. 13.
10 Ebd., S. 12.

11 Vgl. Inka Greusing: »Wir haben ja jetzt auch ein paar Damen bei uns«: Symbolische Grenzziehungen und Heteronormativität in den Ingenieurwissenschaften. Opladen: Budrich UniPress, 2018. DOI: https://doi.org/10.25595/1324.
12 Butler: Hass spricht. A. a. O., S. 57.
13 Ebd., S. 57.
14 Althusser: Über die Reproduktion. A. a. O., S. 281.
15 Ebd., S. 282.
16 Ebd.
17 Ebd., S. 206.
18 Ebd., S. 209 f.
19 Ebd., S. 210 f.
20 Vgl. Silke van Dyk: Gegenstrategien als (neue) Systemressource des Kapitalismus? Zur Problematisierung einer populären Zeitdiagnose. Prokla 157 (2009), Nr. 4, S. 663–680.
21 Althusser: Über die Reproduktion. A. a. O., S. 282.
22 Regina Becker-Schmidt: Zur doppelten Vergesellschaftung von Frauen. Soziologische Grundlegung, empirische Rekonstruktion. Berlin 2003. www.fu-berlin.de/sites/gpo/soz_eth/Geschlecht_als_Kategorie/Die_doppelte_Vergesellschaftung_von_Frauen/index.html [28.9.2022].
23 Regina Becker-Schmidt / Gudrun-Axeli Knapp / Beate Schmidt: Eines ist zuwenig – beides ist zuviel. Erfahrungen von Arbeiterfrauen zwischen Familie und Fabrik. Bonn 1984.
24 Ebd.
25 Regina Becker-Schmidt: Vergesellschaftung und innere Vergesellschaftung. Individuum, Klasse, Geschlecht aus der Perspektive der Kritischen Theorie. In: Wolfgang Zapf (Hg.): Die Modernisierung moderner Gesellschaften. Frankfurt/Main, New York 1991, S. 370–383.
26 Althusser: Ideologie und ideologische Staatsapparate. A. a. O, S. 98; Hervorhebung i. O.
27 Althusser: Über die Reproduktion. A. a. O., S. 281; Herv. H. M.
28 Ebd., S. 95; Herv. i. O.
29 Ebd., Herv. H. M.
30 Ebd.
31 Vgl. z. B. Karin Hausen: Die Polarisierung der »Geschlechtscharaktere« – Eine Spiegelung der Dissoziation von Erwerbs- und Familienleben. In: Werner Conze (Hg.): Sozialgeschichte der Familie in der Neuzeit Europas. Stuttgart 1976, S. 363–393; Londa Schiebinger: Am Busen der Natur. Erkenntnis und Geschlecht in den Anfängen der Wissenschaft. Stuttgart 1995.
32 Vgl. z. B. Achille Mbembe: Kritik der schwarzen Vernunft. Berlin 2014.
33 Vgl. z. B. Denise Ferreira da Silva: Toward a Global Idea of Race. Minneapolis 2007; Nahum Dimitri Chandler: X – The Problem of the Negro as a Problem for Thought. New York 2014; Sylvia Wynter / Katherine McKittrick: Unparalleled Catastrophe for Our Species? Or, to Give Humanness a Different Future: Conversations. In: Katherine McKittrick (Hg.): Sylvia Wynter. On Being Human as Praxis. Durham, London 2015, S. 9–89.
34 Vgl. z. B. Keeanga-Yamahtta Taylor: From #BlackLivesMatter to Black Liberation. Chicago 2016; Eddie Bruce-Jones: Race in the Shadow of Law. State violence in Contemporary Europe. Routledge 2017.
35 Vgl. z. B. David Scott: The Re-Enchantment of Humanism: An Interview with Sylvia Wynter. In: Small Axe 8 (2000), S. 119–207; Fiona Kumari Campbell: Stalking: Using Disability to Expose ›Abled‹ Narcissism. In: Dan Goodley / Bill Hughes / Lennard Davis (Hg.): Disability and Social Theory: New Developments and Directions. Bashingstoke 2012, S. 212–230; Walter D. Mignolo: Epistemischer Ungehorsam. Rhetorik der Moderne, Logik der Kolonialität und Grammatik der Dekolonialität. Wien 2012; Drucilla Cornell / Stephen D. Seely: The Spirit of Revolution. Beyond the Dead Ends of Man. Cambridge 2016.

Zwischen Gewalt und Ideologie

Die juridische Praxis im Denken Althussers

Von Christian Schmidt

Der juridische Apparat – die Gesetze, die Justiz, das Gefängnis, die Polizei – dient in seiner Gesamtheit vor allem einem: der Erhaltung der Gesellschaft. Es überrascht deshalb nicht sonderlich, dass Louis Althusser in seinem Manuskript *Über die Reproduktion* diesen Apparat analysiert. Althusser untersucht Reproduktion in einem ganz spezifischen Sinn, nämlich als Reproduktion von Arbeitskraft. Diese ist einer der zentralen Bereiche gesellschaftlicher Reproduktion im weiteren Sinne. Was das Manuskript aber zu einer ebenso überraschenden wie prägenden Lektüre gemacht hat (und immer noch macht), war etwas anderes. Im Unterschied zu Karl Marx, auf dessen Verwendung des Ausdrucks »Reproduktion der Arbeitskraft« er sich bezieht, interessiert sich Althusser nämlich nicht in erster Linie für die physische Reproduktion des Arbeitsvermögens – also für Erholung, Ernährung, Kleidung, Behausung und Vermehrung der Arbeitenden. Im Zentrum seiner Analyse steht jene »moralische« Reproduktion, die bei Marx unter dem Titel »Bildung« nur kurz erwähnt wird, obwohl sie für die Bereitstellung der Arbeitskraft unerlässlich ist. Überraschend und prägend war Althusser dementsprechend mit den Themen »Ideologie« und »Subjektivierung«, die zum Bildungskontext gehören und die er insbesondere in dem berühmten Aufsatz *Ideologie und ideologische Staatsapparate* – einem Ausschnitt aus *Über die Reproduktion* – behandelt. Ideologie und Subjektivierung überformen aber auch – wie ich zeigen will – Althussers Beschäftigung mit dem juridischen Apparat und verleihen so auch dessen Analyse einen durchaus originellen Charakter.

Für Althusser sind die Fragen der Reproduktion von entscheidender Bedeutung, weil sie nicht nur erklären, warum es immer wieder neue Arbeitskräfte gibt, sondern auch, warum die Verhältnisse, unter denen diese Arbeitskräfte produzieren, also die von Eigentum und Kapitalverwertung geprägten Produktionsverhältnisse, so ausgesprochen stabil sind. Ausgehend von dieser Stabilität versucht er, das Scheitern der sozialistischen Revolution zu verstehen: sowohl im Westen, wo sie zwar ab und an versucht wurde, aber letztlich keinen Erfolg hatte, als auch im Osten, wo die Revolution zwar den Staat übernahm, die Verhältnisse aber nicht in der vorhergesagten Weise veränderte. Stattdessen setzte die Revolution im Osten die Herrschaft der Bürokratie an die Stelle, die zuvor die Herrschaft des Kapitals eingenommen hatte. In Althussers eigenen Worten: »Selbst nach einer sozialen Revolution wie der von 1917 hat sich ein großer Teil des Staatsapparates gleichsam nicht vom Fleck gerührt – trotz der Eroberung der Staatsmacht durch das Bündnis des Proletariats mit der armen Bauernschaft.«[1]

Althusser will beide Weisen des Scheiterns verstehen, das Scheitern im Osten und das Scheitern im Westen, vor allem aber beschäftigt ihn das Scheitern im Sieg. Den Grund für Letzteres sieht er nicht in erster Linie in einer Schwäche der revolutionären Ziele, sondern in der Stärke des kapitalistischen Systems, die nicht begriffen werden kann, wenn der Kapitalismus ausschließlich als ökonomisches Verhältnis im engeren Sinn und der Staat als Instrument *bewusster* Klassenherrschaft begriffen wird, die einfach von einer auf die andere Klasse übergehen kann.

Es ist also gut nachvollziehbar, dass Althusser sich auf jene Instanzen konzentriert, die außerhalb der eigentlichen Produktion dafür zuständig sind, »anständige«, sprich funktionierende Mitglieder der Gesellschaft hervorzubringen. Diese Instanzen sind die berühmten *ideologischen Staatsapparate*, die dem repressiven Staatsapparat zur Seite treten. Es handelt sich allen voran um die Schule – oder, wie wir heute vielleicht sagen würden, den Bildungssektor –, aber auch um die Familie, den Sport, die Kultur, die Medien etc.

Der Ausdruck »Staat« bekommt hier einen sehr weiten Sinn, der darauf beruht, dass in all diesen Bereichen die Einzelnen mit den Kompetenzen, die sie dort erwerben, immer auch die Regeln und Formen des Zusammenlebens verinnerlichen – und zwar so, dass die gewonnenen Fähigkeiten von den Formen, auf denen die Produktionsverhältnisse beruhen, nicht zu trennen sind. Arbeitsmoral und -disziplin sind vielmehr allgegenwärtige Bestandteile des in Schul- und Berufsausbildung erworbenen Know-hows für die komplex-arbeitsteilige, aber auch schon einfache Produktion. Ähnliches gilt auch für die anderen ideologischen Staatsapparate. So gehören beispielsweise Wettbewerb, ein konkretes Verständnis von Fairness und die Unterwerfung unter ein Reglement untrennbar zum sportlichen Können.

Althussers entscheidender Beitrag zur Sozialphilosophie des 20. Jahrhunderts war, dass er den Zusammenhang zwischen den praktischen Vermögen und den gesellschaftlichen Verhältnissen, die durch die Praktiken gestützt und hervorgebracht werden, dargestellt hat. Aus der Erkenntnis dieses Zusammenhangs folgt eine ganze Reihe von Fragestellungen, die für Projekte gesellschaftlicher Veränderung und der Befreiung von sozialer Herrschaft entscheidend sind. Allem voran natürlich die besonders im Werk von Judith Butler ausgesprochene, aber bis heute nicht ausreichend beantwortete Frage, wie die angesprochenen Subjektivierungen effektiv unterlaufen oder gar transformiert werden können.[2]

Die Eroberung der Eroberer

Die Konzentration darauf, wie sich Subjektivierung vollzieht und wie sie sich auf gesellschaftliche Veränderungsprozesse auswirkt, kann leicht die Frage verstellen, welchen Platz das Recht in Althussers Theorie einnimmt. Aber seine Beobachtungen zur Rolle, die das Recht im Reproduktionszusammenhang kapitalistischer Gesellschaften spielt, sind nicht weniger spannend als die Fragen der Subjektivierung. Sie erlauben es uns nämlich zu verstehen, wie Gewalt und Ideologie bei der Reproduktion der bürgerlichen Gesellschaft zusammenwirken und woran emanzipatorische Politiken scheitern, die sich strategisch auf das Recht und auf Rechte stützen.

Dass das Recht in Althussers Theorie einen besonderen Platz einnimmt, ergibt sich schon aus der Teilung, die er zwischen der repressiven und der ideologischen Seite des Staates vornimmt. Das Recht steht zwischen diesen beiden Seiten. Zunächst scheint es allerdings eindeutig der repressiven Seite des Staates zugerechnet werden zu müssen. Denn für Althusser gehören zum repressiven Staatsapparat ausdrücklich:

> »die Polizei, die Gerichte und die Gefängnisse, [...] auch die Armee, die [...] (das Proletariat hat diese Erfahrung mit seinem Blut erkaufen müssen) als eine repressive Gewalt der Reserve eingreift, in letzter Instanz, wann immer die Polizei und ihre darauf spezialisierten Hilfsverbände ›von den Ereignissen überrannt‹ werden. Und über diesem ganzen Komplex befinden sich noch der Staatschef, die Regierung und die Verwaltung.«[3]

Bei all diesen Institutionen handele es sich, wie Althusser an einer späteren Stelle betont, nur um einen einzigen Apparat, zu dem auch »die (wie es scheint, unabhängige) Justiz« gezählt werden muss, weil »die Gesamtheit dieser Gliederungen zu *ein und derselben Körperschaft* von ausführenden Akteuren der Repression gehört, die unter dem Befehl der Inhaber der Staatsmacht stehen«.[4]

Dass die Institutionen des repressiven Staatsapparats in *einer* Körperschaft zusammengeschlossen sind und *einem* Befehl unterstehen, stellt nicht nur die Einheit dieses Apparats sicher, es legt auch die Folgerung nahe, dass die siegreichen Kräfte eines Aufstandes den repressiven Staatsapparat anders als die ideologischen Staatsapparate leicht unter ihre Kontrolle bringen könnten. In der bereits erwähnten Revolution von 1917 wurde, laut Althusser, die Staatsmacht erobert, auch wenn – er beschreibt das ausführlich in seinem späteren, ebenfalls nur postum veröffentlichten Text *Marx in seinen Grenzen* – diese Machtübernahme nicht besonders wirksam war. Die subjektivierende Kraft der Verwaltungsprozeduren verwandelte jedes revolutionäre Dekret sofort in »Aktenberge«.[5] Dabei sorgte, wenn wir Althussers Argumentation folgen, nicht – oder zumindest nicht in erster Linie – der konterrevolutionäre Wille der Staatsbediensteten dafür, dass die Bürokratie die Schlagkraft der von den Bolschewiki erlassenen Dekrete erheblich abschwächte. Vielmehr zeigte sich hier die Differenz des revolutionären und des staatlichen Handelns.

Für die Revolutionärinnen waren ihre Dekrete politische Akte – Hinweise darauf, was gesellschaftlich verändert werden sollte. In diesem Sinne schrieb beispielsweise Pjotr Stutschka, der erste Volkskommissar für Justiz der UdSSR, im Rückblick auf die Oktoberrevolution: »Die ersten Dekrete bereiteten nur den Boden vor, stellten ein Programm auf, verwandelten sich jedoch nur in Einzelfällen in soziale Tatsachen. [...] Erst nach dem zweiten oder dritten Erlaß begannen sie, Geltung zu entfalten.«[6]

Während die Dekrete für die Revolutionäre also einen programmatischen, das Ziel der revolutionären Aktion vorwegnehmenden Charakter hatten, handelte es sich für die Funktionärinnen der staatlichen Verwaltung um Anordnungen des Souveräns. Die Verwaltung behandelte die Dekrete wie Gesetze, die in Durchführungsbestimmungen und Verwaltungsakte übersetzt werden mussten. Außerdem hatten sich die Dekrete vom Standpunkt der Staatsbediensteten in die Ordnung der bestehenden Vorschriften einzufügen, an die ihr Handeln insgesamt gebunden war. Für die politische Perspektive der Revolutionäre, die zunächst einmal bestimmten, was auf keinen Fall mehr sein sollte, und gegebenenfalls einfach Fakten schafften, war im praktischen Selbstverständnis der Staatsdienerinnen deshalb kein Platz.

Die Interpretationen und Ausführungen der Dekrete wirkten durch ihre Verwobenheit mit den bestehenden Regeln aus sich selbst heraus konservierend. Das heißt, die Beamten erhielten, ohne dass es einer expliziten konterrevolutionären Absicht bedurfte, im normalen Geschäftsgang die bereits etablierte gesellschaftliche Ordnung.

Mit der Analyse des Schicksals, das die revolutionären Dekrete der Bolschewiki während der Oktoberrevolution ereilte, relativiert Althusser nachträglich die Möglichkeit, den repressiven Staatsapparat tatsächlich zu erobern, indem er seine Konzepte der Subjektivierung und Ideologie auf die Dienerinnen des Staates anwendet und erklärt, warum diese ganz unabhängig von ihrer sozioökonomischen Herkunft ihren Staatsdienst selbst im Fall eines Streiks oder eben einer Revolution nicht, zumindest nicht ernsthaft, infrage stellen. Sie halten sich an die bereits eingeübten Routinen und das mit diesen einhergehende Alltagsverständnis des menschlichen Handelns und der gesellschaftlichen Grundprinzipien, denen jedes menschliche Zusammenleben ihrer Meinung nach gehorchen muss.

Doch ganz offenkundig erklärt die Subjektivierung der Beamten nur unzureichend das Phänomen, dass sich der Staatsapparat von den Revolutionärinnen nicht einfach erobern lässt. Sicher, die alltäglichen Routinen und Interpretationen stellen ein erhebliches Beharrungsmoment der alten Ordnung dar. Aber wenn der repressive Staatsapparat hierarchisch dirigiert werden kann, warum sollte es dann den Eroberern der Staatsmacht nicht doch möglich sein, mithilfe von – wie Stutschka schrieb – immer wieder verkündeten Dekreten Schritt für Schritt die Grundausrichtung dieses Apparats zu ändern? Warum etwa sollte ein Katasteramt, das im bürgerlichen Staat die Informationen für die Eintreibung von Grund- und Grunderwerbssteuern zur Verfügung stellt, nicht per Befehl auch dafür genutzt werden können, größere und kleinere Großgrundbesitzerinnen zu identifizieren und zu enteignen? Warum kann ein von treuen Staatsdienern gebildeter Apparat, der auf der Durchsetzung mittels Gewalt beruht, nicht von einer neuen Staatsspitze für ihre eigenen Zwecke in Dienst genommen werden, ohne diese Zwecke bis zur Unkenntlichkeit zu entstellen?

Halten wir zunächst einmal fest, dass für Althusser weder die Bolschewiki noch die anderen sozialistischen Regime den repressiven Staatsapparat in einer solchen Weise beherrscht haben. Sie haben nicht die Macht im Staat errungen, vielmehr hat sich, so könnte man im Sinne Althussers sagen, der Staatsapparat ihrer bemächtigt. Und in dieser Umkehrung liegt für ihn der Grund des Scheiterns im Sieg. Doch damit stellt sich nur umso drängender die Frage, warum Althusser glaubt, dass die Eroberung des repressiven Staatsapparats in die Eroberung der Eroberer durch jenen Apparat umschlagen muss.

Hätte der repressive Staatsapparat die Eigenschaften, die einen ideologischen Staatsapparat kennzeichnen, läge die Lösung dieses Rätsels auf der Hand. Denn die Subjektivierung, die sich in den ideologischen Staatsapparaten vollzieht, reproduziert die Produktionsverhältnisse, also die gesellschaftlichen Formen, in denen die Menschen miteinander verkehren. Die Gewaltausübung des repressiven Staatsapparates sollte ein solches Problem aber eigentlich nicht aufwerfen. Zwar dient auch sie der Reproduktion der Verhältnisse, aber auf eine Weise, in der Mittel und Zweck klar voneinander geschieden sind, sodass es möglich sein sollte, dass die Gewaltausübung der Instrumentalisierung durch die Klasse, die die Macht erobert hat, unmittelbar offensteht.

Aber hat der repressive Staatsapparat nicht auch ganz erhebliche ideologische Anteile, die sein Wirken bestimmen und folglich seine Eroberung zumindest erschweren, wenn nicht gar ganz verhindern? Dieser Eindruck könnte vor allem an jenen Stellen entstehen, an denen Althusser die besondere Treue der Beamtinnen zum Ancien Régime erklärt. Die Beamtenschaft – Althusser spricht vom *corps d'État*, dem Staatskörper – kennzeichne ein ausgeprägter Korpsgeist und das Selbstverständnis, Teil des Herrschaftsapparates und damit einer gesellschaftlichen Elite zu sein. Zusammen mit sozialen Vergünstigungen und Sicherheiten, die der Staat seinen verbeamteten Dienern gewährt, erzeuge das Selbstverständnis der Beamtenschaft jene besondere Identifikation mit der alten Ordnung und ihren Prinzipien. Die »Modifikationen«, durch die sich die Beamtinnen in ihrem Tun und Handeln, aber auch in ihrem Denken von den anderen Menschen abheben, die ihre Arbeitskraft verkaufen, machen aus dem repressiven Staatsapparat allerdings noch keinen ideologischen.

Als ideologischer Staatsapparat müssten seine Aktionen darauf zielen, nicht nur die Beamten, sondern vor allem die von deren hoheitlichem Handeln betroffenen Bürgerinnen zu ordentlichen Subjekten zu bilden, das heißt, ihr innerstes Selbstverständnis zu beeinflussen. Doch das Funktionieren des repressiven Staatsapparats zielt gerade nicht auf Bildung, die Herstellung von innerer Konformität. Es bleibt auf den äußeren Druck zur Konformität beschränkt. Und diese Unterscheidung der Wirkungsweisen ist ausschlaggebend für die Unterscheidung zwischen einem ideologischen und dem repressiven Staatsapparat.

Nun ist Althusser natürlich vollkommen bewusst, dass es beim Wirken eines jeden ideologischen Staatsapparats Elemente der Repression gibt, so wie umgekehrt der repressive Staatsapparat ideologische Anrufungen in seinem Instrumentarium hat: keine Gerichtsverhandlung, die nicht an die Einsicht, das Gewissen, das Schuldbewusstsein und die Reue der Beklagten appellierte; kein Gefängnis in der bürgerlichen Gesellschaft, das nicht auch den – wie unzureichend auch immer verfolgten und erreichten – Anspruch erhöbe, die Gefangenen zu erziehen und so zu resozialisieren. Aber so sehr diese Phänomene auch die Differenz zwischen repressiven und ideologischen Staatsapparaten zu verwischen scheinen, für Althusser bleibt die Unterscheidung trotzdem möglich und sinnvoll, weil sich das Kriterium der Unterscheidung auf die dominante Form des Handelns bezieht. Das Gefängnis sperrt ein, auch wenn die Resozialisierung misslingt oder gar, wie Foucault in Überwachen und Strafen schreibt,[7] ihr Gegenteil – die Delinquenz – produzieren muss. Das Gericht urteilt – unabhängig vom Erfolg seiner Appelle.

Die Ursache für das über den unmittelbaren Zwang hinausgehende Beharrungsvermögen des repressiven Staatsapparates, das es ihm erlaubt hat, sich selbst der sozialistischen Revolutionen zu bemächtigen, liegt also weder in der Treue seines besonders geformten »Menschenmaterials« noch in den ideologischen Elementen, die sich in seinem Handeln finden. Werden nur diese beiden Erklärungsansätze herangezogen, dann hätten sich die Menschen im Staatsdienst der neuen Macht zuwenden müssen. Auch die Ideologien spielen im repressiven Handeln der staatlichen Verwaltung eine zu untergeordnete Rolle, um entscheidend zu sein. Althusser sieht die Erklärung für die reproduktive Kraft des repressiven Staatsapparates deshalb letztlich woanders: in dessen spezifischer, mit dem Recht verknüpften Funktion.

Um dieser Funktion auf die Spur zu kommen, nimmt er wörtlich, dass der Staat von Marx und Lenin als »Maschine« bezeichnet wird, und analysiert ihn als eine »Gewaltmaschine« zur Produktion von rechtlich verfasster Macht. So wie die Dampfmaschine von Dampf getrieben wird, wird die Gewaltmaschine

»Staat« von Gewalt angetrieben. Und so wie der Dampf, der die Dampfmaschine antreibt, das Feuer als Quelle der genutzten Energie hat, hat auch die Gewalt der Gewaltmaschine eine Quelle. Für Althusser sind diese Quelle die Klassenkämpfe, »die KRAFT oder GEWALT, die *›noch nicht‹* in MACHT und noch nicht in Gesetze und ins Recht transformiert wurde«.[8]

Der Machteffekt der Übersetzung von gesellschaftlichen Konflikten, wie sie Althusser mit dem Ausdruck »Klassenkampf« bezeichnet, in Recht besteht darin, dass eine Überlegenheit in der gesellschaftlichen Auseinandersetzung, wie gering sie auch sei, in ihrer verrechtlichten Form sofort die vollständige staatliche Durchsetzungsmacht nach sich zieht. Eine Gesellschaft mag in den Fragen der gleichgeschlechtlichen Ehe oder der Adoptionsrechte homosexueller Paare noch so gespalten sein: Sobald und solange diese Angelegenheiten rechtlich kodifiziert sind, gilt die Auffassung der Fraktion, die sich durchgesetzt hat, für alle und in allen entsprechenden Fällen. Für Althusser heißt das, im Recht vollzieht sich eine Umwandlung des Überschusses an Kraft, den die herrschende Klasse über die beherrschte hat, in die gesellschaftliche Kraft überhaupt.[9]

Es ist leicht zu sehen, warum eine solche Privilegierung gesellschaftlich dominierender Kräfte zur Verfestigung gesellschaftlicher Machtpositionen führt. Sie verschiebt die Ausgangslage in neuen Auseinandersetzungen zugunsten der bisher siegreichen Gruppen. Diese Verschiebung ergibt sich daraus, dass die Positionen in gesellschaftlichen Konflikten – auf jeden Fall dann, wenn damit Klassenkämpfe gemeint sind – von je spezifischen Interessen bestimmt werden. Wird das Ergebnis einer Auseinandersetzung verrechtlicht, so werden die Interessen der siegreichen Seite dauerhaft geschützt. Diese Privilegierung, die das Recht bei der Regelung gesellschaftlicher Konflikte vornimmt, ist denn auch der Grund dafür, dass Althusser in *Über die Reproduktion* sagt, das Recht sei der Staatsapparat, der *»direkt das Funktionieren der kapitalistischen Produktionsverhältnisse zu gewährleisten«*[10] habe.

Es ist allerdings darauf zu achten, dass durch das Bild von der überlegenen Kraft, die mit der Verrechtlichung eines Konflikts den ganzen Sieg davonträgt, die Verhältnisse nicht zu stark vereinfacht dargestellt werden. Denn die so getroffenen Regelungen können Gegenstand weiterer Auseinandersetzungen sein. So wurde die im Arbeitsvertrag verkaufte Arbeit in ihrer täglichen, wöchentlichen oder monatlichen Dauer beschränkt, obwohl die grundsätzlichen Eigentumsrechte, auf denen der Arbeitsvertrag beruht, und damit die Produktionsverhältnisse längst stabil kodifiziert waren. Der Konflikt um die Arbeitszeiten änderte an diesen grundlegenden Verhältnissen nichts. Im Gegenteil, solche »Kompromisse« haben wesentlich zur Stabilisierung der Produktionsverhältnisse beigetragen, weil sie sich in das zuvor gesetzte Recht einfügen, es präzisieren und nicht aufheben.

Die Systematik des Rechts, das heißt die Verträglichkeit der einzelnen Rechtssätze, auf die Althusser als besonderes Merkmal der juristischen Praxis hinweist, offenbart hier ihre ganze Bedeutung. Ohne diese Systematik ginge dem Recht viel von seiner stabilisierenden Wirkung verloren. So aber führen neue Auseinandersetzungen zwar zu Kompromissen. Sie heben aber den einmal errungenen Sieg nicht auf. Das ist auch deshalb wichtig, weil dadurch verständlich wird, warum selbst ein revolutionärer Sieg, der den Anspruch erhebt, die Ordnung grundlegend umzuwandeln, auf dem Boden des Rechts in den bestehenden Ordnungen und Routinen stecken bleiben muss. Die Revolution vermag zwar per Dekret manche Grundsätze umzustürzen; die auf diesen Grundsätzen aufgebauten rechtlichen Bestimmungen, die diese Grundsätze wiederum modifizieren und stützen, bestimmen aber weiterhin das Denken und Handeln der Beamten.

In *Marx in seinen Grenzen* macht Althusser deutlich, dass die rechtliche Verfassung des staatlichen Handelns nicht in erster Linie dem Schutz vor der Revolution dient. »[D]ie Gesetze dienen ihm [das heißt: dem Staat] dazu, seinen eigenen repressiven Apparat unter Kontrolle zu halten.«[11] Für Althusser ist daher die Gewaltenteilung – genauer: die funktionale Differenzierung der Staatsapparate in Ministerien, Behörden, Ämter, Dienststellen etc., die die bloße Gewaltenteilung in Legislative, Exekutive und Judikative um ein Vielfaches übersteigt und so die rechtsstaatliche Gewaltenteilung im Prozess der Bürokratisierung und Verantwortungsdistribution erst effektiv werden lässt – eine Verwirklichung des »Teile und herrsche«.[12] Im Verbund mit beamtenrechtlichen Vergünstigungen wie Kündigungsschutz und Pensionsansprüchen führt die Differenzierung des staatlichen Handelns aber auch dazu, dass die Staatsapparate von den gesellschaftlichen Konflikten getrennt werden. Den Staatsbediensteten werden soziale Privilegien gewährt, für die sie nicht eigens kämpfen müssen. Aber im Gegenzug dürfen sie an den gesellschaftlichen Auseinandersetzungen nicht oder nur im geringen Ausmaß teilnehmen. Das, so Althusser, sei die Bedingung dafür, dass die Staatsdienerinnen mit Sicherheit im Dienst der herrschenden Klasse stünden.[13]

Es sind also die Abgeschiedenheit und Überparteilichkeit des Rechts, die für Althusser seine Funktionalität für die reproduktive Kraft des Staates und damit für einmal etablierte Herrschaftsformen, für das Funktionieren der kapitalistischen Produktionsverhältnisse ausmachen.

Ein eigenständiger Staatsapparat

In welcher Beziehung steht nun aber das Recht zum repressiven Staatsapparat? Angesichts all der Institutionen, die in ihrer Gesamtheit diesen Apparat bilden und zu denen nicht nur die Exekutive samt den Rechtsdurchsetzungsorganen Polizei und Armee zählt, sondern auch die Justiz, die Gerichte und die Gefängnisse, läge die Vermutung nahe, auch das Recht sei Teil des repressiven Staatsapparates. Sein Handeln scheint das Recht selbst dann noch zu durchdringen, wenn der Staat den Ausnahmezustand erklärt und seine Aktionen scheinbar vom Korsett des Gesetzes befreit. Aber Althusser betrachtet das Recht nicht als ein Element des repressiven Staatsapparates. Vielmehr erklärt er ausdrücklich, das Recht sei ein eigener Staatsapparat, der neben dem repressiven existiere und mithin – Althusser kennt nur diese beiden Formen – ein ideologischer Staatsapparat sein muss.

Nach den bisherigen Überlegungen sollte diese Charakterisierung des Rechts überraschen, wird doch das Handeln des repressiven Staatsapparates als rechtlich beschrieben. Zugleich ist das rechtliche Handeln dieses Apparats zumindest im Kern zwangsläufig repressiv und nicht ideologisch, weil ansonsten auch der repressive Staatsapparat seinen repressiven Charakter verlöre und zum ideologischen Staatsapparat würde. Wäre das Recht ausschließlich eine Praxis des Staates, könnte es also keine eigenständige Rolle als ideologischer Staatsapparat spielen, sondern müsste im repressiven Staatsapparat aufgehen.

Dass dies nicht geschieht, hängt damit zusammen, dass das rechtlich codierte Funktionieren der kapitalistischen Produktionsverhältnisse nicht allein durch Repression gewährleistet wird. Sicher, die Repression spielt eine nicht zu unterschätzende Rolle. Aber im alltäglichen Leben könnte sie die kapitalistischen Produktionsverhältnisse nicht gewährleisten, wenn sie jeden Eigentumstitel, die Einhaltung jedes Vertrags rund um die Uhr direkt durchsetzen müsste. Althusser empfiehlt zum Verständnis der Rolle des Rechts, auf die »anständigen Leute« zu hören, für die außer Frage steht, dass Polizei und Justiz »keineswegs am Horizont des Gewissens der vertragsschließenden Parteien zu finden« sind: »Diese ›anständigen Menschen‹ haben einfach recht; sie haben übrigens immer recht – es kommt bloß darauf an zu begreifen, was die Gründe sind, die ihnen recht geben.«[14]

Den Grund für die alltägliche Ausübung und Anerkennung der rechtlichen Praktiken sieht Althusser neben der Repression, die sie in letzter Instanz garantiert, vor allem im Wirken von etwas, das er die »juristische Ideologie« mit einer »Ergänzung« durch die »moralische Ideologie« nennt.[15] Die juristische Ideologie ist dabei eine Modifikation des Verständnisses der Rechtspraxis. In dieser gilt etwa, dass alle geschäftsfähigen Individuen »juristisch frei« sind. Damit, erläutert Althusser, sei gemeint, dass das Individuum frei ist, »Verträge abzuschließen oder auch nicht, seine Güter zu gebrauchen oder zu missbrauchen usw.«.[16] Und genauso definiert das Recht eine juristische Gleichheit »durch das System seiner Regeln – eine vollkommen genaue Definition der Gleichheit, die nur innerhalb der Grenzen des RECHTS gültig ist«,[17] wie auch die Verpflichtungen, die das Recht festlegt, ganz aus ihm allein heraus bestimmt sind.

Althusser ist es wichtig zu bemerken, dass Freiheit, Gleichheit und Verpflichtung hier einen rein rechtlichen Sinn bekommen. Sie haben also nichts mit moralischen, politischen oder metaphysischen Freiheits-, Gleichheits- oder Verpflichtungsbegriffen zu tun. Zu diesen besteht eine bloße Homonymie – ein Gleichklang der Bezeichnungen –, der nicht dazu verführen darf, auch eine inhaltliche Übereinstimmung anzunehmen.

Die Ideologie, deren das Recht laut Althusser bedarf, um zu funktionieren, streicht nun diesen Bezug auf das Recht (auf seine Systematik, seinen Formalismus, seine Praktiken) und erklärt stattdessen, die Menschen seien von Natur aus frei und gleich sowie durch ihr Gewissen und die Pflicht veranlasst, sich an Verträge und Gesetze zu halten. Es ist dies eine scheinbar geringfügige Differenz, aber ihr Resultat ist – so Althusser –, dass das Recht in der übergroßen Zahl seiner Anwendungsfälle der Repression nicht mehr bedarf, um effektiv zu sein.

Eine solche Wirkung der juristisch-moralischen Ideologie ist nur zu erklären, wenn zwei Aspekte des althusserschen Ideologiebegriffs zusammengenommen werden, die er außer beim Recht getrennt diskutiert. Der erste Aspekt ist die Rolle der Ideologie für die praktische Subjektivierung: Demnach geht die Subjektwerdung überhaupt nur vonstatten, indem ein menschliches Wesen in bereits bestehende Formen des Handelns, Wahrnehmens und Interpretierens einbezogen wird. Subjekt zu sein heißt zu wissen, wie man etwas macht, wahrnimmt, versteht. Im Fall des Rechts heißt das zu wissen – und zwar nicht nur abstrakt theoretisch, sondern ganz praktisch zu wissen –, wie man Verträge abschließt, rechtlich verbindliche Verpflichtungen eingeht, die eigene juristische Freiheit genießt und sich zu anderen als rechtlich Gleichgestellten verhält. Nur durch die Stabilisierung dieses Wissens und Könnens der »anständigen Leute« kann das Recht überhaupt die kapitalistischen Produktionsverhältnisse gewährleisten.

Um die subjektivierende Wirkung einer Ideologie zu erzielen, würde das Recht als Praxis alleine bereits ausreichen. Althusser will aber mit der spezifischen juristisch-moralischen Ideologie, die im weiteren Sinne zum Recht gehört, auch noch erklären, warum das Recht diese Stabilisierungswirkung auch im revolutionären Prozess hat. In diesem fällt nicht nur die Repression weg, die die bisher gültigen Regeln in letzter Instanz aufrechterhielt, sondern die Produktionsverhältnisse sollen ausdrücklich über den Haufen geworfen werden. Neben der Gewohnheit – dem, was schon Aristoteles die »zweite Natur« nennt, die durch Einübung, durch stetige Wiederholung entsteht – kommt deshalb ein zweiter Aspekt des Ideologiekonzepts ins Spiel: »Das RECHT ist ein ›Ausdruck‹ der Produktionsverhältnisse, auch wenn es sich innerhalb des Systems seiner Regeln in keiner Weise auf die besagten Produktionsverhältnisse bezieht, sondern diese ganz im Gegenteil *geradezu verschwinden lässt.*«[18]

Es ist das Verschwindenlassen, das Unsichtbarwerden, das den zweiten ideologischen Aspekt kennzeichnet. Eine Ideologie hat im epistemischen Feld, also auf dem Gebiet der Erkenntnis und des Wissens, für Althusser die Eigenschaft, abgeschlossen zu sein. Das bedeutet keineswegs, es gäbe ein Außen der Ideologie in dem Sinne, dass sie bestimmte Phänomenbereiche nicht erfasste. Vielmehr ist es eine der Eigenschaften des Rechts, die Althusser hervorhebt, potenziell vollständig zu sein. Das Verschwinden und Unsichtbarwerden vollzieht sich innerhalb des Gegenstandsbereiches der Ideologie. Der Gegenstand wird gesehen und zugleich doch nicht gesehen. Ein Zustand, der sich nicht durch eine Verstärkung der Konzentration, ein genaueres intensiveres Hinsehen, verändern lässt, sondern nur durch eine Verschiebung der Phänomenkonstitution selbst – nur durch ein anderes Sehen.

Dieses andere Sehen kann durch eine Verschiebung der Fragestellung ausgelöst werden, etwa wenn eine Ideologie durch eine andere ersetzt wird. Althusser kennt jedoch noch einen zweiten Modus der Verschiebung, den er durch den emphatisch gebrauchten Ausdruck »Wissenschaft« markiert und der die Abgeschlossenheit, die jede Ideologie kennzeichnet, aufbricht, sie zu einem offenen Prozess des vervielfältigenden Fragens führt. Denn die Abgeschlossenheit der Ideologie, die, wie gesagt, nicht die Beschränkung ihrer möglichen Gegenstände bedeutet, entsteht nach Althusser, indem sie nur Fragen produziert, für die die Antworten bereits feststehen. Es wird sich gleich zeigen, inwiefern sich auch im Recht etwas Ähnliches vollzieht.

Wenn das Recht als eine Ideologie funktioniert, die das verbirgt, worum es eigentlich geht, dann heißt das, dass die Rede von Freiheit, Gleichheit und gegenseitigen Verpflichtungen in den Diskursen des Rechts ohne Bezug auf das auskommt, was das Recht garantieren soll: den Fortbestand der kapitalistischen Produktionsverhältnisse.

Das Beispiel der bereits zitierten Begrenzung der Arbeitszeit soll deutlicher machen, wie das spezifische Nicht-Sehen im Recht funktioniert. Im rechtlichen Diskurs handelt es sich bei dieser Beschränkung um eine Festlegung der spezifischen Verpflichtung, die aus dem Arbeitsvertrag hervorgeht. Prinzipiell ist die Länge des Arbeitstags, wie schon Marx im ersten Band von *Das Kapital* schreibt, »an und für sich unbestimmt«.[19] Zwar gibt es eine Untergrenze, bei deren Unterschreiten die gesellschaftliche Reproduktion zusammenbrechen würde, aber die Obergrenzen, die Marx zum einen als physisch (»So kann ein Pferd tagaus, tagein nur 8 Stunden arbeiten«)[20] und zum anderen als »moralisch« (»Der Arbeiter braucht Zeit zur Befriedigung geistiger und sozialer Bedürfnisse, deren Umfang und Zahl durch den allgemeinen Kulturzustand bestimmt sind«)[21] beschreibt, sind beim Menschen ausgesprochen flexibel. »So finden wir Arbeitstage von 8, 10, 12, 14, 16, 18 Stunden, also von der verschiedensten Länge.«[22]

Da sich beim Abschluss des Arbeitsvertrags juristisch Freie und Gleiche gegenüberstehen, ist die Länge des Arbeitstages zunächst einmal reine Verhandlungssache, eine abzustimmende Vertragsbedingung im Kontrakt zur Veräußerung der Arbeitskraft. Das Recht sieht hier nur zwei Vertragspartner, die sich seiner formalen Praktiken bedienen, um zu einer Koordination ihrer jeweiligen Leistungen zu kommen. Die juristische Ideologie aber sieht zwei tatsächlich – »von Natur aus« – freie und gleiche Vertragsparteien. Sie kann also nicht die Grenze des Rechts erfassen, die darin besteht, dass hier aufgrund der Eigentumsverfügung über die Mittel der Produktion ungleiche materielle Voraussetzungen vorliegen, ungleiche Zwangslagen, die vonseiten der Arbeitskraftverkäufer eine tatsächlich freie Vereinbarung unmöglich machen, obwohl kein rechtlicher Zwang herrscht, einen bestimmten oder überhaupt irgendeinen Arbeitsvertrag zu unterschreiben.

Allerdings ist diese Zwangslage so eklatant, dass die Fiktion des frei geschlossenen Vertrags schnell zerbrechen muss. Bleiben sie ungebremst, dehnen die Käufer der Arbeitskraft den Arbeitstag so weit aus, dass schließlich alle Obergrenzen – seien sie so flexibel, wie sie wollen – überschritten werden. »Der Kapitalist beruft sich [...] auf das Gesetz des Warenaustausches. Er, wie jeder andre Käufer, sucht den größtmöglichen Nutzen aus dem Gebrauchswert seiner Ware herauszuschlagen«,[23] beschreibt Marx die rechtliche Seite dieser Extensivierung der Ausbeutung. Doch auch auf der Seite derjenigen, die ihre Arbeitskraft verkaufen, gibt es einen entsprechenden rechtlichen Diskurs.

> »Dir gehört [...] der Gebrauch meiner täglichen Arbeitskraft. Aber vermittelst ihres täglichen Verkaufspreises muß ich sie täglich reproduzieren und daher von neuem verkaufen können. [...] Ich will täglich nur soviel von ihr flüssig machen, in Bewegung, in Arbeit umsetzen, als sich mit ihrer Normaldauer und gesunden Entwicklung verträgt. Durch maßlose Verlängrung des Arbeitstags kannst du in einem Tage ein größres Quantum meiner Arbeitskraft flüssig machen, als ich in drei Tagen ersetzen kann. Was du so an Arbeit gewinnst, verliere ich an Arbeitssubstanz.«[24]

Hier, fasst Marx zusammen, steht Recht gegen Recht. Und: »Zwischen gleichen Rechten entscheidet die Gewalt.«[25]

Mit Althusser können wir aber sehen, dass diese letzte Schlussfolgerung – das Entscheiden der Gewalt – nicht die richtige Beschreibung ist. Entschiede die Gewalt, würde der Kapitalismus seine eigene Grundlage, die doppelt freie Arbeitskraft, zerstören. Und in der Phase seiner Entstehung ebenso wie in den Kolonien hat er das vielfach auch getan: durch die Wiedereinführung der Sklaverei in der Form der Schuldknechtschaft oder durch Arbeit bis zur Vernichtung. Die juristische Ideologie fasst die Auseinandersetzung aber nicht als eine Frage der Gewalt, sondern als eine Auseinandersetzung um den fairen Vertrag, um das richtige Recht. Das heißt, gekämpft wird zwar, aber nicht um die Eigentumsverhältnisse, sprich die Produktionsverhältnisse als solche, sondern um eine Fassung des Rechts, die die rechtliche Gleichheit und Freiheit der Vertragsparteien, die als Ausdruck ihrer natürlichen Freiheit und Gleichheit gilt, wiederherstellt. Die Produktionsverhältnisse, die den wahren Grund des Interessensausgleichs zwischen den beiden rechtlich gefassten Ansprüchen darstellen, werden so in der Form von Interessen – das Interesse an der Ausbeutung und das Interesse an der Erhaltung der Arbeitskraft – erfasst, bleiben aber als Produktionsverhältnisse unsichtbar. Wo eklatant wird, dass der Vertrag nicht zwischen Freien und Gleichen geschlossen wird, stellt das Recht durch seine spezifische Transformation gesellschaftlicher Konflikte rechtliche Freiheit und Gleichheit und damit die Grundlage der juristischen Ideologie von natürlicher Gleichheit und Freiheit wieder her.

So lässt sich auch verstehen, warum Althusser bei Ideologie von einer doppelten Verzerrung spricht. Die Ideologie bezieht sich nicht unmittelbar auf die Produktionsverhältnisse, sondern auf die selbst schon verzerrten (imaginären) Verhältnisse der Individuen zu den Produktionsverhältnissen. Das Recht ist rein praktisch das imaginäre Verhältnis der Individuen zu den Produktionsverhältnissen. Es macht aus Ausbeutenden und Ausgebeuteten Vertragsparteien, die sich rechtlich ihre jeweiligen Leistungen schulden. Die Ideologie aber, die sich auf das Recht bezieht, eröffnet für die Konflikte, die sich aus den Produktionsverhältnissen ergeben, nur rechtliche Lösungen, weil sie die Freiheit und Gleichheit zum unabänderlichen Ziel erklärt, das durch die rechtlichen Formen verwirklicht werden muss. Die Antwort auf alle Probleme ist folglich immer nur ein Mehr an Recht, ein neues, ein anderes Recht, mehr Gesetze zum Schutz der Ausgebeuteten, aber niemals eine Veränderung der Produktionsverhältnisse, die den Zustand der Ausbeutung aufheben würde.

Es zeigt sich hier zugleich, wie nicht nur die Repression in den Hintergrund tritt, weil den gesellschaftlichen Konflikten durch das Recht bereits ein Rahmen gegeben wird, der dafür sorgt, dass die Produktionsverhältnisse erhalten bleiben. Es zeigt sich auch noch einmal genauer, wie die Revolution am Recht scheitern kann. Solange die rechtliche Form die einzige soziale Form bleibt, in der die verbindliche Koordination von Freien und Gleichen erfolgen kann, bleibt auch die rechtliche Freiheit, »Verträge abzuschließen oder auch nicht, seine Güter zu gebrauchen oder zu missbrauchen usw.«, als Modell von Freiheit überhaupt bestehen. Es ist aber diese rechtlich verstandene Freiheit, die die Produktionsverhältnisse hervorbringt. Obwohl das in der Verwirklichung der rechtlichen Freiheit nicht thematisch ist, hält sie die Produzierenden von den Produktionsmitteln getrennt. Wer nichts hat, wird von den rechtlichen Verkehrsformen in dieser Position gehalten und kann in den Verträgen nichts verkaufen als die eigene Arbeitskraft.

Selbst wenn das Privateigentum an Produktionsmitteln durch die Revolution abgeschafft wird, bleibt diese Trennung bestehen. Die von der Revolution erzeugte Leerstelle bei der Koordination der Produktion wurde im real existierenden Sozialismus bekanntlich von der Planungsbürokratie ausgefüllt. Statt die Trennung der Produzierenden von den Produktionsmitteln aufzuheben, besetzte die Bürokratie die vakante Rolle der Eigentümerinnen. Als Ideologie produziert das Recht eben nur Fragen, auf die zumindest die Form der Antworten, wenn auch nicht ihr konkreter Inhalt, schon vorgegeben ist: der Arbeitsvertrag mit seiner Rollenzuweisung bei der Bestimmung über den Einsatz der Produktionsmittel und die Anwendung der Arbeitskraft.

Wo Althusser sagt, das Recht sei Ausdruck der Produktionsverhältnisse, zeigt seine Reproduktions-, Ideologie- und Subjektivierungstheorie mithin, dass dieser Ausdruck tatsächlich »das Funktionieren der kapitalistischen Produktionsverhältnisse gewährleistet« – also mehr als ein bloßer Ausdruck ist. Und sie zeigt auch, dass »die Polizei + die Gerichte und die Justizbeamten + die Gefängnisse usf.«, die Althusser an einer Stelle dann neben den »Gesetzbüchern + der juristisch moralischen Ideologie« eben doch zum »realen System«, auf das sich die Bezeichnung »Recht« bezieht, zählt, dass also diese repressiven Institutionen zugleich Teil eines zweiten, den repressiven Staatsapparat durchdringenden und in ihm nicht aufgehenden Staatsapparates sind, der die Eroberung der Macht in Form der Eroberung des Staates unmöglich werden lässt.

Mit der Ideologie über die Ideologie hinaus?

Die Theorie der Reproduktion ist, wie gesagt, nicht zuletzt der Versuch, das Scheitern der Revolution zu verstehen. Sie ist der von Althusser selbst nie veröffentlichte, in ihren Formulierungen nicht immer vollständig konsistente Ansatz einer Problematisierung. Das heißt vor allem: Sie ist keine Lösung, kann keine Lösung der aufgeworfenen Probleme sein. Und das provoziert eine ganze Reihe offener Fragen, die auch Theorien, die an Althusser anschließen – etwa die eingangs erwähnte Theorie der Performanz von Judith Butler – heimsuchen.

Allerdings hatte Althusser selbst eine solche Lösung noch in dem berühmten Aufsatz *Marxismus und Humanismus*, der ungefähr ein halbes Jahrzehnt vor *Über die Reproduktion* geschrieben wurde, versucht. Der Beitrag beginnt mit einer Charakterisierung des Humanismus als Ideologie, die der juristischen Ideologie sehr ähnlich ist. Der Humanismus behaupte, dass das »Wesen des Menschen [...] in Freiheit und Vernunft besteht«.[26] Ab 1845 überwinde Marx aber diese Ideologie, indem »er in der Theorie der Geschichte das alte Begriffspaar aus Individuum und menschlichem Wesen durch neue Begriffe (Produktivkräfte, Produktionsverhältnisse etc.) ersetzt, [...] das heißt durch eine Theorie der unterschiedlichen spezifischen Ebenen der menschlichen Praxis (ökonomische Praxis, politische Praxis, ideologische Praxis, wissenschaftliche Praxis)«.[27]

Nach dieser Charakterisierung des marxschen Antihumanismus in der Theorie nimmt der Text jedoch eine überraschende Wendung. Die Ideologie hört mit dieser Einsicht nicht auf: »[D]enn die Erkenntnis dieser Ideologie, die sich als Erkenntnis der Bedingungen ihrer Möglichkeit, ihrer Struktur, ihrer spezifischen Logik und ihrer praktischen Rolle im Schoß einer gegebenen Gesellschaft entfaltet, ist zugleich auch die Erkenntnis der Bedingungen ihrer Notwendigkeit.«[28]

Von diesem Punkt aus will Althusser die Ideologie durch sich selbst bekämpfen. Es gelte, »auf die Ideologie einzuwirken und sie in ein Instrument der reflektierten Einwirkung auf die Geschichte zu verwandeln«.[29] Was in *Über die Reproduktion* ein Problem beschreibt, wird so in *Marxismus und Humanismus* zu dessen Lösung. Die Ideologie der wesenhaften Freiheit des Menschen verschwinde nicht mit dem Ende der Klassenherrschaft, denn sie sei kein bloßer Zynismus der herrschenden Klasse, sondern die Weise, wie sich die Menschen aller Klassen ihr Verhältnis zu den Verhältnissen, in denen sie leben, imaginieren. Aufgrund dieser Imagination würden die Menschen gebildet, und das heißt einerseits, sie werden in die Lage versetzt, den Anforderungen ihrer Existenzbedingungen zu genügen, andererseits heißt es aber auch, dass sie die Fähigkeit erwerben, die Gesellschaft zu verändern. Und daraus schließt Althusser auf die Rehabilitierung nicht des theoretischen, aber des praktisch-politischen Humanismus: »In der Ideologie *lebt auch* die klassenlose Gesellschaft die Nichtentsprechung und Entsprechung ihres eigenen Verhältnisses zur Welt, in ihr und durch sie verändert sie das ›Bewusstsein‹ der Menschen.«[30] Der sozialistische Humanismus sei daher »*Ablehnung* und Anklage: Er besteht in der Ablehnung aller Diskriminierung des Menschen, sei sie nun rassisch, politisch, religiös oder sonst eine. Er besteht in der Ablehnung jeder Art von ökonomischer Ausbeutung und von politischer Knechtschaft. Er besteht in der Ablehnung des Krieges.«[31]

Doch auch wenn die Ideologie so bei Althusser eine kritische Funktion sowohl gegen die sogenannte Unmenschlichkeit des Imperialismus als auch im Hinblick auf die »gegenwärtige Nichtentsprechung«[32] in den damaligen sozialistischen Gesellschaften gewinnt: Die Lösung der Probleme (»freie Entwicklung des Individuums, Achtung des sozialistischen Rechts, Würde der Person etc.«[33]) kann nur die »Ausarbeitung neuer *Organisations*formen – für das ökonomische, das politische und das ideologische Leben«[34] bringen. Und deren Fehlen ist das Problem, das *Über die Reproduktion* kenntlich macht.

Althusser beschreibt so neben den Mechanismen der Gesellschaft, in der wir leben, und ihrem Umgang mit gesellschaftlichen Konflikten nicht zuletzt auch, worin die Gefahr besteht, gesellschaftliche Errungenschaften nur noch in der Sprache der Rechte zu formulieren und Politik nur noch als Kampf ums Recht aufzufassen. Heute, wo die Fiktionen eines Rechts, das aus sich selbst heraus entsteht und sich aus sich selbst heraus entwickelt, allgegenwärtig sind, bleibt Althusser eine Stimme, die es zu hören gilt. Durch die Formeln des Marxismus-Leninismus, dem er sich verpflichtet fühlte, und die Rhetorik des Klassenkampfes hindurch besteht darin die Aktualität seines Denkens.

Anmerkungen

1 Louis Althusser: Über die Reproduktion. Hamburg 2012, S. 117.
2 Für eine neuere Diskussion dieser Problematik vgl. Eva von Redecker: Praxis und Revolution. Eine Sozialtheorie radikalen Wandels. Frankfurt/Main, New York 2018.
3 Althusser: Über die Reproduktion. A. a. O., S. 113.
4 Ebd., S. 197.
5 Vgl. Louis Althusser: Marx in seinen Grenzen. Frankfurt/Main. 2023, S. 123.
6 Petr Stučka: Die revolutionäre Rolle von Recht und Staat. Frankfurt/Main 1969, S. 139. (Reihenfolge der Sätze geändert.)
7 Vgl. Michel Foucault: Überwachen und Strafen. Die Geburt des Gefängnisses. Frankfurt/Main 1994, S. 340–358.
8 Althusser: Marx in seinen Grenzen. A. a. O., S. 115.
9 Vgl. ebd., S. 116.
10 Althusser: Über die Reproduktion. A. a. O., S. 240.
11 Althusser: Marx in seinen Grenzen. A. a. O., S. 113.
12 Vgl. ebd., S. 122.
13 Vgl. ebd., S. 131.
14 Althusser: Über die Reproduktion. A. a. O., S. 107.
15 Vgl. ebd., S. 108.
16 Ebd., S. 109.
17 Ebd.
18 Ebd., S. 98.
19 Karl Marx [1890]: Das Kapital. Kritik der politischen Ökonomie. Erster Band. In: Marx-Engels-Werke. Band 23. Berlin 2005, S. 246.
20 Ebd.
21 Ebd.
22 Ebd., S. 247.
23 Ebd.
24 Ebd., S. 248.
25 Ebd., S. 249.
26 Louis Althusser: Marxismus und Humanismus. In: Ders.: Für Marx. Berlin 2011, S. 284.
27 Ebd., S. 291 f.
28 Ebd., S. 294.
29 Ebd., S. 297.
30 Ebd., S. 301.
31 Ebd., S. 303.
32 Ebd., S. 305.
33 Ebd., S. 306.
34 Ebd.

Die Geburt des Subjekts aus dem Geist des Rechts

Von Jens Christian Müller-Tuckfeld

»Der Mensch, von dem man uns spricht und zu dessen Befreiung man uns einlädt, ist bereits in sich das Resultat einer Unterwerfung, die viel tiefer ist als er.«

Michel Foucault

Die These, die hier umrissen werden soll, lässt sich wie folgt zusammenfassen: Das Subjekt ist nicht nur eine zentrale Kategorie des Rechts (und zwar des Privat-, des Straf- und des Öffentlichen Rechts) – das Subjekt wird in seiner modernen Gestalt logisch und historisch durch das Recht der kapitalistischen Gesellschaft erst geschaffen. Das autonome, zentrierte und sich selbst bewusste Subjekt ist keine Gestalt einer »reinen« philosophischen Aufklärung, die nicht nur aus der selbstverschuldeten Unmündigkeit heraus-, sondern zugleich als mündiges Subjekt in das Recht eingeführt worden wäre. Vielmehr ist das Subjekt ein notwendiges Konstrukt einer kapitalistischen Marktgesellschaft. Bevor wir also einen Rekurs auf die klassische marxistische Theorie der gleichen und freien Subjekte unternehmen werden, werfen wir einen kurzen, exemplarischen Blick auf das Subjekt im Privat- und im Strafrecht. Das öffentliche Recht lassen wir aus Platzgründen aus, obwohl gerade auch hier das Recht die Individuen als staatsbürgerliche Subjekte anspricht.[1]

Privatrecht oder: von schöpferischen und juristischen Personen

Ziel des Privatrechts ist die rechtliche Zuordnung von Vermögen, Schäden und Haftung. Diese Kategorien werden notwendigerweise einer Person zugeordnet. Diese Person ist aber, zumindest in der Rechtstheorie, nicht nur ein beliebiger Fixpunkt, eine Stelle, der formal Rechte und Pflichten zugeordnet würden. Vielmehr ist der Dreh- und Angelpunkt des gesamten Privatrechts der Grundsatz der Privatautonomie. Ein (Kauf-, Miet-, Arbeits-, Werk-, etc.-)Vertrag kommt in der Regel zwischen zwei Personen durch zwei sich deckende Willenserklärungen zustande. Man kann die Finessen dieser Konstruktion in jedem Lehrbuch des allgemeinen Teils des Bürgerlichen Gesetzbuches (BGB) nachlesen. Jedenfalls bedarf es für (fast) jeden Vertragsschluss zweier autonom handelnder Subjekte.

Wie zentral diese Fiktion in der Funktion des Privatrechts ist, lässt sich vielleicht am besten an zwei Problemfällen exemplarisch zeigen. Problemfälle insoweit, als die zu behandelnden Materien zunächst einmal durch die Rechtsdogmatik nur schwierig unter den Begriff des Subjektes mit seiner ganzen durch die nachcartesianische Philosophie aufgeladenen Tradition zu bringen waren. Zudem zwei auf den ersten Blick sehr unterschiedliche Problemfälle, nämlich zum einen die Regelung des Rechts zusammengefasster Vermögen (Vereine, Stiftungen, Aktiengesellschaften etc.) und zum anderen ein auf den ersten Blick eher klein erscheinendes Problem, das des Urheberrechts an Fotografien.

Das Problem überindividueller Vermögen stellte sich bei der Konstruktion der Figur des Rechtssubjekts im sich entwickelnden Kapitalismus naturgemäß unmittelbar. Die veränderten Formen der Produktion und deren gesellschaftliche Organisation bedurften einer Rechtsfigur, die eine überindividuelle Zuordnung von Rechten, Vermögen, Schäden und Haftung zuließ. Das wäre noch durch eine Multiplizierung der individuellen Rechtssubjektivitäten zu bewerkstelligen gewesen. Wichtiger war, dass sich das überindividuelle Vermögen (zuerst insbesondere der Aktiengesellschaft) von den individuellen Zwecksetzungen der beteiligten Personen emanzipiert hatte. Wichtigstes Ziel war die Begrenzung der Haftung auf das in die jeweilige Organisation eingebrachte Vermögen. Und die Lösung dieses Problems wurde durch die Kategorie der juristischen Person gefunden.[2] Der Clou daran ist, dass man die Begrifflichkeit durchaus wörtlich nehmen kann. Ob man nun, und das ist in der juristischen Dogmatik durchaus umstritten, die juristische Person als rechtlich konstruktive Fiktion, als rechtsfähiges Zurechnungsobjekt oder als ein bestimmten Zwecken gewidmetes Sondervermögen betrachtet, ist dafür eher belanglos. Oder wie es der Standardkommentar zum BGB ausdrückt: »Dieser Theorienstreit ist für die praktische Rechtsanwendung unergiebig.«[3]

Die juristische Person handelt durch ihre Organe wie ein Individuum. Aber nicht nur das. Ihr werden als Person gemäß Artikel 19 Abs. 3 GG alle Grundrechte gewährleistet, »soweit sie ihrem Wesen nach auf diese anwendbar sind«. Und diese Analogie hat in der Rechtspraxis weitreichende Konsequenzen: vom Schutz der »gesellschaftliche[n] oder gesellige[n] Intimsphäre« der juristischen Person bis hin zum ominösen Recht des »eingerichteten und ausgeübten Gewerbebetriebs«, das ansonsten höchst persönliche Rechte auch der juristischen Person zugesteht.[4] Andererseits zeigt das Handels- und Wirtschaftsrecht, dass sich die juristische Person intern in eine Vielzahl von Einzelverträgen auflöst, sodass die Haftung der Organisation dann doch die Haftung der Individuen, die gleichsam Knotenpunkte eines juristischen Netzes bilden, ist. Nun ist, um nicht missverstanden zu werden, die juristische Person nicht die Usurpation des autonomen Subjektes durch die Zwänge institutioneller Verflechtungen. Diese wirtschaftsliberale Illusion über eine Zeit, in der die Privatautonomie der Rechtssubjekte noch uneingeschränkt gegolten haben soll, nährt gerade die Vorstellung des sich selbst gewissen und keinen Zwängen unterworfenen Subjekts, von dem auch die Figur der juristischen Person zehrt.[5]

Das zweite Beispiel kommt etwas unscheinbarer daher. Das Urheberrecht als Teil des Privatrechts eröffnet die Möglichkeit der Zuordnung sogenannten »geistigen Eigentums« zu einer natürlichen oder juristischen Person. Dem schöpferischen Subjekt, der Autorin, dem Maler, der Bildhauerin, wird die Möglichkeit gegeben, mit den »immateriellen« Werten seiner Arbeit als Sacheigentum zu verfahren. So hat also beispielsweise der Kunstmaler nicht nur Eigentum an der Leinwand, den Farben etc., also der materialen Fixierung des Bildes. Vielmehr gehören ihm die Komposition, die Idee, die spezifische Art der Ausführung. Auch wenn das Beispiel etwas romantisierend-idyllisch erscheinen mag und eher an den armen Poeten von Spitzweg denken lässt denn an die Software-, Markenzeichen-, etc.-Piraterie, die wohl der zentrale Gegenstand des modernen Urheberrechts ist, so lässt sich an ihm doch einiges verdeutlichen. Bernard Edelman und, auf seinen Spuren und darüber hinaus wandelnd, Gerhard Plumpe haben gerade am juristischen Umgang mit der neu aufkommenden Fotografie Bedeutung und Schwierigkeiten der Subjektkategorie im Recht aufgezeigt.[6] Für den juristischen Diskurs, getrieben von der zunehmend wichtigen Möglichkeit, auch Gedanken zu vermarkten und dem Produktionsprozess einzuverleiben, stellte sich schon bei der Frage der Urheberschaft an Büchern ein Problem. Ideen sind Allgemeingut, war die verbreitete Auffassung, bevor in der ersten Hälfte des 18. Jahrhunderts der Autor als Zentrum seines Werkes konstruiert wurde. Mit Plumpe kann man von einer *Geburt der Ästhetik aus dem Geiste des Rechts* sprechen. Wenn die Ideen schon, wie ein englischer Jurist 1762 schrieb, nicht eigentumsfähig (»not susceptible of property«)[7] seien, so musste eine andere Begründung der Zentrierung geistiger Werte in einem Subjekt und damit die Bedingung der Möglichkeit der Aneignung dieser geistigen Werte gefunden werden. Diese Begründung lag in der *Eigentümlichkeit*, in der Unerwartbarkeit der Formierung der Elemente des Gemeingutes Wissen im spezifischen Werk des Autors. Somit war die Ästhetik als Quelle der subjektiven Zuordnung des Eigentums geboren.

Die juridische Geschichte der Fotografie und des Films teilt sich in zwei Akte. Der erste Akt ist gewissermaßen ein Beispiel für die realen Schwierigkeiten der – um es in einer oft missverstandenen marxistischen Metapher auszudrücken – Basis mit der relativen Autonomie »ihres« Überbaus. Oder, genauer und richtiger: mit der relativen Eigenständigkeit ideologischer Kämpfe und Widersprüche. Denn die soeben angesprochene Ästhetisierung der Kunst, die Zentrierung der Aneignung auf eine künstlerische Hervorbringung eines Rechtssubjektes, behinderte durch ihren Diskurs die Aneignung der neuen Techniken Fotografie und Film. Denn was anderes war die Fotografie als eine Re-Produktion des Realen? Eines schon angeeigneten Realen, sodass diese Technik als Überaneignung erscheinen muss. Vor allem bildende und schreibende Künstler, die sich in dem nun entwickelten Urheberrecht als großartige Subjekte wiedererkannten, polemisierten gegen die Ansprüche der neuen Techniken. Zitieren wir exemplarisch:

> »Ein Maler kopiert nicht nur, er ist ein Schöpfer. Desgleichen wäre ein Musiker kein Künstler, wenn er sich damit begnügte, mithilfe eines Orchesters den Kessel auf der Feuerstelle oder einen Hammer auf dem Amboss zu imitieren. [...] Der Photograph wird niemals den Maler ersetzen; der eine ist ein Mensch, der andere eine Maschine.«[8]

Doch es waren nicht nur die Künstler, die so redeten. Die Juristen waren ebenso bemüht, einen klaren Trennstrich zwischen Kunst und Fotografie zu ziehen. Ihre Argumentation drehte sich ebenso um das schöpferische Subjekt auf der einen, das maschinell handelnde Individuum auf der anderen Seite. Die Kunst des Fotografen, so führt beispielsweise das Urteil des Handelsgerichts Seine vom 7. März 1861 aus,

> »beschränkt sich auf einen rein mechanischen Prozess, bei dem er sich mehr oder weniger geschickt erweisen kann, ohne dass er aber verglichen werden könnte mit jenen, die als Künstler arbeiten, in denen Geist und Phantasie und zuweilen auch das von den Regeln der Kunst geformte Genie wirken«.[9]

Ende des 19. Jahrhunderts nun trat das Medium aus seinem Schattendasein hervor. Die Zahl der Amateur- und Berufsfotografen nahm ebenso zu wie die Verwendungsmöglichkeiten der Fotografie in den verschiedenen Industrien. Nun fand im juridischen Diskurs, der weiterhin um den ruhenden Pol des schöpferischen Subjekts kreist, eine Verlagerung statt. War bisher der Mensch, der den Foto-APPARAT bediente, selbigem quasi als Anhängsel zugeschlagen worden, so wurde nun der Mensch zum schöpferischen Subjekt und die Maschine zum reinen Instrument der Subjektivität. War bisher die Arbeit des Individuums unter den Mechanismus der Optik und Mechanik subsumiert, so wurde nun umgekehrt die Technik subjektiviert. Sie wurde zum Mittel künstlerischer Hervorbringung. Alphonse de Lamartine, der gerade noch den Fotografen als Maschine gesehen wissen wollte, erklärte nun, dass die Fotografie gar besser als eine gewöhnliche Kunst sei, »ein Sonnenphänomen, wo der Künstler mit der Sonne zusammenarbeitet«.[10] Die für die warenförmige Verwertung der neuen Technik notwendige individuelle Aneignung und ihr urheberrechtlicher Schutz wurden nun genauso organisiert wie einst bei der Frage nach der Urheberschaft von Büchern. Waren dort die Ideen nicht privataneignungsfähiges Gut, so war es hier die abgebildete Realität. Die besondere Anstrengung des schöpferischen Subjektes erst erlaubte es, diese Gemeingüter privat anzueignen und damit dem Verwertungsprozess zugänglich zu machen.

Dies ließe sich auch an der Geschichte des Films und der juristischen Absicherung der dazugehörigen neuen Industrie deutlich machen. Bert Brecht hat das sehr lesenswert am sogenannten Dreigroschenprozess, den er 1930 gegen die Nero-Filmgesellschaft und deren Verfilmung seines Stücks geführt hatte, gezeigt.

Diesen Prozess führte er als soziologisches Experiment durch, da »gerade Gerichtsprozesse dazu verwertet werden [können], die tieferen, unmerklichen sozialen Prozesse, die sich ständig abspielen und die bürgerliche Praxis bilden, ins Bewusstsein der Öffentlichkeit zu ziehen«.[11] Doch dies ausführlicher darzustellen würde hier zu weit führen.

Strafrecht oder: das Subjekt, dem zugerechnet wird

»Immerhin, ein Verbrecher lässt es sich oft sehr leicht werden, im Vergleich mit der anstrengenden Denkarbeit, zu der er die Gelehrten nötigt.«

Robert Musil: *Der Mann ohne Eigenschaften*[12]

Dass das Subjekt im Strafrecht eine zentrale Rolle spielt, liegt auf der Hand. Es ist bewusster oder fahrlässiger Autor (Straftäter!) einer Straftat.

Ein Subjekt und nur ein Subjekt kann für die Begehung einer Straftat zur Verantwortung gezogen werden. Nur eine natürliche, keine juristische Person kann belangt werden. Dieser natürlichen Person wird eine Strafrechtsverletzung ›zugerechnet‹. Diese Zurechnung setzt ein Wissen und Wollen oder doch zumindest ein fahrlässiges In-Kauf-Nehmen der Tatbestandsverwirklichung voraus. Ohne hier zu weit ins Detail zu gehen, wird doch sichtbar, dass sich mit den Fragen des Strafrechts fast alle Fragen der klassischen Bewusstseinsphilosophie stellen. Dreh- und Angelpunkt der Begründung des klassischen Strafrechts ist nämlich das sogenannte Schuldprinzip. Auf den Punkt gebracht bedeutet es wohl, dass man einem Individuum sein eine Strafnorm verletzendes Handeln vorwirft – es also einem individualisierenden Unwerturteil unterzieht. Dieser Vorwurf ist notwendigerweise recht nah an der These der Willensfreiheit, zumindest einer relativen Willensfreiheit. Insofern ist die Frage nach der Freiheit des Subjekts keine scholastische.

> »Ob der Wille frei sei, ist so relevant, wie die Termini spröde sind gegen das Desiderat, klipp und klar anzugeben, was sie meinen. Da Justiz und Strafe […] von der Antwort abhängen, lässt das intellektuelle Bedürfnis die naive Frage nicht als Scheinproblem sich ausreden.«[13]

Nun hat die psychologische und kriminologische Forschung dazu geführt, dass kaum noch ein Strafrechtstheoretiker von einem Indeterminismus des Handelns ausgeht.[14] Somit hält man im Strafrecht zwar weitgehend am Begriff der »Schuld« fest, jedoch hat er in der Strafrechtsdogmatik kaum noch etwas mit dem durch den Alltagsbegriff unterstellten, höchst moralischen Vorwurf an das Individuum zu tun. Nichtsdestotrotz hat das Festhalten an einer wie auch immer ausgedünnten Schuld eine Funktion: »Die vom Schuldbegriff zu erbringende Leistung besteht in der Kennzeichnung der nicht rechtlichen Motivierung als Grund des Konflikts.«[15] Wenn Jakobs, der das in affirmativer Absicht so schön auf den Punkt bringt, aber behauptet, dieser funktionale Schuldbegriff führe dazu, dass die Willensfreiheit für die Begründung von Schuld und damit Strafe irrelevant geworden sei, irrt er natürlich. Das Strafrecht kann nicht nur in seinem theoretischen Diskurs auf den traditionellen Schuldvorwurf verzichten – das muss es sogar, um Strafe trotz nicht feststellbarer voraussetzungsloser Willensfreiheit begründen zu können. Mithin schraubt es die Anforderungen an die Feststellung von »Schuld« herunter. Nichtsdestotrotz muss das Strafrecht, um eine strafbare Handlung einem bestimmten Individuum zuordnen zu können, ein subjektives Dafür-Können behaupten. Als ein Strafrechtstheoretiker 1910 davon schrieb, dass das individuelle Können als Voraussetzung der Schuldzuschreibung eine »staatsnotwendige Fiktion« sei,[16] mag er etwas übertrieben haben, aber zumindest für den kohärenten Diskurs des Strafrechts bedarf es der normativen Konstruktion des Anders-Handeln-Könnens als eines theoretischen Überbleibsels deutlich weiter reichender Freiheitsbehauptungen.

Zentraler Effekt des Strafrechts ist die Subjektivierung gesellschaftlicher Konflikte. Diese These scheint auf den ersten Blick durch Entwicklungen des modernen Strafrechts konterkariert zu werden. Modernes Strafrecht, wie es sich exemplarisch im Umwelt- und Wirtschaftsstrafrecht, im Betäubungsmittel- und Außenwirtschaftsstrafrecht zeigt, zeichnet sich nun durch eine ›verdünnte‹ Beziehung des Täters zur Rechtsverletzung aus. Während das klassische Strafrecht eines des ›Erfolgsdeliktes‹ ist (eine Handlung muss ursächlich zu einem bestimmten ›Erfolg‹, also etwa einer Körperverletzung, führen, um den entsprechenden objektiven Tatbestand zu verwirklichen), kennzeichnet das moderne Strafrecht das sogenannte abstrakte Gefährdungsdelikt: Demnach reicht bereits die Gefährdung eines strafrechtlich geschützten Rechtsguts für die Verwirklichung des objektiven Tatbestands aus, und sie muss im konkreten Fall nicht einmal eingetreten sein; die generelle Gefährlichkeit des Verhaltens allein reicht aus. Man kann diese Veränderung des Strafrechts in modernen kapitalistischen Industriegesellschaften wohl auch mit einer Änderung der Produktionsmittel erklären. In immer komplexer strukturierten Produktionszusammenhängen, aber auch im Bereich beispielsweise der verkehrstechnischen

Infrastruktur sind es nicht etwa die bewusste Sabotage, die geplante Verletzung, sondern vielmehr Unachtsamkeiten, die zu größten Schäden führen. Diese Angreifbarkeit und Gefährlichkeit führt zu einer Entwicklungsdynamik, deren Auswirkungen Joachim Hirsch als »Sicherheitsstaat«[17] beschrieben hat. Das geht in mehrerlei Richtung. Die Strafbarkeit von Verhalten wird zunehmend ins Vorfeld der Rechtsgutsverletzung gelegt. Die Rechtsgüter selbst werden vager. Strafrecht wird zunehmend verpolizeirechtlicht: Es geht verstärkt von Gefahren und Gefährdungssituationen (statt von Rechtsgutsverletzungen) aus, was klassisch der Bereich des Polizeirechtes war. Das Polizeirecht wiederum löst sich gänzlich von konkreten Gefahren und Tatverdächten ab und orientiert sich hin zu einer allgemein präventiven Aufgabe, die ein früherer Leiter des BKA zutreffend »gesellschaftssanitär« nannte.[18] Man kann, auch wenn dabei vielleicht die Trennlinie aus Verdeutlichungsgründen etwas zu scharf gezogen wird, eine Wende des Kriminaljustizsystems vom repressiv-limitierenden zum präventiv gestaltenden Modell sozialer Kontrolle konstatieren.[19] Wo bleibt in dieser, hier kaum angerissenen, Entwicklung das Subjekt?

Scheinbar verschwindet es doch in einer präventiv zu steuernden Gesellschaft, wird als Einzelsubjekt für strafrechtliche Problemlagen immer irrelevanter. Doch das täuscht. Der juridische Diskurs auch im Bereich des modernen, präventiven Kriminaljustizsystems kommt ohne verantwortliche Subjekte nicht aus. Krisen der Gesellschaft, Krisen des Staates und Krisen der Produktionsweise werden gerade mit Mitteln des Rechts individualisiert und personalisiert. Gesellschaftliche Widersprüche werden als politisches oder moralisches Unrecht von Individuen, die auch dadurch zu Subjekten werden, inszeniert. Das ist die Leistung, die gerade das Strafrecht noch immer ganz trefflich erbringt (auch wenn es damit juristisch-dogmatische Probleme hat, die aber wohl nur den liberalen Strafrechtstheoretiker wirklich bewegen). Vielleicht lässt sich dies am Bereich des Umweltstrafrechts in der gebotenen Kürze erläutern. Einem dem Marxismus zuneigenden Publikum muss hier wohl nicht länger erläutert werden, dass die Krise der gesellschaftlichen Naturverhältnisse eine durch kapitalistische Produktionsverhältnisse wenn auch nicht begründete, so doch zugespitzte Krise ist.[20] Das Umweltstrafrecht nun vollbringt es in seinem Diskurs, dass die Umweltzerstörung vor allem auf das ungesetzliche und rechtswidrige Handeln einzelner Akteure zurückgeführt wird.[21] Dabei ist es auf dieser Stufe des Diskurses, sozusagen in der theoretischen Produktion des Bildes des Umweltkriminellen, durchaus von Vorteil, wenn der illegal Abwässer einleitende Chemieindustrielle X wie der illegal Öl »entsorgende« Bauer Y als potenzielle Straftäter erscheinen.

Gerade die im Bereich Umwelt- und Wirtschaftskriminalität verbreitete Legende, dass mit diesen Vorschriften auch ›die da oben‹ belangt würden, stärkt den Glauben an das Strafrecht als Mittel des Umweltschutzes. Das große und das kleine umweltverseuchende Subjekt werden so nicht nur gleichermaßen verantwortlich, sondern sie werden als Subjekte verantwortlich. Denn natürlich sind die großen Verseuchungen und Zerstörungen völlig legal, verwaltungsrechtlich genehmigt und damit im Sinne des Umweltstrafrechts nicht tatbestandsmäßig. Somit handelt es sich bei genauerem Hinsehen beim Umweltstrafrecht nicht um den strafrechtlichen Schutz von bestimmten Teilen der Umwelt, sondern vielmehr um die Bestrafung von Verwaltungsungehorsam. Nur wer in einem ordentlichen Verfahren die Verseuchung der Umwelt genehmigt bekommt, soll dies auch tun dürfen, so die Ratio legis. Und selbst die scheinbar linke und kritische Kritik am Umweltstrafrecht bestärkt dessen Logik noch. Indem die mangelnde Effektivität des Umweltstrafrechts als Problem von ungenügend harten Normierungen, sachlich und personell unzureichender Ausstattung der Ermittlungs- und Strafverfolgungsbehörden angeprangert wird, wird nicht nur den ›Repressions-Präventions‹-Apparaten von ›atypischen Moralunternehmern‹ der Vorwand zum Ausbau von Überwachungsapparaten gegeben. Zugleich steigt die Akzeptanz für das bislang zu Recht bekämpfte Strafrecht als gesellschaftliches Steuerungsinstrument.[22] Und nicht zuletzt bleibt als Effekt, dass die Inszenierung des unmoralisch handelnden Subjekts als primärer Quelle gesellschaftlicher Probleme sich in der scheinbar linken Kritik reproduziert hat.

Im modernen Strafrecht verschwindet das Subjekt also nicht, es gewinnt eher an Bedeutung. Das Subjekt als potenziell Abweichendes, als Quelle von Störungen der Normalität rückt in das Zentrum des Interesses. Die Entstehung der Kriminologie als Wissenschaft vom abweichenden Subjekt fällt in diese Zeit, in der das Kriminaljustizsystem sich mehr und mehr für Prävention interessiert.[23] Michel Foucault hat dies ausführlich in Überwachen und Strafen[24] geschildert: Die Entwicklung von der souveränen mittelalterlichen Marter hin zur Einsperrung und Erforschung der Subjektivität geht einher mit der Verschiebung des Interesses an der Tat zum Interesse am Täter. In einem Aufsatz über die Entwicklung des Konzeptes des gefährlichen Individuums in der Rechtspsychiatrie des 19. Jahrhunderts beschreibt Foucault eine Gerichtsszene vor einem Pariser Strafgericht. Der Angeklagte wurde beschuldigt, zwischen Februar und Juni 1975 fünf Vergewaltigungen begangen und weitere sechs versucht zu haben. Er sprach während der Verhandlung kaum ein Wort:

> »Frage des vorsitzenden Richters:
> ›Haben Sie versucht, sich zu Ihrem Fall Gedanken zu machen?‹
> Stille.
> ›Warum überkommen Sie im Alter von 22 Jahren solch gewalttätige Verlangen? Sie müssen versuchen, sich selbst zu begreifen. Sie sind derjenige, der die Schlüssel zu Ihren eigenen Handlungen besitzt. Erklären Sie sich.‹

Stille.
›Warum würden Sie es wieder machen?‹
Stille.
Dann übernahm ein Geschworener und schrie: ›Um Himmels willen, verteidigen Sie sich!‹«[25]

Diese kleine Szene könnte sich im Kern so in verschiedensten Ländern vor verschiedenen Gerichten abgespielt haben. Sie ist also nicht außergewöhnlich. Worüber schweigt nun der Angeklagte: über die Fakten? Über die Umstände der Tat? Nein. Er schweigt zu einer Frage, die »in den Augen des modernen Gerichts essenziell ist, aber die vor 150 Jahren einen seltsamen Klang gehabt hätte: ›Wer sind Sie?‹«[26] Der Täter muss das Subjekt seiner Taten sein. Er muss die Geheimnisse, die ihn zur Tat verleitet haben, offenbaren. Oder wie Foucault, wenn er nach der historischen Herleitung dieser Entwicklung gegen Ende seines Aufsatzes auf das Beispiel vom Anfang zurückkommt, schreibt:

»Richter bedürfen zunehmend der Vorstellung, dass sie einen Mann, wie er ist und im Verhältnis zu dem, was er ist, verurteilen. Die Szene, die ich zu Anfang beschrieb, legt davon Zeugnis ab. Wenn jemand mit nichts als seinen Verbrechen vor seine Richter tritt, wenn er nichts anderes als ›dies ist, was ich getan habe‹ zu sagen hat, wenn er nichts über sich selbst zu sagen hat, wenn er dem Gericht nicht den Gefallen tut, so etwas wie die Geheimnisse seiner eigenen Existenz anzuvertrauen, dann hört die juristische Maschine auf zu funktionieren.«[27]

Das Subjekt des Austauschs oder: die marxistische Theorie des (Rechts-)Subjekts

Bevor wir uns mit der Frage auseinandersetzen, ob die marxistische Theorie der freien und gleichen Rechtssubjekte veränderungs- oder ergänzungsbedürftig ist, sollten wir zuerst einen kursorischen Blick auf sie werfen. Um die Notwendigkeit von Freiheit, Gleichheit und Subjektivität darzulegen, müssen wir uns auf die Ebene der Distribution, also auf den kapitalistischen Warenmarkt begeben. Dabei ist dieser nicht als rein abstrakter Mechanismus zu sehen. »Die Waren können nicht selbst zu Markte gehn und sich nicht selbst austauschen. Wir müssen uns also nach ihren Hütern umsehn, den Warenbesitzern.«[28] Die Individuen aber treten sich auf dem Warenmarkt als Vertreter ihrer zum Tausch angebotenen Waren gegenüber.

»Um diese Dinge als Waren aufeinander zu beziehn, müssen sich die Warenhüter zueinander als Personen verhalten, deren Willen in jenen Dingen haust, sodass der eine nur mit dem Willen des andren, also jeder nur vermittelst eines, beiden ge-

> meinsamen Willensakts sich die fremde Ware aneignet, indem er die eigne veräußert. Sie müssen sich daher wechselseitig als Privateigentümer anerkennen. Dies Rechtsverhältnis, dessen Form der Vertrag ist, ob nun legal entwickelt oder nicht, ist ein Willensverhältnis, worin sich das ökonomische Verhältnis widerspiegelt.«[29]

Als Besitzer von Tauschwerten sind sie auf dem Warenmarkt gleich. Natürliche oder gesellschaftlich vermittelte Unterschiede der Warenbesitzer können dabei keine Rolle spielen. Wie ihr Tauschwert als nur durch den Charakter der Ware vermittelt erscheint, so sind auch die Individuen gleiche Vertreter ihrer Tauschwerte. Ohne diese formale Gleichheit könnte kein Äquivalententausch stattfinden. »Jedes der Subjekte ist ein Austauschender; d.h. jedes hat dieselbe gesellschaftliche Beziehung zu dem andren, die das andre zu ihm hat. Als Subjekte des Austauschs ist ihre Beziehung daher die der Gleichheit.«[30] Jedoch müssen sich die Rechtspersonen auf dem kapitalistischen Warenmarkt nicht nur als Gleiche, sondern auch als Freie anerkennen. Direkte und persönliche Herrschaftsverhältnisse verschwinden auf der Zirkulationsebene zunehmend, und die Rechtsperson wird auf der Ebene des Marktes frei, sich selbst zu bestimmen. Der Arbeiter kann sich also de jure frei aussuchen, ob er überhaupt, wie, wie viel und an wen er seine Arbeitskraft verkauft. Er ist als freier Eigentümer seiner Arbeitskraft anerkannt.

Diese formale, juristische Freiheit unterscheidet den kapitalistischen Warenmarkt von seinen feudalistischen Vorgängern, in denen direkte Abhängigkeitsverhältnisse – Leibeigenschaft, Fronarbeit, rigide Zunftordnungen etc. – diesen freien Austausch von Waren weitgehend einschränkten. Jeder kann auf der Ebene der Zirkulation kaufen und verkaufen, was er will. Er ist dabei nur daran gebunden, was er zu verkaufen hat und welche finanziellen Mittel er zur Verfügung hat. Das heißt also auch, dass im Regelfall auf dem kapitalistischen Warenmarkt keine direkte[31] Gewalt das freie Austauschverhältnis stören darf. Die Bedingung des Warenmarktes ist: »Freiwillige Transaktion; Gewalt von keiner Seite«[32]. »Obgleich das Individuum A Bedürfnis fühlt nach der Ware des Individuums B, bemächtigt es sich derselben nicht mit Gewalt, noch vice versa, sondern sie erkennen sich wechselseitig an als Eigentümer, als Personen, deren Willen ihre Waren durchdringt. Danach kommt hier zunächst das juristische Moment der Person herein und die Freiheit, soweit sie darin enthalten ist.«[33] Entscheidend wird also der »stumme Zwang der ökonomischen Verhältnisse«, während direkte Gewalt die Ausnahme darstellt. »Außerökonomische, unmittelbare Gewalt wird zwar [im entwickelten kapitalistischen Produktionsprozess, JCMT] noch immer angewandt, aber nur ausnahmsweise.«[34] Grundlage des Warenmarktes ist die negative und abstrakte Freiheit der Rechtsperson gegen die Gesellschaft, wie sie sich insbesondere in den bürgerlichen Grundrechten ausdrückt.

Gleichheit und Freiheit sind für Marx nicht nur abstrakte Ideen der bürgerlichen Revolution.

> »Der in der Zirkulation entwickelte Tauschwertprozeß respektiert daher nicht nur die Freiheit und Gleichheit, sondern sie sind sein Produkt; er ist ihre reale Basis. Als reine Ideen sind sie idealisierte Ausdrücke seiner verschiednen Momente; als entwickelt in juristischen, politischen und sozialen Beziehungen, sind sie nur reproduziert in andren Potenzen.«[35]

Dieser idealisierte Ausdruck von abstrakter Freiheit und Gleichheit, der sich aus der Zirkulationssphäre herleitet, dient den Apologeten der bürgerlichen Demokratie zur Beschreibung der Gesellschaft. Es ist die Sphäre, in der »alle immanenten Gegensätze der bürgerlichen Gesellschaft ausgelöscht erscheinen«.[36] Dies gilt selbst für die Form der Beziehung zwischen Lohnarbeit und Kapital, die sich an der Oberfläche auch nur als Austausch von Arbeitskraft gegen Arbeitslohn darstellt.

Diese Ebene der Zirkulation,

> »innerhalb deren Schranken Kauf und Verkauf der Arbeitskraft sich bewegt, war in der Tat ein wahres Eden der angebornen Menschenrechte. Was allein hier herrscht, ist Freiheit, Gleichheit, Eigentum und Bentham. Freiheit! Denn Käufer und Verkäufer einer Ware, z. B. der Arbeitskraft, sind nur durch ihren freien Willen bestimmt. Sie kontrahieren als freie, rechtlich ebenbürtige Personen. Der Kontrakt ist das Endresultat, worin sich ihre Willen einen gemeinsamen Rechtsausdruck geben. Gleichheit! Denn sie beziehen sich nur als Warenbesitzer aufeinander und tauschen Äquivalent für Äquivalent. Eigentum! Denn jeder verfügt nur über das Seine. Bentham! [...] Die einzige Macht, die sie zusammen und in ein Verhältnis bringt, ist die ihres Eigennutzes [...].«[37]

In dieser Erscheinungsform ist das wirkliche Verhältnis der unentgeltlichen Aneignung der im Produktionsprozess geleisteten Mehrarbeit verborgen. Alle »Rechtsvorstellungen des Arbeiters wie des Kapitalisten, alle Mystifikationen der kapitalistischen Produktionsweise, alle ihre Freiheitsillusionen«[38] beruhen auf dieser Erscheinungsform, die das wirkliche Verhältnis unsichtbar macht. Da »Käufe und Verkäufe nur zwischen einzelnen Individuen abgeschlossen werden, so ist es unzulässig, Beziehungen zwischen ganzen Gesellschaftsklassen darin zu suchen«[39].

Völlig zu Recht hat denn auch Eugen Paschukanis, der wohl bekannteste marxistische Rechtstheoretiker der frühen Sowjetunion, das Subjekt und dessen juridische Produktion aus der Warenzirkulation in den Mittelpunkt seiner

Theorie gestellt. »Jedes Rechtsverhältnis ist ein Verhältnis zwischen Subjekten. Das Subjekt ist das Atom der juristischen Theorie, deren einfachstes nicht weiter zerlegbares Element.«[40]

Aber wir dürfen hier nicht stehen bleiben. Die Warenzirkulation und die juridische Weltthematisierung bedürfen nicht nur des Subjekts, sie sind, wie Marx und Paschukanis zeigen, die Begründer moderner Subjektivität. Das Rechtssubjekt ist der wahre (oder der Waren-)Kern des Subjekts. Das Subjekt im modernen Sinne ist eine relativ junge Erfindung. Eine Geschichte des Subjektbegriffs zeigt, dass erst im Laufe des 17. Jahrhunderts der Subjektbegriff seine scheinbar klassische Ausprägung erhält.[41] Klassische Anthropologie und Rechtstheorie gehen dabei Hand in Hand und liefern sich wechselseitig Grundlagen der Argumentation. »Die Anthropologie, die das Recht beeinflusst, beherrscht und begründet, ist mit von diesem Recht zustande gebracht, und beide verdanken ihre Erscheinung einem umfassenderen Ganzen, das wir als die bürgerliche Kultur bezeichneten.«[42] Über die klassische philosophische Anthropologie schuf sich das Recht ›seinen‹ Menschen. Die idealistische Bewusstseinsphilosophie ist sich dieses Zusammenhanges zwischen moderner Warenzirkulation und Ausbildung juristischer Kategorien einerseits und des Zusammenhangs zwischen juristischer und philosophischer Problemstellung andererseits, den so unterschiedliche Theoretiker wie Paschukanis, Adorno,[43] Kelsen[44] und Althusser dargelegt haben, kaum bewusst. Althusser hat diesen Zusammenhang sehr schön auf den Punkt gebracht:

> »Es genügt, gewöhnliche Rechts- und Jurisprudenzlehrbücher aufzuschlagen, um deutlich zu sehen, dass das Recht [...] die Basis jeder bürgerlichen Ideologie ausmacht. Was die Philosophen angeht, so haben sie den Nebel, der sie umgibt, noch nicht durchdrungen, und sie vermuten die Anwesenheit des Rechts und der juristischen Ideologie in ihren Meditationen kaum: in der Philosophie selbst [...] Die herrschende, klassische bürgerliche Philosophie baut auf der juristischen Ideologie auf, und ihre ›philosophischen Objekte‹ sind juristische Kategorien [...]: das Subjekt, das Objekt, die Freiheit, der Wille, das Eigentum (die Eigenschaften), die Repräsentation, die Person, die Sache usw.«[45]

Diejenigen Marxist*innen, die nun einer vorgeblichen Unterschätzung des Subjektes (als Ursprung) das Wort reden, werfen eben diesen Nebel, von dem Althusser spricht.

Die Renaissance der Behauptung, der Marxismus habe einen blinden Fleck in der Theorie der Subjektivität, er habe gar eine anthropologische Lücke, ist das Echo eines Diskurses, der den Terror im Stalinismus diesem fehlenden Bezug auf den Menschen anlastet. Der Stalinismus wird als ein theoretischer Antihumanismus dargestellt, der Ursache des praktischen Terrors gewesen sei. Diese Behauptungen sind nicht nur falsch, sie sind zudem nicht besonders originell. Schon nach dem XX. Parteitag der KPdSU 1956 hatte sich eine Erklärung des Stalinismus als »Personenkult«, als »Verletzung der sozialistischen Gesetzlichkeit« u. Ä. m. in den kommunistischen Parteien etabliert. Eine ›Erklärung‹, die den Terror zum Betriebsunfall verharmloste und gleichzeitig den Weg zur Übernahme sozialdemokratischer und klerikaler Theorieelemente zur theoretischen Vorbereitung der großen und historischen Bündnisse ebnete. Eine halbwegs gründliche Auseinandersetzung mit dem Stalinismus, eine *Kritik* des Stalinismus zeigt, dass der Stalinismus ein theoretischer Humanismus war. Eine Mischung, genauer gesagt, aus einem Ökonomismus der Produktivkräfte, einem epistemologischen Voluntarismus, nationalistischen Elementen u. Ä. m. Solche Bemerkungen müssen notwendig formelhaft bleiben. Gewiss jedoch ist, dass eine ernsthafte Kritik des Stalinismus nicht zur Legitimation der Wiederentdeckung des selbstgewissen Subjektes durch die marxistische Theorie herhalten darf. Zumal es keine wirkliche Wiederentdeckung ist: Das Subjekt als theoretischer Bezugspunkt war gerade dem dogmatischen Marxismus seit der Zweiten Internationale nie ganz verloren gegangen. Man müsste also die Frage eher umkehren: Welchen theoretischen Status, welche theoretischen Funktionen und Effekte hat der theoretische Humanismus als Grundlage repressiver und terroristischer Herrschaft unter dem vermeintlichen Banner des Marxismus-Leninismus?[46] Man sollte sich zumindest historisch vergewissern, dass es gerade die entschiedensten Verfechter des humanistischen Marxismus waren, die auch damit eine wirkliche Aufarbeitung des Stalinismus verhinderten. Das heißt nicht, dass ich die Position vertrete, eine Reflexion über das Subjekt sei für die Weiterentwicklung des Marxismus unnötig. Im Gegenteil: Der Behauptung, der Marxismus habe nur eine unzureichende Theorie des Subjektes entwickelt, kann man sich nur anschließen. Entgegen weitverbreiteten Vorurteilen beginnt jedoch die Grundlegung einer marxistischen Theorie des Subjekts in dem Augenblick, in dem das Subjekt als weithin metaphysisch aufgeladener, unhinterfragter Ausgangspunkt der Theoriebildung verabschiedet und es stattdessen zu deren Objekt wird. Somit sind es nicht die Pariser Manuskripte und andere humanistische Werke von Marx oder der Entfremdungsbegriff, die der Ansatzpunkt einer materialistischen Subjekttheorie sein können. Vielmehr beginnt eine Theorie des Subjekts bei Marx erst mit der Auseinandersetzung mit der Philosophie Feuerbachs. Das »menschliche Wesen ist kein dem einzelnen Individuum inwohnendes Abstraktum. In seiner Wirklichkeit ist es das Ensemble der gesellschaftlichen Verhältnisse«[47], heißt es in der sechsten der elf Thesen über Feuerbach. Diese Kritik jeglicher ahistorischer, anthropologischer Konstanten, wie sie auch in den in dieser Hinsicht unseligen Frühschriften von

Marx aufgestellt wurden, kann der Ausgangspunkt einer Theorie der Produktion von Subjektivität sein. Es ist gerade eine der zentralen Ähnlichkeiten der marxschen und der freudschen Theorie, das Subjekt der klassischen Philosophie aus ihrem Diskurs ausgeschlossen zu haben. Freud sprach davon, dass die Psychoanalyse die dritte Kränkung des menschlichen Narzissmus sei. Nachdem Kopernikus die erste Kränkung vollzog, indem er den Menschen aus dem Mittelpunkt des Universums an dessen Rand verfrachtete, folgte Darwin mit der zweiten Kränkung, indem er die grundsätzliche Differenz zum Tier, die die Schöpfungsmythologie ausmachte, dem Menschen bestritt. Freud schließlich zeigte, dass der Mensch nicht der ›Herr im eigenen Hause‹ des Bewusstseins ist. Diese Kränkung nun, die auch von Marx vollzogen worden war, ist die Bedingung der Möglichkeit einer Theorie des Subjekts. Ansätze dazu sind in den Arbeiten von Lacan, Foucault und Althusser (wobei die Namen jeweils Theorieschulen meinen) enthalten.

Was heißt das nun für eine marxistische Rechtstheorie und deren Verhältnis zum Subjekt? Sie wird nicht bei der oben umrissenen Herleitung der Subjektivität aus der Zirkulation stehen bleiben können. Denn die Beschreibung der Notwendigkeit der Produktion von Subjektivität sagt noch wenig über die spezifischen Formen, in denen sich die Individuen »ihre« Subjektivität aneignen. Sie tendiert zudem dazu, die spezifische Weltsicht der Subjekte als widerspruchslos und einheitlich, als reine Widerspiegelung objektiver Strukturen zu setzen. Doch die Weltsicht der Subjekte, ihre ›eigene‹ Selbstthematisierung in ihren Widersprüchen ist wesentlicher Bestandteil der Reproduktion der Produktionsverhältnisse und der Widersprüche und Schwierigkeiten bei eben dieser notwendigen Reproduktion. Der Marxismus muss jedoch von einer quasi ontologisch gesetzten rebellischen Subjektivität Abschied nehmen und sich stattdessen der Kontingenz und historischen Variabilität des Menschen bewusst werden.[48] Eine marxistische Theorie des Subjekts wird also demgegenüber das »imaginäre Verhältnis der Individuen zu ihren realen Lebensbedingungen« (Althusser) und damit auch die Psychoanalyse – dort, wo sie nicht zur Ideologie der Ich-Identität verunstaltet worden ist – zu integrieren haben. Im Anschluss an die Theorie der subjektkonstituierenden Anrufung von Althusser[49] ist die Spezifik der ideologischen Anrufung des Rechtssubjekts herauszuarbeiten. Einer Anrufung durch allgemeine Normen, »in deren Wiederanwendung im konkreten, besonderen, individuellen Fall [...] sich das Subjekt als Ursprung seiner Handlungen wieder[erkennt}, weil es zugleich einen vorgegebenen Sinn reproduziert«.[50] Die Individuen werden so durch das Recht als Subjekte ihrer eigenen gesellschaftlichen Praxis angerufen. Diese alternative Thematisierung kann hier nicht ausformuliert, sie kann nur behauptet und es kann auf Literatur verwiesen werden.[51] Der Marxismus ist ein theoretischer Antihumanismus, was nicht mehr und nicht weniger heißt als: Er hat weder das empirische Individuum noch das Wesen der Gattung, sondern stattdessen die Analyse gesellschaftlicher Verhältnisse zum Ausgangspunkt. Die Selbstbeschreibung der Individuen als Subjekte ist Resultat dieser Verhältnisse.

Anmerkungen

1 Hierzu verweise ich auf: Ulrich K. Preuß: Die Initialisierung des Subjekts. Zur Kritik der Funktionsweise des subjektiven Rechts. Frankfurt/Main 1979; Karl-Heinz Ladeur: Rechtssubjekt und Rechtsstruktur. Versuch über die Funktionsweise der Rechtssubjektivität. Gießen 1978.

2 Ich orientiere mich hier an der Darstellung von Preuß: Die Initialisierung des Subjekts. A. a. O., S. 63 ff.

3 Grüneberg: Kommentar zum Bürgerlichen Gesetzbuch. 81. Aufl. München 2022. (Einführung vor § 21, Rdnr. 1; Bearbeiter: Ellenberger.) Und weiter: »Es ist wenig sinnvoll, für den Begriff der juristischen Person nach einer vom positiven Recht losgelösten konsensfähigen Grundlage zu suchen. Die juristische Person ist eine Zweckschöpfung des Gesetzgebers.«

4 Dies kann hier nicht wirklich dargestellt werden. Vgl. exemplarisch o. g. Abschnitt bei Preuß.

5 Rolf Knieper: Zwang, Vernunft, Freiheit. Studien zur juristischen Konstruktion der bürgerlichen Gesellschaft. Frankfurt/Main 1981, S. 19ff

6 Bernhard Edelmann: Le Droit saisi par la photographie. Paris 1973 (auszugsweise Übersetzung: B. E.: Das bürgerliche Recht ergreift Fotografie und Film. In: alternative 118: Münchhausen-Effekt. Von der Materialität der Ideologie. 21. Jg. [Februar 1978], S. 32 ff.); Gerhard Plumpe: Der tote Blick. Zum Diskurs der Photographie in der Zeit des Realismus. München 1990.

7 Vgl. Albert Osterrieth: Die Geschichte des Urheberrechts in England. Leipzig 1895.

8 Alphonse de Lamartine: Cours familier de littérature. Entretiens sur Léopold Robert. Vol. VI (1848) (zit. nach Edelman, alternative 118. A. a. O., S. 33).

9 Ebd., S. 34

10 Ebd., S. 38

11 Bertolt Brecht: Der Dreigroschenprozeß. In: Ders.: Gesammelte Werke. Band 18. Frankfurt/Main 1967, S. 139 ff., hier: S. 209. Dazu auch Edelman, alternative 118. A. a. O., S. 39 ff.

12 Im 111. Kapitel des Romans mit dem Titel Es gibt für Juristen keine halbverrückten Menschen kann man einiges von dem, was in diesem Abschnitt ausgeführt wird, in literarisch ansprechender Prosa lesen.

13 Theodor W. Adorno: Negative Dialektik. Frankfurt/Main 1970, S. 209.

14 Gut lesbare Übersichten über den Diskussionsstand bieten: Winfried Hassemer: Einführung in die Grundlagen des Strafrechts. 2. Aufl. München 1990, S. 212 ff., insb. 226 ff.; Günther Jakobs: Strafrecht. Allgemeiner Teil. 2. Aufl. Berlin, New York 1991, S. 468 ff. Grundsätzlich dazu auch: Walter Kargl: Handlung und Ordnung im Strafrecht. Berlin 1991.

15 Jakobs: Strafrecht. A. a. O., S. 480.

16 Eduard Kohlrausch: Sollen und Können als Grundlage der strafrechtlichen Zurechnung. In: Festgabe für Karl Güterbrock. Berlin 1910, S. 3 ff., hier: S. 26.

17 Joachim Hirsch: Der Sicherheitsstaat. 2., überarb. Aufl. Frankfurt/Main 1986, insb. S. 112 ff.

18 Sebastian Cobler: Herold gegen Alle. Gespräche mit dem Präsidenten des Bundeskriminalamts. In: Trans-Atlantik 11 (1980), S. 29 ff, hier: S. 36.

19 Vgl. zusammenfassend: Peter-Alexis Albrecht: Prävention als problematische Bestimmung

im Kriminaljustizsystem. In: Wolfgang Deichsel u.a. (Hg.): Kriminalität, Kriminologie und Herrschaft. Pfaffenweiler 1987, S. 29 ff.

20 Vgl. dazu Manon Tuckfeld / Jens Christian Müller: Kritik der Theorie eines ökologischen Kapitalismus. 2. Aufl. Mainz 1991.

21 Zur Empirie vgl. das von H.-J. Albrecht verfasste Stichwort Umweltkriminologie in: Günther Kaiser u.a.: Kleines kriminologisches Wörterbuch. 3. Aufl. Heidelberg 1993, S. 555 ff.

22 Vgl. dazu Sebastian Scheerer: Neue soziale Bewegungen und Strafrecht. In: Kritische Justiz 3 (1985), S. 345 ff.

23 Pasquale Pascino: Criminology: The Birth of a Special Knowledge. In: Graham Burchell / Colin Gordon / Peter Miller (Hg.): The Foucault Effect. London 1991.

24 Michel Foucault: Überwachen und Strafen. Frankfurt/Main 1977; in Übereinstimmung mit Max Horkheimer/ Theodor W. Adorno: Dialektik der Aufklärung. Frankfurt/Main 1986, S. 241: »Wie nach Tocqueville die bürgerlichen Republiken im Gegensatz zu den Monarchien nicht den Körper vergewaltigen, sondern direkt auf die Seele losgehen, so greifen die Strafen dieser Ordnung die Seele an.« Als Materialist von einem Angriff auf die Seele zu sprechen, erscheint nur auf den ersten Blick seltsam: »Man sage nicht, die Seele sei eine Illusion oder ein ideologischer Begriff. Sie existiert, sie hat eine Wirklichkeit, sie wird ständig produziert – um den Körper, am Körper, im Körper – durch Machtausübung an jenen, die man bestraft, und in einem allgemeineren Sinne an jenen, die man überwacht, dressiert und korrigiert, an den Wahnsinnigen, den Kindern, den Schülern, den Kolonisierten, an denen, die man an einen Produktionsapparat bindet und ein Leben lang kontrolliert« (Foucault: Überwachen und Strafen. A. a. O. , S. 41.)

25 Michel Foucault: About the Concept of the »Dangerous Individual« in 19th-Century Legal Psychiatry. In: International Journal of Law and Psychiatry 1 (1978), S. 1 ff. [Übersetzung: JCMT].

26 Ebd.

27 Ebd., S. 18.

28 Karl Marx [1890]: Das Kapital. Kritik der politischen Ökonomie. Erster Band. Buch 1: Der Produktionsprozeß des Kapitals. In: Marx-Engels-Werke. Band 23. 30. Auflage, Berlin 1986, S. 99.

29 Ebd.

30 Karl Marx: Grundrisse der Kritik der politischen Ökonomie. Berlin 1953, S. 153.

31 »Der stumme Zwang der ökonomischen Verhältnisse« (Marx: Das Kapital. A. a. O, S. 765) gilt hier natürlich nicht als Gewalt. Vielmehr wird insoweit die bürgerliche Terminologie übernommen.

32 Marx: Grundrisse. A. a. O., S. 156.

33 Ebd., S. 155.

34 Marx: Das Kapital. A. a. O., S. 776 f.

35 Marx: Grundrisse. A. a. O., S. 915.

36 Ebd., S. 152.

37 Marx: Das Kapital. A. a. O., S. 189 f.

38 Ebd., S. 562.

39 Ebd., S. 613.

40 Eugen Paschukanis [1924]: Allgemeine Rechtslehre und Marxismus. Versuch einer Kritik der juristischen Grundbegriffe. 3. Aufl. Frankfurt/Main 1970, S. 87.

41 Friedhelm Guttandin: Genese und Kritik des Subjektbegriffs. Marburg 1980.

42 Jan M. Broekman: Recht und Anthropologie. Freiburg, München 1979, S. 14.

43 Theodor W. Adorno: Philosophische Terminologie. Band 1. Frankfurt/Main 1973, S. 38. Unter Bezug auf Kelsen schreibt Adorno, dass viele der zentralen philosophischen Kategorien aus den Begriffen der Jurisprudenz entwickelt seien.

44 Hans Kelsen [1941]: Vergeltung und Kausalität: Eine soziologische Untersuchung. Wien 1982, insb. S. 236 ff.
45 Louis Althusser: Elemente der Selbstkritik. Berlin 1975, S. 51.
46 Vgl. zu diesem Fragenkomplex insgesamt: Georges Labica: Der Marxismus-Leninismus. Elemente einer Kritik. Berlin 1986; Christine Buci-Glucksmann: Über Stalinismus-Kritik von links, in Étienne Balibar u. a.: Freiheit der Kritik oder Standpunktlogik: Diskussion in der KPF. Berlin 1976; Stefan Breuer: Stalinismuskritik von links? In: Leviathan 3 (1977), S. 378 ff.
47 Karl Marx [1845]: Thesen über Feuerbach. In: Marx-Engels-Werke. Band 3. Berlin 1983, S. 6.
48 Vgl. Jens Christian Müller u. a.: Der Staat in den Köpfen. Mainz 1994.
49 Vgl. Louis Althusser: Ideologie und ideologische Staatsapparate. Hamburg, Berlin 1977.
50 Ladeur: Rechtssubjekt und Rechtsstruktur. A. a. O., S. 228
51 Grundlegend sind insoweit die schon zitierten Arbeiten von Edelman, Ladeur und Broekman.

Louis Althussers Beitrag zu einer kritischen Theorie der Gesellschaft

Von André Kistner

»... eine rechtliche Rede als Kleid rechtlicher Gedanken. Aber schon die Gedanken – und nicht erst die Rede – des Erdenmenschen sind nur ein Kleid und eine Beschönigung seiner Strebungen und Interessen, die er in rechtliche Form bringt, indem er denkt, so daß er meist lügt, bevor er spricht, und seine Worte so redlich kommen, weil nicht sie erst gelogen sind, sondern bereits die Gedanken.«

Thomas Mann: *Die Geschichten Jaakobs*

Louis Althussers Theorem vom »epistemologischen Bruch« hatte innerhalb der deutschen Linken allerhand Furore gemacht. In vielerlei Hinsicht schien die oft rein wissenschaftstheoretische Betrachtung des marxschen Gesamtwerks, die Althusser in *Für Marx* und *Das Kapital lesen* präsentierte, zu steril, zu positivistisch und vor allem zu undialektisch zu sein. Besonders der in diesen Werken offen demonstrierte Antihegelianismus kam einer restaurativen Provokation gleich für eine Theorietradition, die den revolutionären Gehalt des Marxismus durch den Bezug auf Hegels Dialektik freizusetzen versuchte, wie es etwa in den Studien von Georg Lukács und Karl Korsch geschah. In der Bundesrepublik Deutschland mündete diese Tradition in den Aufbau des marxistisch-undogmatischen Instituts für Sozialforschung (IfS). Dessen Kritische Theorie der Gesellschaft, im Exil entwickelt in Reaktion auf den Nationalsozialismus und den Stalinismus, wurde nach dem Ende des Zweiten Weltkriegs zur dominierenden Sichtweise auf Marx innerhalb der linken Intelligenz,[1] während die KPD und damit der klassische Marxismus-Leninismus nahezu in der Versenkung verschwanden. In dieser Sichtweise schien die Entwicklung der klassischen deutschen Philosophie von Kant über Hegel zu Marx einer fortschreitenden Entwicklung des kritischen Gehalts von theoretisch-philosophischer Arbeit gleichzukommen. Zugleich wollte man an dem emphatischen Freiheitsbegriff der idealistischen Philosophie als normativem Fluchtpunkt festhalten, um der »verwalteten Welt« (Adorno) etwas entgegenzusetzen in Zeiten, in denen sich die Möglichkeit von Emanzipation in engen Grenzen hielt. Die Einwände, die man damals gegen die sogenannte strukturale Lesart erhoben hat– und teilweise bis heute erhebt –, sind nicht unberechtigt: Althussers Verständnis des Marxismus und der Philosophie insgesamt weist einige Inkonsistenzen auf, die hier nicht verschwiegen werden sollen. Sie sind mitunter aber auch dem Umstand geschuldet, dass er seine theoretische Erneuerung inmitten der theoretischen Kämpfe zwischen einer immer noch relevanten, aber revisionistischen Kommunistischen Partei Frankreichs, der er sich zugehörig fühlte, und einer entstehenden antiautoritären und undogmatischen Protestbewegung durchzuführen versuchte. Seine symptomale Marxlektüre, der zufolge das *»abwesend Anwesende«* im Diskurs eines wissenschaftlichen Feldes mittels »Rekonstruktion und intertextueller Kombination«[2] offengelegt werden soll, war wohl nicht nur im theoretischen, sondern auch im politischen Sinne Maulwurfsarbeit, und man hat es ihm von beiden Seiten nicht gedankt. Doch entgegen dem Beharren auf der einen oder anderen theoretischen Tradition und auf sogenannten Marx-Lesarten, die inzwischen ohnehin am Verschwimmen und Versanden und hierzulande nur noch einer Handvoll Theoriespezialisten zugänglich sind, sollten noch einmal die Sachgehalte von Althussers Theorie hervorgehoben werden. Denn sie sind für eine kritische Gesellschaftstheorie auf der Höhe der Zeit nicht unerheblich, soweit man nicht nur vereinzelte soziale Phänomene und Verhaltensweisen – immer dem Gang der Ereignisse nachhinkend – kritisieren möchte, sondern einen konkreten Begriff von gesellschaftlichen Verhältnissen gewinnen will, durch den man versteht, wie Herrschaft und Unterwerfung funktionieren und unter welchen Aspekten sie kritisiert werden müssen. Des Weiteren enthalten gerade Althussers Polemiken gegen den Historizismus für all diejenigen, die sich in den Sozial- und Geschichtswissenschaften mit der statistisch-empiristischen Faktenhuberei und dem Zusammenlesen von Quellen abplagen, wichtige Impulse, durch die diese wissenschaftlichen Disziplinen ihr vom akademischen Betrieb systematisch beraubtes theoretisches Niveau sowie ihre praktische Stoßrichtung wiedergewinnen könnten.[3] Denn was Althusser im Wesentlichen anhand der Problematik des epistemologischen Einschnitts im marxschen Gesamtwerk thematisiert, sind die für einen von allen Fortschrittsmythen entkleideten Historischen Materialismus unerlässlichen Voraussetzungen, dass 1. die Menschen ihre Geschichte nicht aus freien Stücken machen, sondern *notwendig* unter gesellschaftlichen Bedingungen handeln, und dass 2. daher jede Erkenntnis der Geschichte vorneweg begriffliche Klarheit über die Struktur oder Form dieser gesellschaftlichen Verhältnisse besitzen muss. Diese beiden Voraussetzungen wurden von Althusser als Kritik am theoretischen Humanismus sowie am Historizismus zur Sprache gebracht und allzu gerne missverstanden.

Antihumanismus

Bei Althussers Polemik gegen den philosophischen Humanismus geht es nicht um Menschenfeindlichkeit – es wäre überflüssig, daran zu erinnern, wenn Philanthropen ihm dies nicht tatsächlich angekreidet hätten.[4] Althusser hat immer wieder betont, dass sein Antihumanismus rein theoretischer Natur ist und gegen die sozialwissenschaftliche Abstraktion des Menschen gerichtet ist. Der entscheidende Gedanke dabei ist, dass Gesellschaft und Geschichte nicht die Summe aggregierter Einzelhandlungen sind, sondern die Individuen ebenso wie die Individuation schon die Produkte der gesellschaftlichen Verhältnisse darstellen, in dem strengen Sinne, in dem Marx den Menschen als »das Ensemble der gesellschaftlichen Verhältnisse« bestimmte. Daher bilden auch die Menschen nicht die kleinen Zentren, aus deren Interaktion die Geschichte hervorgeht. Es gibt keine Subjekte der Geschichte, sondern höchstens subjektivierte Individuen. Die theoretische Perspektive, die das Soziale als Wirkungsfeld handlungsautonomer Atome begreift – eine Perspektive, die man gegenwärtig als methodologischen Individualismus bezeichnet –, ist nach Althusser selbst ideologisch.

In diesem Zusammenhang muss man die Kritik von Marx und Engels am Linkshegelianismus in der *Deutschen Ideologie* verstehen. Der Linkshegelianismus verstand sich als radikale Bewegung, die vorgab, die theologischen Elemente in der Philosophie Hegels, insbesondere den Begriff des Geistes, zu entmystifizieren und auf ihre reelle Grundlage zu bringen. An die Stelle des sich selbst bewegenden und realisierenden Geistes sollten die konkreten Individuen treten: bei Bruno Bauer das kritische *Selbstbewusstsein* als Avantgarde der Geschichte, bei Feuerbach der *Mensch* und sein Gattungsbewusstsein als das Geheimnis aller Religion und bei Max Stirner schließlich der *Einzige*, der in einem ständigen Machtkampf mit den anderen Einzigen um die Realisierung seines Vermögens ringt, das Stirner »Eigentum« nennt. Die nominalistische Dekonstruktion der hegelschen Abstraktionen ist nach Marx und Engels aber ebenfalls abstrakt – sie ersetzten eine Abstraktion durch eine andere. Diese Art von Ersetzung ist ein bloß ideologischer Kampf, das heißt, er ist sich seiner Grundlagen nicht bewusst. Die *Deutsche Ideologie* versucht genau diese im Wesentlichen geschichtlich-materiellen Grundlagen aufzudecken, um auch zu verstehen, *wie* es zu Ideologiebildungsprozessen, also einer notwendig-verkürzten und abstrakten Sicht auf die Welt kommt.

In den Bereich der Ideologie scheint nach Marx und Engels zunächst jegliche Form der geistigen Reproduktion des gesellschaftlichen Lebens der Menschen zu fallen. Die Ideologie wirkt also vornehmlich im Element des Denkens oder vielmehr auf der Ebene der Vorstellungen in den Menschen. Doch tritt ein weiteres Spezifikum hinzu, weswegen die Ideologie mit Geistigem als solchem nicht identisch zu setzen ist: In der ideologischen Produktion vertreten die Akteure ihre besondere gesellschaftliche Position, ohne sie als solche zu offenbaren, sie verkünden sie vielmehr als allgemeinen Wert, absoluten Standpunkt oder soziales Prinzip. Gerade darum verfährt die Ideologie meistens idealistisch, geht also vom Primat der Ideen und des Bewusstseins aus, die sich selbst in der Ideologie als absolut setzen. Marx und Engels entwickeln ihre Ideologietheorie gerade am Linkshegelianismus, weil dieser gewissermaßen als Metaideologie angesehen werden kann: Nicht nur macht er sich falsche Vorstellungen von der Welt und seiner eigenen Verortung darin, er verbreitet auch falsche Vorstellungen von den falschen Vorstellungen (der Philosophie, der Religion, der Politik). Gerade durch seine selbsterklärt radikale »Ideenkritik« treten am Linkshegelianismus charakteristische Elemente einer jeglichen Ideologie besonders schroff hervor: etwa die Verleugnung des eigenen sozialen Standorts und die bereits genannte Vorstellung, dass Gesellschaft ein Zusammenwirken von abstrakt, das heißt isoliert gedachten Individuen sei, die vorwiegend durch geistige (heute würde man »kulturelle« bevorzugen) Entitäten miteinander verbunden wären. Daran knüpfen dann weiterhin die Vorstellungen an, dass Ideen, Gedankengebäude, Religionen etc. selbstständige geschichtliche Akteure bildeten und dass es ein »menschliches Wesen« gebe, dem man zu entsprechen habe. Emanzipation wird dabei vornehmlich mit einer Veränderung des eigenen Bewusstseins und des Willens gleichgesetzt. Stets besteht die ideologische Verarbeitung in einer letztlich normativen Universalisierung einer partikularen sozialen Position.[5] In der *Deutschen Ideologie* versuchten Marx und Engels, genau diese falschen Abstraktionsleistungen, die die linkshegelianische Bewegung unter dem Namen einer kritischen Philosophie betrieb, zu entschlüsseln und ihnen ein neues Konzept von Geschichte entgegenzusetzen. Dieses sollte nicht nur die geschichtliche Entwicklung Westeuropas in einer zusammenhängenden und dynamischen Weise begreifbar machen, sondern auch erklären können, wie und warum es überhaupt zu solchen falschen Abstraktionsleistungen kommt. Daher ist die Kritik an der Abstraktheit des Denkens – die Marx und Engels vornehmlich anhand der neuesten deutschen Philosophie thematisierten – auch keine Kritik des Denkens selbst, sondern eine Forderung, den Akt der Produktion von Gedanken *sozialen Inhalts* in das Denken miteinzubeziehen.

An die Stelle philosophischer Abstraktionen wie *Mensch*, *Individuum*, *Bewusstsein*, *Gattung*, *Staat* oder *Idee* treten dynamische und relationale Kategorien wie Produktion, Arbeitsteilung (körperliche und geistige Arbeit), Produktivkräfte, Eigentums- und Herrschaftsverhältnisse, Produktionsweise, Verkehrsverhältnisse, Klassenherrschaft und Ideologie, durch deren Verhältnisbestimmung die Handlungen der Menschen sowie die großen Ideen der Geschichte selber als Produkte gesellschaftlicher Klassenkämpfe erklärbar werden. Die Geschichte ist dann nicht mehr die Geschichte von Individuen, Staaten, Religionen oder Ideen, sondern diese sozialen Phänomene sind Produkte und Ausdrucksformen von zugrunde liegenden Prozessen der gesamtgesellschaftlichen Reproduktion.

In der *Deutschen Ideologie* werden diese Prozesse vorwiegend als Transformationen politisch-ökonomischer Klassenherrschaft aufgefasst, die in den historischen Wandlungen der Eigentumsbeziehungen erkennbar sind. Die entscheidende Rolle spielt dabei die Verbreitung des Geldes als Kapital und die damit zusammenhängende Entwicklung bürgerlicher Gesellschaften in den Städten der Antike und vor allem des Mittelalters. Schließlich kommt es nach der Entfaltung des kommerziellen Kapitals als des treibenden Verkehrsverhältnisses zwischen den verschiedenen Gemeinwesen Europas zur Unterordnung der Produktion und der gesellschaftlichen Arbeitsteilung unter das Kapital und damit einhergehend zur politischen Revolutionierung dieser Gemeinwesen. Die Bourgeoisie ergreift die politische Macht und etabliert die kapitalistischen Produktionsverhältnisse. Diese wiederum erzeugen die neue arbeitende Klasse, enteignen die ehemaligen Kleinproduzenten und verwandeln sie in Lohnarbeiter. Doch diese Entwicklung hat neue soziale Kämpfe zur Folge. Innerhalb des Proletariats werden Stimmen laut, die die Vergesellschaftung der Produktion und damit die Abschaffung des bürgerlichen Privateigentums an Produktionsmitteln fordern. Diesen Forderungen der kommunistischen Bewegung schließen sich Marx und Engels an, weil sie in sich die wesentliche Bedingung von Emanzipation enthalten, nämlich die von Herrschaft freie, auf freier Vereinbarung beruhende Verfügung über die Mittel gesamtgesellschaftlicher Produktion und Reproduktion. Marx und Engels entwickeln also ein Kriterium für Emanzipation, das die Dinge nicht mehr – wie es die Philosophen, insbesondere die Linkshegelianer taten – von außen oder von ›oben her‹, abgeleitet aus abstrakten menschlichen Prinzipien oder normativen Idealen, bewertet. Sie verstehen sich vielmehr selbst als Teil dieses historischen Entwicklungsprozesses und ergreifen Partei für die am weitesten fortgeschrittene Emanzipationsbewegung, weil diese die gesellschaftlichen Sachlagen sachlich, das heißt im Herzen des Problems thematisiert.

Zwar schwimmen hier Marx und Engels teilweise noch im Fahrwasser der überkommenen und zugleich kritisierten Tradition und fassen die Geschichte selbst noch als linearen Entwicklungsprozess auf, tendenziell im Sinne einer sich immer weiter ausdifferenzierenden Arbeitsteilung und einer fortschreitenden Expansion des Kapitals. Doch sie führen eine Reihe von Begriffen ein, durch die die Geschichte in ihrem Zusammenhang erkannt werden kann, wobei besonders der Begriff der *Verhältnisse*, durch die Gesellschaften strukturiert sind, für die neue materialistische Theorie von großer Wichtigkeit ist. Daher bezeichnet Althusser die *Deutsche Ideologie* und die *Feuerbachthesen* treffend als »Werke des Einschnitts«, die den epistemologischen Bruch von der humanistischen Philosophie zur Theorie der Geschichte vorbereiteten.[6] Denn Marx und Engels verändern hier tatsächlich die Perspektive auf die Geschichte und das gesellschaftliche Leben, indem sie ihr gesamtes Begriffsensemble verändern. Dem Perspektivenwechsel korrespondiert eine terminologische Revolution. Die oben angeführten gesellschaftstheoretischen Kategorien der *Deutschen Ideologie* sind hierbei teilweise der Rechtsphilosophie und vor allem der jungen Wissenschaft der Politischen Ökonomie entliehen. Zum größten Teil aber sind sie Neuschöpfungen von Marx und Engels, die an die Stelle des überkommenen philosophischen Vokabulars treten, dessen Möglichkeit, die neuen gesellschaftlichen Verhältnisse adäquat zu problematisieren, nicht zuletzt Marx selbst in seinen Frühschriften erschöpft hatte. Zwar werden auch die alten Begriffe wie *Eigentum*, *Bewusstsein*, *Recht*, *Staat* weiterhin verwendet, doch sie sind nun keine irreduziblen, nur aus sich selbst erklärbaren Entitäten der Geschichte mehr, sondern aus den zugrunde liegenden materiellen Verhältnissen abgeleitete, sekundäre Begriffe. Diesen Unterschied zur philosophischen Frühphase von Marx in aller Klarheit als epistemologischen Bruch festgehalten zu haben ist ein großes Verdienst von Althusser, die Frage dagegen, wie viel oder wie wenig Hegel noch in Marx steckt, von untergeordneter Wichtigkeit. Verdienstvoll war das Hervorheben dieses Unterschieds vor allem deshalb, weil die Phrasen vom »Menschen« und vom »Menschlichen« in Ost und West sich seinerzeit mit zynischer Leichtigkeit mit dem stalinistischen Terrorapparat einerseits und mit dem reaktionären, existenzialontologisch-theologischen Autoritätsbedürfnis andererseits verbinden ließen. Ein Sachverhalt, der auch Adorno nicht entgangen war und der doch immerhin zur marxistischen Kritik des *Jargons der Eigentlichkeit* führte, eines Jargons, der interpersonelle Unmittelbarkeit dort suggeriert, wo in Wahrheit gesellschaftliche Verhältnisse am Walten sind. Diesen Perspektivenwechsel festzuhalten hat nichts an Aktualität eingebüßt, gerade in einer Zeit, in der soziale Verhältnisse vom Common Sense – vom Wirtschaftsexperten bis zum Esoteriker – nur noch in einem Jargon zwischenmenschlicher Beziehungen (›Wirtschaft beruht auf Vertrauen ...‹) thematisiert werden, die Menschenrechte unisono mit selbstgerechter Gefälligkeit mantraartig zum Höchstmaß des politisch Möglichen erklärt werden und eine neuere Frankfurter Schule unter Rückgriff auf die marxschen Frühschriften und auf inhaltsarme sozialphilosophische Kategorien wie *Intersubjektivität* die marxistische Gesellschaftstheorie einer gehörigen Revision unterzogen hat, um im ideologischen Staatsapparat der Universität noch mitmachen zu dürfen. Vielmehr wird Althusser noch dafür zu kritisieren sein, dass er entgegen seinen Einsichten dem Humanismus ebenso wie der Ideologie noch eine rationelle Funktion innerhalb des politischen Kampfes zugestand.

Antihistorizismus

Den Antihistorizismus kann Althusser nur noch anhand der direkt politisch-ökonomischen Schriften von Marx thematisieren, denn in der *Deutschen Ideologie* wird tendenziell noch eine geschichtliche Entwicklung präsentiert, die in einem linearen Anschwellen kapitalistischer Verkehrs- und Produktionsverhältnisse in die Gegenwart mündet und ihren Fluchtpunkt schließlich in der kommunistischen Weltrevolution hat. Hier ist die Geschichte noch eine des Fortschritts. An die Stelle dieses Entwicklungsdenkens tritt nun Althusser zufolge die Theorie der Aufeinanderfolge der ökonomischen Gesellschaftsformationen, wie sie Marx das erste Mal in dem *Vorwort zu Kritik der politischen Ökonomie* präsentiert. Die Geschichte ist nun nicht mehr eine große, zielgerichtete Totalität, sondern jede Gesellschaftsformation ist in sich eine partielle Totalität, die durch ihre spezifischen Strukturelemente konfiguriert ist. Althusser unterscheidet dabei die »marxistische Totalität« von der hegelschen. Letztere sei vor allem teleologisch konzipiert, gedacht als Verwirklichung des menschlichen Wesens in der Geschichte , nämlich der Freiheit, die in den bürgerlichen Verhältnissen ihren adäquaten Ausdruck finde. Die Totalität der weltgeschichtlichen Entwicklung wird daher als sinnvoll erachtet und bejaht, da sie als Realisierung eines normativen Prinzips konzipiert wird, die zuletzt noch der ganzen historischen Gewalt ihre Weihe verleiht. Die von Marx konzipierte Totalität einer Gesellschaftsformation ist dagegen nicht von einem ihr übergeordneten Prinzip abhängig, sie ist vielmehr die »Einheit eines *strukturierten Ganzen*, die verschiedene ›relativ autonome‹ Ebenen oder Instanzen ermöglicht, welche in der komplex strukturalen Einheit nebeneinander existieren, indem sie sich gemäß den spezifischen, letztlich durch die ökonomische Ebene oder Instanz festgelegten Determinierungsweisen ineinanderfügen«.[7] Eine solche Totalität ist vorwiegend abhängig und bestimmt von ihrer Fähigkeit, sich *reproduzieren* zu können. Es ist vor allem die Perspektive auf die gesamtgesellschaftliche Reproduktion, als *Reproduktion der Produktionsbedingungen*, die Althusser und seine Schüler in ihrer Erneuerung der marxistischen Gesellschaftstheorie einnehmen.

Ein entscheidender Beitrag zur Plausibilität der Theorie der ökonomischen Gesellschaftsformationen im Allgemeinen ist hierbei Étienne Balibars Referat Über die Grundbegriffe des Historischen Materialismus aus der Sammelpublikation der Althussergruppe. Nach Balibars Marx-Verständnis werden die ökonomischen Gesellschaftsformationen maßgeblich determiniert durch die dominante Art und Weise, in der der gesellschaftliche Reichtum produziert (*Produktionsweise*), verteilt und angeeignet wird, also durch das Verhältnis von *Produzenten* und *Produktionsmittel*, die zusammen die *Produktivkräfte* bilden, sowie durch die Formen der Distribution und Konsumtion der *Produkte*, die mit einer Produktionsweise erwirtschaftet werden. Diese Relationen müssen in Beziehung zur Verfügung oder Nichtverfügung über diese Faktoren durch die gesellschaftlichen Nichtproduzenten betrachtet werden, woraus sich die spezifischen *Produktionsverhältnisse* ergeben. Die Gesamtheit dieser Beziehungen bilden die Bedingungen der Produktion, deren Reproduktion Voraussetzung und Resultat derselben ist. Die Reproduktion der Produktionsbedingungen gliedert sich indessen in zwei miteinander zusammenhängende Momente: 1. die *einfache Reproduktion* sich wiederholender Produktionsprozesse, die aus der gesamtgesellschaftlichen Perspektive eine spezifische Form der Zirkulation und der Distribution von Gütern (Produkten, Produktionsmitteln, Arbeitskräften) notwendig mit sich führt, sofern sie gelingen will; 2. die *Reproduktion der Produktionsverhältnisse* als solche, die Verewigung der gesellschaftlichen Klassen- und Herrschaftsverhältnisse durch die Modulation der Produktionsvorgänge und ihrer Voraussetzungen selbst. Daraus ergeben sich auch die politischen und ideologischen Beziehungen der gesellschaftlichen Agenten zueinander, die Balibar allerdings äußerst untergeordnet behandelt.

In Anknüpfung an Althussers spätere Schriften, insbesondere an *Ideologie und ideologische Staatsapparate*, wäre Balibars Konzeptualisierung noch zu ergänzen: einerseits um die Verfügung und Verteilung der *Gewaltmittel* und die Beziehungen der Gewalthaber sowohl zueinander als auch zu den Unterworfenen, also um den Bereich, den man als genuin *politischen* und – je nach Gesellschaftsformation – *juristischen* bezeichnen könnte. Andrerseits um die Fähigkeit eines Gemeinwesens, Einheit, Tradition, Sinn, Legitimität etc., das heißt soziale Disziplin zu stiften – die Bereitschaft der Agenten, ihre Unterwerfung als Befähigung zu akzeptieren, also den Zusammenhang, den Marx den *ideologischen* nennt, im weiteren Sinne das Erlernen gesellschaftlicher Eigenschaften, Riten, Kulte, Religionen, legitimen Wissens etc.

Mit der Frage der gesamtgesellschaftlichen Reproduktion hängen auch die Angabe ihrer *Tendenz* und das Problem des Übergangs von einer Gesellschaftsformation in eine andere zusammen. Denn jede Gesellschaftsformation entwickelt auf der Grundlage der Relationen ihrer Elemente determinierende und determinierte Strukturen, konstitutive Prozesse und konstituierende Agenten, also die spezifischen gesellschaftlichen Existenzweisen und Verpflichtungen, die soziale Logiken entfalten – etwa die Logik des Wehrbürgerstatus in der Polis, die Logik der Stände im Feudalismus – und daher eine gewisse Entwicklungstendenz aufweisen. Hinzu kommt, dass jede Gesellschaftsformation immer schon in einem Verhältnis zu anderen Gesellschaftsformationen und ihren Reproduktionserfolgen und -krisen steht. Können die Strategien und Institutionen der Reproduktion nicht mehr resonanzfähig auf diese endogenen und exogenen Faktoren (wie technische Innovationen, Kriegsverläufe, Migrationen, Naturkatastrophen, Wirtschaftskrisen und schließlich politische Kämpfe) reagieren, kommt es zu einer *revolutionären Situation* im weiteren Sinne, die eine Periode des Übergangs zur Folge haben kann. Je nach Länge wird diese Phase im Übrigen eine eigenständige ökonomische Gesellschaftsformation bilden (wie etwa die Ancien Régimes in Westeuropa oder die Sowjetunion).

Die These des von Althusser und Balibar vertretenen Marxismus ist, dass sich nur von diesem – eminent gesellschaftstheoretischen – begrifflichen Ensemble ausgehend das Feld der Geschichte erschließt. Dies geschieht jedoch nicht in Form einer Bindestrich-Geschichte (Sozialgeschichte, Literaturgeschichte, Geschichte des Buchdrucks etc.), die eine ihrem Gegenstand angemessen scheinende Periodisierung vornimmt, bei der die sich als stetiger Fluss sich verschlingender Ereignisse vorgestellte Geschichte von außen (vom Subjekt des Wissenschaftlers) willkürlich sortiert wird. Sondern Geschichte hätte als Theorie der Gesellschaftsformationen überhaupt erst einmal das Zustandekommen objektiver gesellschaftlicher Zeit zum Thema. Der Historische Materialismus nimmt keine alternative Periodisierung der Geschichte vor, sondern er erklärt, auf welcher Grundlage sich die geschichtliche Entwicklung der verschiedenen Gesellschaften selber in Epochen der ökonomischen Gesellschaftsformationen unterteilt. Denn ganz wesentlich muss gelingende gesellschaftliche Reproduktion aus der Synchronisation der verschiedenen gesellschaftlichen Produktionsprozesse, ihrer Zyklen und Rhythmen bestehen. Nur so wird aus den Lebenszeiten, den Zeiten der Produktion, den logistischen Zeiten virtuell *eine* »geschichtliche Zeit«.[8]

Das macht auch erklärlich, weshalb Marx und Engels mit Blick auf die geschichtlichen Prozesse so oft von »Naturnotwendigkeit« sprechen. Denn ihre Theorie entfaltet sich ausgehend von denjenigen Zusammenhängen, die keine Gesellschaft umgehen kann, sofern sie existieren will. In diesem Sinne ist auch die gerne missverstandene Metapher von Basis und Überbau zu fassen. Tatsächlich meinte Marx damit niemals, dass die ökonomischen Verhältnisse gewissermaßen autonom existieren könnten und die Phänomene des Überbaus nur deren äußerlichen Zierrat bildeten, so als wäre ein Haus ohne Dach noch ein Haus. Vielmehr macht diese Unterscheidung auf die Unerlässlichkeit der Produktion für das gesellschaftliche Leben aufmerksam. Sie muss geregelt sein, bevor alles Weitere geregelt werden kann, und determiniert darum – wie Engels einmal schrieb – die Gesellschaft in letzter Instanz. In Feudalgesellschaften beispielsweise verfügen die Bauern über die Produktionsmittel wie über die Produkte, die sie produzieren und durch die sie sich selbst am Leben erhalten; Märkte spielen eine untergeordnete bis gar keine Rolle. Die Aristokraten dagegen begreifen sich als Eigentümer des Bodens, auf dem die Bauern arbeiten, und fordern nicht nur Abgaben in Form eines Teils der von diesen erwirtschafteten Produkte für sich, sondern auch direkte Arbeitsdienste in Form der Fron. Eigentum ist daher auch nicht in erster Linie das juristische Verhältnis, sondern zunächst die Eigentumsbeziehung als Form der Aneignung im Sinne der Ausbeutung der Arbeitskraft,[9] deren Ausdruck das Recht als Privileg ist. Die Bauern müssen diese Abgaben leisten, denn sie sind zwar nicht von den Mitteln ihrer eigenen Reproduktion, wohl aber von den Mitteln politischer Gewaltdurchsetzung – dem

Schwert – enteignet. Das ökonomische Verhältnis ist auch ein direkt politisches Verhältnis. Die Legitimation dieses Verhältnisses stiften die Kirchen. Auf dieser Grundlage kann die politisch-theologische Welt des Mittelalters als ein großes Durcheinander feudaler Ränkeschmiede, von Bündnissen, Verpflichtungen, Rechtsansprüchen, von privaten Fehden und großen Kriegen zwischen Fürsten, Königen, Päpsten oder gar Glaubensrichtungen erscheinen. Die wirklichen Produzenten, obgleich sie die Leidtragenden des ganzen Geklüngels waren, tauchen in diesen großen Annalen nicht auf, es sei denn als Unruhestifter. Doch dieser ganze Wust an Konflikten kulminierte immer in der Ausdehnung oder Beschneidung von Anteilen an der Verfügung über Grund und Boden, denn der Boden und die, die ihn bewirtschafteten, blieben die primäre Quelle des gesellschaftlichen Reichtums. Man mag über die Motive der Machthaber, ihre religiöse Aufrichtigkeit etc. räsonieren, so viel wie man will, de facto realisiert und etabliert sich Herrschaft dauerhaft nur durch die Verfügung über die Mittel, Agenten und Bedingungen der gesellschaftlichen Produktion.

Die Produktion muss also logische Priorität in der Gesellschaftstheorie besitzen, auch in dem primitiven Sinne, dass »jede Nation sogleich verrecken« würde, wenn sie nur »für paar Wochen die Arbeit einstellte«.[10] Die marxsche Unterscheidung von Basis und Überbau war niemals so gedacht, als könnte man alle politischen, religiösen, kulturellen Praktiken rückwirkend auf ökonomische reduzieren – das macht im Übrigen ausschließlich der fortgeschrittene Kapitalismus, und zwar ganz von alleine –; sie will vielmehr darauf aufmerksam machen, inwiefern sich diese Praktiken zu den basalen Grundlagen des gesellschaftlichen Zusammenlebens verhalten müssen, um sich nicht selber unmöglich zu machen. Die marxistische Gesellschaftstheorie hat daher wenig gemein mit den vorwissenschaftlichen Behauptungen der Gleichartigkeit, das heißt Beliebigkeit der Phänomene, die die Geschichts- und Sozialwissenschaften gerne zu ihrer empirischen Voraussetzung machen.

Althusser hat dagegen richtig erkannt, dass sich die Theorie der Gesellschaftsformationen – und damit auch der von Marx ins Auge gefasste Zusammenhang der Kategorien der kapitalistischen Produktionsweise aus dem *Kapital* – auf einem anderen methodologischen Niveau befindet. Ihre Begriffe sind weder aus empirischen Daten induzierte Abstraktionen, noch bilden sie idealtypische Modellschablonen, die man der Empirie einfach überstülpt, wobei man alles, was nicht darunterfällt, als Kontingenz abschneidet. Sondern es sind eben zuallererst Begriffe, das heißt Produkte theoretischer Auseinandersetzungen und Überlegungen – dessen, was Marx den *Forschungsprozess* nannte –; sie markieren Problembereiche innerhalb einer theoretischen Disziplin und konstituieren dadurch in ihrer Eigenschaft als Begriffe den Bereich, der erkannt wird. In diesem Sinne machen die Begriffe der Theorie der ökonomischen Gesellschaftsformationen Geschichte überhaupt erst begreiflich, ermöglichen zu unterscheiden, was wesentlich und was unwesentlich ist, was Wirkung, was Ursache und was davon langfristige Wirksamkeiten zeitigt. Ihr Ideal besteht nicht darin – wie im Empirismus – eine vermeintlich ultrakonkrete Wirklichkeit möglichst getreu abzubilden – dafür gibt es Fotokameras –, sondern mittels begrifflicher Arbeit die wirklichen Probleme zu bezeichnen.[11] Althussers Antihistorizismus wandte sich also gegen zweierlei: zum einen gegen alle Versuche, der Geschichte ein übergeordnetes, fortschreitendes und sinnvolles Ziel zu verleihen oder ihr, in welcher Hinsicht auch immer, Sinn zu entreißen. Zum anderen gegen alle vortheoretischen, empiristischen und romantischen Vorstellungen von Geschichte als kontinuierlich-fließender Verkettung einzigartiger Ereignisse, die alles in sich gleichermaßen begreift und ausdrückt – Geschichte als das geschriebene Buch all dessen, was allzu menschlich ist. Beide Ansätze hängen aufs Innigste miteinander zusammen und fallen selbst in den Bereich der ideologischen Produktion. So bleibt die Geschichte bloße Illustration anthropologischer Untiefen oder Lehrmaterial für all diejenigen, die aus ihr »lernen wollen«, ohne sie zu begreifen, oder – noch schlimmer – ein ewig unvollkommenes Mosaik zusammengelesener Erbsen von Leuten, die nichts wissen wollen, außer wie es »wirklich gewesen ist«.

Diesen mythologischen Zugangsweisen zur Geschichte setzt Althusser – mehr implizit als explizit – die Forderung entgegen, dass jede Erkenntnis der menschlichen Praxis eines theoretischen Vorverständnisses dessen bedarf, was die Objektivität einer Gesellschaft ausmacht. Darum macht er ganz zu Recht auch darauf aufmerksam, dass die Unterscheidung von Basis und Überbau selbst bloß im Bereich des Metaphorischen bleibt, also noch kein Begriff ist. Das wirkliche Verhältnis zwischen einer gesellschaftlich dominanten Produktionsweise und den politischen, juristischen und ideologischen Beziehungen ihrer Glieder erschließt sich nur vom Begriff der gesamtgesellschaftlichen Reproduktion her. In diesem Zusammenhang muss auch Althussers Schrift über die *Ideologie und die ideologischen Staatsapparate* betrachtet werden.

Ideologie und ideologische Staatsapparate

Entsprechend diesen unverzichtbaren gesellschaftstheoretischen Voraussetzungen einer Theorie der Praxis thematisiert Althusser die Funktionsweise der Politik – in diesem Fall des Staates – und der Ideologie in kapitalistischen Gesellschaften unter dem Gesichtspunkt ihrer Reproduktion – und löst damit die Metapher von Basis und Überbau in einer präzisen begrifflichen Bestimmung auf. Er kommt dabei zu dem Schluss, dass eine Klassengesellschaft sich nicht ausschließlich auf der Grundlage direkter Repression, also durch die Monopolisierung der Gewaltmittel reproduzieren kann, sondern sich ebenso ideologisch reproduzieren muss. Das heißt, die gesellschaftlichen Verhältnisse müssen vor allem den Beherrschten als unausweichlich und sinnvoll, bestenfalls als Möglichkeitsbedingung ihrer eigenen Freiheit erscheinen. Der *repressive Staatsapparat*, der nach Althusser als Monopol der Gewalt immer *einer* ist, wird durch eine unbestimmte Vielzahl *ideologischer Staatsapparate* notwendig ergänzt.

Ein entscheidender Faktor ist dabei die *Reproduktion der Arbeitskraft*, ihre Qualifizierung und Disziplinierung in umfassender Hinsicht. Althusser macht ganz zu Recht darauf aufmerksam, dass die Qualifizierung der Arbeitskraft im Kapitalismus oftmals nicht mehr am Arbeitsplatz selbst und im Produktionsprozess stattfindet – wie etwa in den meisten Tätigkeitsbereichen vorkapitalistischer Gesellschaften –, sondern außerhalb der Produktionsstätten durch Vermittlung eines basalen Korpus von Kompetenzen und praktischem Wissen. Dies ist unumgänglich in einer Gesellschaft, die sich vorwiegend durch die Anwendung verwissenschaftlichter Produktion und durch individuelle Konkurrenz auf dem Arbeitsmarkt auszeichnet. Die Orte dieser Vermittlung und Qualifizierung bilden die Schulen und Hochschulen, die Althusser für die wichtigsten ideologischen Staatsapparate in den modernen kapitalistischen Gesellschaften hält. Als qualifizierende Instanzen sind sie zugleich Agenturen der gesellschaftlichen Selektion und Rekrutierung und reproduzieren somit auch die Klassenverhältnisse, indem sie über die Bildungstitel jedem seine objektive Position im Gesamtprozess des Kapitals zuweisen. Auch bilden die Schulen zugleich, neben der Familie, die zunächst primären Agenturen der moralischen Inkorporation, Disziplinierung – hier lernt man, »sich richtig zu benehmen« und vor allem auch richtig zu sprechen – und natürlich auch der geschlechtlichen Segregation. Diese Ausbildung erfolgt aber nicht mehr – wie in vorkapitalistischen Gesellschaften – getrennt von den Institutionen und Praktiken der Sinngebung, sondern als Aktivierung des Selbst als sinngebender Instanz. Denn aus den bereits oben genannten Gründen (allgemeine Qualifikation für Produktionsvorgänge oder Dienstleistungen, Konkurrenz am Arbeitsmarkt) ist zumindest der entwickelte Kapitalismus weit mehr als die vorangehenden Produktionsweisen auf die Eigenaktivität und Initiative der Subjekte angewiesen – und dies bei gleichzeitiger Monotonie und disziplinarischer Fremdbestimmung der lohnabhängigen Beschäftigung. Althusser zeigt anhand der Schule, wie die ideologischen Staatsapparate diese gegenläufige Aus- und Abrichtung der Menschen zustande bringen:[12] Sie besteht in der Subjektivierung der Individuen, einer paradoxen Verschränkung von Unterwerfung und Ermächtigung. Der Zusammenhang von objektiver gesellschaftlicher Funktion und subjektivem Selbstverhältnis der Individuen lässt sich so unter dem Gesichtspunkt der Reproduktion gesellschaftstheoretisch herausarbeiten.

Unter den für die kapitalistische Gesellschaftsformation notwendigen repressiven Staatsapparat fallen nach Althusser »die Regierung, die Verwaltung, die Armee, die Polizei, die Gerichte, die Gefängnisse usw.«, also der Staat im engeren Sinne.[13] Unter die ideologischen fallen dann die Kirchen, die Schulen, die Familie, der juristische Staatsapparat, das politische System (beispielsweise die Parteien), diverse Interessenverbände, die Medien sowie der gesamte kulturelle Bereich (Althusser nennt hier die »Literatur, die schönen Künste, der Sport usw.«[14]). Die Bereiche des Gewaltmonopols ergeben sich klar durch dessen Funktion als Garant der Aufrechterhaltung kapitalistischer Produktionsverhältnisse unter den konstitutiven Bedingungen *national verschiedener* Ökonomien, dessen letztes Mittel unter den Bedingungen von Herrschaft immer der Zwang sein muss. Aber auch die funktionale Verschiedenheit ideologischer Staatsapparate zeigt, dass es bei ihnen nicht nur um die Erzeugung von Illusionen geht, die bloß Täuschungen des Bewusstseins sind, um die Menschen bei der Stange zu halten, sondern dass sie den sachlichen Erfordernissen entsprechen, die durch die Struktur kapitalistischer Produktion gegeben sind, und auf sie reagieren. Die Gewerkschaften zum Beispiel erwiesen sich als Disziplinierungsagenturen für die arbeitenden Klassen; ihr ideologisches Supplement ist die Vorstellung, dass es ein gemeinsames Interesse von Arbeitgebern und Arbeitnehmern an einer national prosperierenden Wirtschaft geben kann, wie sie ebenso Ausdruck der real verschiedenen Interessen beider Klassen sind. Selbiges gilt analog für die übrigen Interessenverbände, die politischen Parteien, die öffentlichen Medien etc. Die jeweilige Reproduktion der verschiedenen Glieder einer Gesellschaft, der Individuen, Gruppen und Klassen, der eine mehr oder minder entwickelte Vielfalt an Aktivitäten und Bedürfnissen zugrunde liegt, ist in letzter Instanz jedoch immer von der Reproduktion der Gesamtgesellschaft abhängig. Darum werden die Bedürfnisse und Interessen, die sich durch die ideologischen Staatsapparate artikulieren, zuletzt immer mit den Fragen der gesamtgesellschaftlichen Reproduktion inhaltlich gleichgeschaltet (»können ›wir‹ uns Flüchtlinge leisten ...?«). Die Möglichkeiten des Handelns werden durch das institutionelle Handeln gegeben und begrenzt zugleich. Das ideologische Element besteht daher weniger in einer Illusion als vielmehr darin, dass die Träger der gesellschaftlichen Funktionen niemals ganz in diesen aufgehen, dass sie mit spezifischen Interessen und libidinösen Besetzungen an diese Funktionen geknüpft sind, die sie als die Bedingungen ihrer Aktivität vorfinden. Aus der psychologischen Perspektive der Beteiligten ist ihre Tätigkeit verknüpft mit einem Gemisch aus normativen Überzeugungen, Enttäuschungserfahrungen, Projektionen, Ängsten, Routinen, Hoffnungen und Wünschen, die sie die Welt so sehen lässt, wie sie sie sich vorstellen. Allerdings verdecken diese Vorstellungen nicht eine eigentliche Realität, sondern es ist die reale Aktivität, aus der diese Vorstellungen resultieren. Darum bezeichnet Althusser die Ideologie als das »imaginäre Verhältnis der Individuen zu ihren realen Existenzbedingungen«.[15] Auf der ideologischen Ebene fallen die gesellschaftliche Funktion und das Affektionsvermögen der Menschen zusammen. Den Mechanismus dieses Zusammenhanges nennt Althusser die *ideologische Anrufung*: Sie ist die Identifikation der praktischen Tätigkeit mit der ihr vorstehenden institutionellen Autorität, die durch diese Tätigkeit selbst mit vollzogen und geleistet wird;; sie ist die Achtung der Pflichten, die Demut, die Liebe und Dankbarkeit des Subjekts gegenüber dem SUBJEKT, sie ist der eigentliche Akt der Subjektivierung – ein vom Gesichtspunkt der politischen Ökonomie der Arbeitskraft aus durchaus brüchiger Akt, der aber partiell immer vollzogen sein muss, wenn irgend gelebt werden und eine Gesellschaft sich reproduzieren möchte.

Es zeigt sich also, dass heteronome gesellschaftliche Verhältnisse sich niemals nur durch Zwang reproduzieren, sondern ebenso durch die freiwillige Selbstaktivierung der Gesellschaftsglieder, die sich notwendig ideologisch zu den praktischen Selbstverständlichkeiten des Alltags – zu dem, was Marx die Fetischismen genannt hat – verhalten. Interessanterweise ist Althusser während seiner Forschungen auf eine gesellschaftliche Sphäre gestoßen, in der sich beide Elemente – Zwang und Freiwilligkeit – in nahezu vollständiger Komplementarität vereinigen: das Recht.

Das Recht als repressiver und ideologischer Staatsapparat

Vergleicht man die Veröffentlichung über die *Ideologie und die ideologischen Staatsapparate* mit dem ursprünglichen Manuskript, so zeigt sich, welch außerordentliche Rolle das Recht und seine Kritik in Althussers Auseinandersetzung mit den Funktionen des modernen Staates gespielt haben. Was davon übrig bleibt in dem von ihm autorisierten Aufsatz, ist etwa der Umstand, dass die juristischen Apparate und Institutionen sowohl bei den repressiven als auch bei den ideologischen Staatsapparaten genannt werden. Ein entscheidender Grund für diese Verkürzung mag Althussers Verhältnis zur KPF gewesen sein, denn tatsächlich enthalten gerade die Passagen zum Recht scharfe kritische Anmerkungen zur Rechtsauffassung des (post-)stalinistischen Marxismus, insbesondere zu dessen Auffassung des Eigentumsrechtes. Kritisiert wird, dass die Verfügung oder Nicht-Verfügung über die Mittel der Produktion hier vorwiegend eine juristische Frage sei, dass an die Stelle des Privateigentums an Produktionsmitteln bloß das Kollektiv- oder Staatseigentum an denselben zu treten habe, dass darin also bereits der wesentliche Unterschied zwischen Kapitalismus und Sozialismus liege.[16]

Althusser zeigt dagegen, dass das Recht eine notwendige Ausdrucksform zugrunde liegender Produktionsverhältnisse ist, deren Inhalt eben die Resultate dieser Verhältnisse bilden. Wie Marx im *Kapital* und der radikale sowjetische Rechtskritiker Eugen Paschukanis geht er davon aus, dass die elementaren juristischen Kategorien wie Freiheit, Gleichheit und Rechtspersönlichkeit dem Privatrecht entstammen, das seinen Ursprung wiederum in den Regelungen des Warentauschs, des Eigentumswechsels und den Verträgen der Eigentümer hat.[17] Die abstrakten juristischen Beziehungen regeln die Verkehrsverhältnisse, die sich in der Zirkulationssphäre des Kapitals etablieren. Diese sind aber wiederum die notwendige Folge der kapitalistischen Produktionsweise, also der direkten und privaten Verfügung von miteinander konkurrierenden Einzelkapitalien über die Mittel der gesellschaftlichen Reichtumsproduktion zwecks Verwertung der Arbeitskraft. Wie Marx schreibt, ist das Rechtsverhältnis »durch das ökonomische Verhältnis selbst gegeben«.[18] Allerdings zeigt sich sowohl für Althusser als auch für Marx das Recht nicht nur als zivile Verkehrsform der Beziehungen von Warenbesitzern, sondern ebenso auch als Instanz der Ausgrenzung der Beziehungen der wirklichen Aneignung der materiellen Produktion im Produktionsprozess.[19] Erstere basieren auf den Prämissen der juristisch-personalen Anerkennung und entwickeln auf ihnen im Verhältnis zu den Gewohnheiten der bürgerlichen Praxis ihre eigentümliche logische Systematik. Letztere dagegen basieren auf gar keinem sozial konstruierten Regelkanon, sondern haben ihren Ursprung und – global betrachtet – ihre Permanenz in der faktischen Verfügung, dem Kommando über den Produktionsprozess, in der Enteignung durch Gewalt, in Herrschaft und politischer Vormachtstellung. Sie bilden eine aus dem Rechtsverhältnis ausgegrenzte Realität, der die nichtöffentliche Form der Aneignung des Mehrproduktes und die Verfügung über die Produktion entspricht. *An sich* ist daher die Frage nach der Art und Weise der Produktion gesellschaftlichen Reichtums und seiner Verteilung *die* politische Frage schlechthin – doch erhält sie gerade unter der spezifisch juristischen Form, die sie unter kapitalistischen Verhältnissen annimmt, die Form eines neutralen Sachbereiches, der in mehr oder minderem Ausmaß gesetzlich geregelt werden könne. Das Recht trägt maßgeblich dazu bei, politisches Handeln zu entpolitisieren, denn es operiert, wie gezeigt, auf der Grundlage seiner juristischen Prämissen, die ja gerade das faktische Herrschaftsverhältnis legalisieren und unzugänglich machen. Althusser beschreibt daher ganz richtig, dass der juristischen Ideologie, also unter anderem der Vorstellung, dass gesellschaftliche Gestaltung vor allem eine Frage richtiger und guter Gesetzgebung sei, in Bezug auf die Fragen der gesellschaftlichen Produktion notwendig die technizistische Ideologie korrespondiert, in der die Produktionsabläufe und Hierarchien innerhalb der Arbeitsteilung den rein technischen Erfordernissen dieser Produktionsakte entsprechen. Dem inhaltlich neutralen Gestaltungsmittel des Rechts korrespondiert das neutral gestaltbare technische Material.[20]

Diesen ideologischen Vorstellungen, die sich in sozialdemokratischen und staatskommunistischen Konzeptionen aller Couleur wiederfinden lassen, hält Althusser entschieden entgegen, dass die bürgerlichen Rechtsverhältnisse ausschließlich die kapitalistischen Produktionsverhältnisse ausdrücken, deren herrschaftlichen Charakter sie zugleich verschwinden lassen. Mit der radikalen Änderung dieser Verhältnisse, nämlich mit der kommunistischen Aneignung der Produktion durch die wirklichen Produzenten und der gleichen Verfügung aller über die Bedingungen der Produktion, müssten sich auch deren Verkehrsformen sowie die technische Arbeitsteilung radikal verändern.

Nachdem dieser logisch gleichursprüngliche Zusammenhang zwischen dem determinierenden ökonomischen und dem konstituierenden juristischen Verhältnis geklärt ist, betrachtet Althusser die Art und Weise, in der das Recht seine reproduktive Funktion erfüllt, den gesellschaftlichen Verkehr zu regeln. Er kommt zu dem Schluss, dass das Recht ein gleichermaßen repressiver und ein ideologischer Staatsapparat ist. Zunächst ist klar, dass das Recht faktisch machtlos wäre, wenn es sich nicht auf eine Reihe von Apparaten (Polizei, Gerichte, Gefängnisse u. a.) stützen könnte, die seine Regelungen, Vorschriften, Gebote und Verbote durchsetzen und garantieren. Das Recht hat im *Zwang* eine notwendige Funktionsbedingung – er tritt spätestens beim Rechtsbruch immer offen zutage. Auf der anderen Seite ist ebenso klar, dass die Glieder der Gesellschaft in ihrem Alltag mehrheitlich die meiste Zeit nicht mit dem Zwang konfrontiert sind, sondern die Regeln des Rechts als positive Gebote in sich tragen. Althusser zeigt dies anhand des Polizisten, der nicht an jeder Straßenecke stehen und darüber wachen muss, dass sich die Menschen an die Vorschriften halten. Vielmehr scheint es so zu sein, dass jeder immer schon seinen eigenen Polizisten im Kopf hat. Doch auch dieser Gedanke scheint irreführend und den Alltagserfahrungen wenig zu entsprechen. Die meisten Handlungen oder Unterlassungen werden nicht aus Angst vor Strafe begangen. Vielmehr besitzen die Menschen in sich einen positiven sittlich-moralischen Kodex von Pflichten und Regeln, an die sie sich halten. Diesen Kodex nennt Althusser die *juristisch-moralische Ideologie* – er ist die Positivität, die Aktivität und Subjektivität, die an die Stelle von Negativität, Einschränkung und Objektivierung durch Zwang treten. Entgegen den positivistischen Bestrebungen der modernen Juristen, im Recht nichts anderes zu sehen als das vom Gesetzgeber gesetzte Recht, das gilt, beharrt die juristische Ideologie darauf, im Recht einen Ausdruck natürlicher Eigenschaften des Menschen zu sehen. Für die Gerechtigkeitsauffassung des ungesunden Menschenverstandes ist es eine Evidenz, dass die Menschen – qua Individualität und numerischer Identität – frei und gleich sind. Es war Eugen Paschukanis, der als Erster die Problematik des Rechtsfetischismus für die modernen Gesellschaften zur Sprache brachte. Er zeigte, dass der von Marx kritisierte Warenfetischismus, also die auf der Praxis beruhende Auffassung, dass die Werteigenschaften der Waren natürliche Eigenschaften der Dinge seien, durch den Rechtsfetischismus ergänzt wird.[21] Den Waren korrespondieren die Warenbesitzer, deren Rechtspersönlichkeit ebenso natürliche Tatsache sei. Zur Ideologie wird diese Form des Fetischismus, die zunächst der objektiven gesellschaftlichen Sachlage notwendig entspringt, vollends dann, wenn sie normativ aufgeladen wird. Althusser zeigt, dass die Achtung dieser »natürlichen« Eigenschaften dann nicht mehr bloß eine Frage des staatlichen Schutzes und seiner Garantien, sondern vor allem auch eine Frage der eigenen Verpflichtung wird. Darum ist die juristische immer auch zugleich eine moralische Ideologie, denn Ideologien betreffen immer auch die Fragen des konkreten Verhaltens als Verhältnis des Selbst zu seinen Existenzbedingungen. »Die juristisch-moralische Ideologie nimmt also den Platz des Polizisten ein, aber in dem Maße, wie sie diesen Platz wirklich einnimmt, *ist sie nicht der Polizist*.«[22] Der dominante ideologische Grundton ist immer der folgende: Ich tue dies nicht, weil ich es tun muss, sondern weil ich es tun will.

Zweierlei scheint sich für Althusser aus seiner Betrachtung des Rechts zu ergeben: Zum einen, dass das Recht, das zunächst als unmittelbare Verkehrsform der Zirkulationssphäre des Kapitals betrachtet wurde, notwendig zu zwei wesentlichen gesellschaftlichen Realitäten führt, damit es als Verkehrsform überhaupt funktionieren kann, nämlich zu der des Staates und der der Ideologie. Tatsächlich hat das Recht in Althussers ursprünglichem Manuskript eine prominente Position. Innerhalb der dortigen Systematik steht es zwischen der vorgängigen Klärung der Begriffe *Produktion* und *Reproduktion* und der Ausführung der Theorie der ideologischen Staatsapparate und der Ideologie. Gerade in den Institutionen und Praktiken des Rechts scheinen nicht nur die repressiven und die ideologischen Anteile gleichermaßen und komplementär anwesend zu sein, sondern sie scheinen sich aus dem Recht geradezu herzuleiten.[23] Althusser schreibt natürlich, dass der repressive Apparat immer auch ideologisch ist (selbst das Militär hat seine Rituale, seine Codes und seinen Stolz) und die ideologischen Apparate repressiv (auch in der Schule gibt es Züchtigungen und Sanktionen). Doch gerade beim Recht zeigt sich der unabdingbare Zusammenhang von objektivem Zwang und ideologischer Subjektivität in der Reproduktion heteronomer gesellschaftlicher Verhältnisse in ganzer Reinheit. Denn einerseits wäre das Recht kein wirkliches, wenn es sich nicht auf die Mittel des Zwanges stützen würde, andererseits aber wäre es auch kein Recht, wenn es sich ausschließlich auf Gewalt und Repression stützen würde, da es dann von den ihm Unterworfenen nicht als gerecht angesehen würde – was nicht bedeutet, dass das Recht diese gewalttätige Form historisch nicht tatsächlich annehmen kann.[24]

Das betrifft den zweiten Aspekt, der aus der Analyse zu folgen scheint. Denn die juristisch-moralische Ideologie scheint *die* Ideologie par excellence zu sein. Das liegt daran, dass in ihr nicht nur die Form, sondern auch der Inhalt der ideologischen Praxis normativ ist. Es geht um die Legitimität des Legitimen, die am Ende (nicht zuletzt von unseren politischen Philosophen) wie durch ein Wunder immer bejaht wird. Es zeigt sich in ihr in aller Deutlichkeit, worum es der Ideologie ohnehin am meisten geht, nämlich um die Berechtigung dessen, was man tut. An dieses hartnäckige Bedürfnis der Menschen, das die Psychoanalytiker Rationalisierung nennen und die Geisteswissenschaftler Sinngebung, knüpft alle Ideologie an – wie zerstörerisch, paranoid und irrational sie sich auch äußern mag. Ideologie ist der Impuls, den Inkohärenzen der Lebenserfahrung moralische Kohärenz zu geben – ein Impuls, der durch die Individualisierung und Biografisierung der Lebensverhältnisse in hochkapitalistischen Gesellschaften treibhausmäßig gefördert, wenn nicht gar erst erzeugt wird und der natürlich immer brüchig ist. Frei nach Brecht soll man die Verhältnisse nicht nur akzeptieren, sondern sie auch noch billigen – daher werden von dem spontanen Alltagsbewusstsein und seinen akademischen Vertretern Fragen von allgemeinem gesellschaftlichem, also politischem Belang so oft unter dem Aspekt von Rechtmäßigkeit geführt, eine Fokussierung, die – wie schon gezeigt wurde – die Unsichtbarkeit der kapitalistischen Produktionsverhältnisse zu ihrer Voraussetzung hat. Mit der juristisch-moralischen Ideologie als der Ideologie par excellence hängt sicherlich auch die von Althusser konstatierte »Zeitlosigkeit« der Ideologie zusammen. Wie nach Freud das Unbewusste soll auch die Ideologie keine Geschichte haben – eine Gemeinsamkeit, die sicherlich nicht auf bloßer Analogie beruht, sondern vielmehr der inneren Verschränkung des tiefenpsychologischen Mechanismus mit den sozialen Bedingungen, unter denen er sich ausdrücken kann und darf, geschuldet ist. Denn wie die Erinnerungen und Kränkungen nicht den inneren und äußeren Anschauungsformen von Zeit und Raum unterliegen, sondern sich in der inneren Psyche verewigen,[25] so ist auch die emphatische Idee der Gerechtigkeit unabhängig von aller raumzeitlichen Kontiguität immer eine und ewig. Neben dem Anspruch auf Legitimität erhebt die Ideologie immer zugleich auch Anspruch auf die transzendente Universalität dieser Legitimität. In dem Sinne ist das Alltagsbewusstsein, wie es Gramsci affirmativ formulierte, tatsächlich immer philosophisch. Der selber ideologische und zur Ideologie komplementäre Gegenpart ist demnach der alltägliche Zynismus, das ›Es-ist-wie-es-ist‹, das selber eine unendliche Rationalisierung einer unmöglichen Legitimität darstellt.[26]

Es muss darum oberste Priorität der Theorie sein, dieses Bedürfnis nach Sinn, das Adorno das ontologische Bedürfnis nannte, zu kritisieren. Es kann nicht ihre Aufgabe sein, die spontanen Kohärenzbildungs- und Sinngebungsakte der Individuen etwa bloß durch vorgeblich wissenschaftlich elaboriertere Versionen zu ersetzen. Vielmehr können die mannigfaltigen und fragmentierten Erfahrungen der Individuen nur durch gesellschaftstheoretische Erkenntnisse Zusammenhang gewinnen, die allerdings keine ethischen Vorschriften und eben darum auch keine »Sinnangebote« – wie es pfiffige Soziologen und Philosophen nennen – enthalten.[27] Dieser wesentliche Bestandteil kritisch-materialistischer Theorie mag Althusser dazu motiviert haben, die Freiheit der Theorie von jeglichen Wertungen so stark zu betonen. Andererseits jedoch drängt die Erkenntnis der gesellschaftlichen Verhältnisse zu ihrer Kritik. Denn allem Antimoralismus von Marx und Engels zum Trotz ist die Kritik der politischen Ökonomie keine reine Wissenschaft vom Kapital, sondern geschieht im Namen kommunistischer Emanzipation. Diesen Aspekt von Theorie haben Althusser und seine Schüler zu ihrem eigenen rezeptionsgeschichtlichen Schaden vernachlässigt, teilweise sogar geleugnet. Mit einigen kritischen Anmerkungen hierzu soll der vorliegende Aufsatz nun schließen.

Kritik

Althussers Antihumanismus und Antihistorizismus sind in seinen Schriften oftmals von einem emphatischen Wissenschaftsverständnis begleitet, das dann nicht selten im strikten Gegensatz zur (philosophischen) Kritik steht. Eine solche Positionierung ist nicht zuletzt für Vertreter der Kritischen Theorie zum Anlass geworden, sich seines theoretischen Projekts in Gänze zu entledigen. Tatsächlich ist der Vorwurf des Positivismus nicht unberechtigt, und er tritt nirgends offener zutage als in Althussers Verständnis von Ideologie. In *Für Marx* bestreitet er ganz offen die Möglichkeit eines Endes der Ideologien und behauptet dagegen die Unausweichlichkeit von Ideologie,[28] insbesondere einer humanistischen Ideologie – die er zuvor im Namen der Wissenschaften kritisierte – für die politischen Kämpfe des Proletariats und den Aufbau des Sozialismus. Alle Sprengkraft, die seine Marx-Interpretation für den dogmatischen Marxismus-Leninismus seiner Zeit besaß, wird an dieser Nahtstelle zunichtegemacht. Das Ganze gewinnt noch an Absurdität, wenn man berücksichtigt, dass Althusser in *Ideologie und ideologische Staatsapparate* die Ideologie bzw. die ideologische Anrufung mit der Subjektivierung verbindet und dort eindeutig von einer Unterwerfungsleistung der Individuen spricht. Wie gezeigt wurde, reproduzieren sich in der Ideologie ja Gewalt und Herrschaft gerade durch ihre Abwesenheit. Überträgt man dieses Ideologieverständnis in den Humanismus-Aufsatz von Althusser zurück, dann bedeutete dies, dass auch in einer sozialistischen Gesellschaft durch ideologische Unterwerfung heteronome Verhältnisse reproduziert würden.

Allerdings verschwimmen in der Ideologie zwei Ebenen, die Althusser nicht klar unterscheidet und die bisher auch in diesem Text nicht unterschieden worden sind, weil sie real eben ungetrennt existieren. Die erste könnte man die anthropomorphe nennen, in dem Sinne, dass die Menschen praktisch meist sehr inadäquate Vorstellungen davon besitzen, was sie tun. Das ist nicht nur dem Umstand geschuldet, dass vielen unserer Motive unbewusste Prozesse zugrunde liegen, sondern auch der Fiktion des Bewusstseins, sich als Zentrum seiner eigenen Handlungen misszuverstehen – die anthropomorphe Ebene ist daher aufs Innigste mit den subjektiven Kohärenzbildungsleistungen, den Rationalisierungen und Sublimierungen sowie dem Legitimationsbedürfnis verknüpft, die auch die Grundlage paranoider und personalisierender Projektionen bilden können. Die zweite Ebene ist dagegen die eigentlich ideologische, denn in ihr wird die eigene Knechtschaft gewünscht.[29] Ideologie im eminenten Sinne ist immer dort am Walten, wo Herrschaft und Unterwerfung legitimiert, das heißt als Freiheit affirmiert werden. Sie äußert sich immer im objektiven Interesse von Herrschaft auch dann, wenn sie subjektiv das Gegenteil zu sein behauptet. Allerdings vollziehen sich die ideologischen Blockierungen immer nur durch die aktiven Leistungen der ersten Ebene hindurch. Althussers positivistisches Ideologieverständnis scheint nahezulegen, dass er die anthropomorphe Ebene selbst für die wesentlich ideologische Ebene hält: Jegliche spontan in den Menschen entspringenden Beziehungen von Vorstellungen sind demnach Ideologie, dem einzig der theoretisch umfassende und dezentrierende Blick der Wissenschaften – den freilich niemals alle betreten werden können – als Ausweg gegenübersteht.

Der Ideologiebegriff von Marx und Engels in der *Deutschen Ideologie* leitet sich jedenfalls aus der Trennung von geistiger und körperlicher Arbeit als einem der Ursprünge von Herrschaft her.[30] Erst diese vorzeitliche politische Trennung ermöglicht neben der theoretischen zugleich auch die ideologische Praxis als eine von der materiellen Aktivität getrennte, verselbstständigte Aktivität des Denkens, die immer auch die Möglichkeit enthält, den materiellen Gesamtprozess zu verleugnen oder schief zu fassen. Der Ideologiebegriff ist in diesem Zusammenhang bei Marx und Engels ein Denunziationsbegriff. Er kommt dort zum Tragen, wo die spontanen *ebenso wie* die theoretisch elaborierten Leistungen des Intellekts Herrschaft, die in ihrem letzten Grunde immer die Aneignung fremder Tätigkeit ist, rationalisieren und legitimieren. Daher ist es umgekehrt nicht ausgeschlossen, dass sich auch spontane Äußerungen und Kämpfe nichtideologisch ausdrücken können, indem sie etwa die etablierten Formen der Herrschaft thematisieren, kritisieren und angreifen. Schließt man aber diese Möglichkeit aus, wird Ideologie auf ein ›normales‹ sozialpsychologisches Phänomen reduziert, der Begriff seines polemischen Gehaltes entledigt und damit zugleich die Unverzichtbarkeit des Theoretikers, eigentlich des Universitätsprofessors, gesichert.[31] Ob sich die Menschen in einer freien Gesellschaft all ihrer Fiktionen und libidinösen Verstrickungen entledigen können, sei dahingestellt; solche Spekulationen verbergen oft genug selber ideologische anthropologische oder sozialontologische Absichten. Denkbar ist jedoch eine Gesellschaft, in der sich durch jene Verstrickungen keine objektiven Machtverhältnisse mehr realisieren, in der also die Unfreiheit nicht mehr gesellschaftlich organisiert ist, indem nämlich der gesellschaftliche Reproduktionsprozess derart politisch verfasst ist, dass er durch diejenigen direkt geregelt wird, die er betrifft. Man weiß, dass Althusser den Ideologiebegriff aus der *Deutschen Ideologie* schlichtweg ablehnt,[32] doch man sollte immerhin hinzufügen, dass das Wort Ideologie von Marx nie anders als in diesem genuin polemischen Sinn – auch im Spätwerk nicht – verwendet wird; dass Althussers Ideologiebegriff dagegen ein positivistischer Rückfall in die Lehren der französischen Ideologen bedeutet, der lediglich ausgebremst wird durch die neuesten psychoanalytischen Erkenntnisse Lacans.

In jenem polemischen Sinne ist auch das *Motiv* der Kritik der politischen Ökonomie zu verstehen, das von der Althusserschule schlichtweg geleugnet wurde. Dass die Darstellung des Kapitalverhältnisses zugleich seine Kritik sei, ist nicht bloß eine irrtümliche Schlacke aus der philosophischen Frühphase von Marx, sondern die Kritik ist letztlich der Grund seiner Darstellung. Denn Marx operiert im *Kapital* mit immanenten Differenzbestimmungen, die die kapitalistische Produktionsweise in ihrem spezifisch historischen Charakter ebenso wie die wesentlichen Bedingungen von Freiheit überhaupt erst begreifbar machen. So etwa die Unterscheidung zwischen dem stofflichen Reichtum und seiner gesellschaftlichen Form, seiner Wertförmigkeit, oder auch die Unterscheidung zwischen dem Arbeitsprozess als »Stoffwechselprozess« des Menschen mit der Natur und dem Verwertungsprozess als der realen Bedingung, unter der im Kapitalismus der Arbeitsprozess organisiert wird. Was zur Kritik des Kapitalismus motiviert, ist nicht bloß der Umstand, dass er eine Form der Klassenherrschaft und des Patriarchats darstellt, sondern eben auch der Sachverhalt, dass der konkrete stoffliche Reichtum sowie die daran gekoppelten Bedürfnisse gefesselt bleiben an die Kriterien ihrer profitablen Verwertung, dass die »freie Tätigkeit« getrennt von den »objektiven Bedingungen ihrer Verwirklichung«[33] existiert, die gesellschaftlich produktive Aktivität also auf fremde Lohnarbeit reduziert ist. Gerade auch mit Blick auf das moderne Patriarchat zeigt sich die Wichtigkeit dieser Unterscheidung, um das Leben nicht mit dem zu verwechseln, was es deformiert. Denn wie die feministische Kritik gezeigt hat, sind es gerade diejenigen Aspekte des gesamtgesellschaftlichen Reichtums und der Reproduktion, die sich nur schwer oder überhaupt nicht profitabel verwerten lassen, wie etwa die Geburt und die Erziehung von Menschen, die Pflege, die Organisation des privaten Haushalts sowie die Zivilisierung der Affekte und der zwischenmenschlichen Beziehungen, die den Frauen zugewiesen werden. Auch hier erhalten soziale Praktiken, die gerade sehr wesentliche Aspekte des Reichtums des materiellen Lebensprozesses ausmachen, eine spezifische gesellschaftliche Form: nämlich das konstitutive Negativ des verwertbaren Reichtums unter kapitalistischen Produktionsverhältnissen zu organisieren und als solche in die gesamtgesellschaftliche Reproduktion miteinzugehen.

Die Kritik der politischen Ökonomie, die sowohl die Kritik dieser theoretischen Disziplin als auch die Kritik der kapitalistischen Produktionsverhältnisse beinhaltet, geschieht daher immer im Namen radikaler Bedürfnisse: eines universellen materiellen und sozialen Reichtums, der durch die Verhältnisse an seiner Entfaltung und Entwicklung gehindert wird; sie geschieht im Namen der ›freien Tätigkeit‹, einer von gesellschaftlicher und politischer Unterdrückung ledigen Organisation der Produktion. Freilich sollte man nicht annehmen, dass dieser Reichtum und diese Tätigkeit schon eine von ihrer gesellschaftlichen Form unabhängige ontologische Realität besäßen. Vielmehr sind sie selber das formulierte Resultat theoretischer Einsichten, die jedoch letzthin auf konkreten Erfahrungen von Blockierungen fußen.[34] Nur unter diesem Gesichtspunkt wird auch nachvollziehbar, wieso die Problematik des Fetischismus für Althusser untergeordnet bleiben musste. Wieso sollte auch die Wertgegenständlichkeit der Dinge ein Problem sein, wenn sie diese durch die Praxis ja wirklich erhalten? Genauso gut könnte man fragen, wieso es ein Problem sein sollte, dass jemand verhungert, weil er kein Geld hat, wenn es doch sonnenklar ist, dass alles seinen Preis hat. Althusser hätte sehen müssen, dass die Zuschreibung der Wertgegenständlichkeit als quasi-natürliche Eigenschaft der Waren sowie die Subsumtion der Tätigkeiten unter das Regime der abstrakten Arbeit, welche legitime gesellschaftliche Tätigkeit nur als Lohnarbeit gelten lässt, das Herz der gesamtgesellschaftlichen Praxis bilden: Als »objektive Gedankenform«[35] ist der Fetischismus derjenige Zusammenhang von Gedanken, der bestimmte andere Gedanken tendenziell unmöglich macht. Diese objektiven Gedanken- und Praxisformen bilden die immanenten Bezugspunkte jeglicher Ideologie: Was die Rechtsradikalen mit den Esoterikern, den Pfarrern, den unpolitischen Optimisten und den Sozialdemokraten bis weit in die radikale Linke hinein verbindet, ist nämlich das Unvermögen, die Formen des Reichtums und der Produktion anders zu denken als in ihrer wertförmigen Gestalt, dass Geld und Arbeit also unausweichlich-positive Referenten bleiben, so unterschiedlich die Reaktionen darauf auch erscheinen. Wenn Althusser über die Ideologien des öffentlichen Lebens, die Staatsideologien (Nationalismus, Liberalismus, Ökonomismus, Humanismus) schreibt, also das Sammelsurium von Werten, ohne die heutzutage kein Politiker, kein Akademiker, kein Zeitungsschreiber und kein Zeitungsleser mehr auskommt, berührt er diesen Zusammenhang zwischen der fetischistischen Praxis und ihrer ideologischen Übersetzung in eine scheinbar plurale Welt konträrer politischer Ansichten, privater und öffentlicher Meinungen, die sich im Zentrum immer auf das Gleiche beziehen, nämlich die Reproduktion der kapitalistischen Produktionsverhältnisse. Althusser erkennt also zwar die ausgesprochene Homogenität dieses fröhlichen Pluralismus, vermag ihn jedoch nicht in Verbindung mit dem Waren-, Geld-, Arbeits- und Rechtsfetischismen als dessen Schwerkräfte zu bringen. Ein Versäumnis, das sicherlich auch mit der Vorstellung von einer wertfreien Wissenschaft zusammenhängt, die auch insofern Inkonsistenzen in sich birgt, als sich Althusser selbst immer wieder polemisch zu seinen theoretischen Gegenständen verhält. Die Kritik der politischen Ökonomie ist jedenfalls keine reine Wissenschaft, denn Marx wollte den Kapitalismus nicht nur einfach besser verstehen, vielmehr wollte er ein Problem auf einem begrifflichen Niveau entfalten, das theoretisch zugleich die Bedingungen seiner praktischen Lösung entfaltet.

Das berührt schließlich auch das epistemologische Verhältnis der zentralen Begriffe des Historischen Materialismus zu der realen geschichtlichen Entwicklung. Zwar wurde in diesem Text zunächst im Sinne des marxistischen Strukturalismus argumentiert, dass die Grundbegriffe des Historischen Materialismus für alle ökonomischen Gesellschaftsformationen, wenn auch in spezifischer Konfiguration, gelten und dass das theoretische Feld dessen, was Geschichte ist, durch dieses begriffliche Ensemble erst erzeugt wird. Doch muss dem Historizismus andererseits zuerkannt werden, dass er Problemen einer Theorie der Geschichte Rechnung trägt, die von den Strukturalisten untergeordnet oder zurückgewiesen worden sind. So etwa dem Problem der geschichtlichen Entwicklungstendenz oder auch dem Problem des transhistorischen Charakters der Grundbegriffe. Denn gerade mit Blick auf Letzteres kann nicht bestritten werden, dass Marx und Engels ihre grundlegenden Termini anhand der kapitalistischen Produktionsweise und ihrer Theorie, der Politischen Ökonomie, entwickelten und von dort aus das begriffliche Gefüge so weit verallgemeinerten, dass daraus die Theorie der ökonomischen Gesellschaftsformationen entstand. Diese Begriffe waren zwar größtenteils so weit ausgearbeitet, dass sie in sich die Fähigkeit zur historischen Spezifikation einer bestimmten Gesellschaftsformation enthalten – also anders als die gängige Volkswirtschaftslehre nicht im Faustkeil schon den Ursprung des Kapitals erblicken. Doch blieben sie ihres Ursprungs wegen nicht davor gefeit, Bestimmungen, die nur der kapitalistischen Produktionsweise eigen sind, vorschnell als geschichtliches Gesetz zu verallgemeinern. So wird etwa im Vorwort zur *Kritik der politischen Ökonomie* das Gesetz formuliert, dass es immer die Produktivkräfte seien, die die Produktionsverhältnisse sprengten, unter denen sie selber anwuchsen. Durch diese Logik reproduzieren sich jedoch vor allem die kapitalistischen Produktionsverhältnisse: Es ist die Logik der konkurrenzvermittelten Revolutionierung der Produktivkraft der Arbeit, auf deren Grundlage die organische Zusammensetzung des Kapitals anwächst, das nun – überakkumuliert und ohne hinreichende Verwertungsmöglichkeiten – zu einem Hemmschuh für die Produktivkräfte wird, Güter als Kapital der Vernichtung überantwortet und massenhaft Arbeitskräfte freisetzt und dem eignen Ruin überlässt. Eine Logik, die wiederum nur aufgehoben wird, indem die Produktivkräfte weiter revolutioniert und rationalisiert werden, wodurch die Krisentendenz letztlich nur beschleunigt wird. Diese Logik, die auch in dem Gesetz des tendenziellen Falls der Profitrate wiederkehrt, ist dem Umstand geschuldet, dass sich die kapitalistische Produktionsweise, im Gegensatz zu den historisch vorhergehenden, ausschließlich durch *erweiterte Reproduktion* reproduzieren kann, die eine immer schwieriger zu bewerkstelligende Voraussetzung für die gesamtgesellschaftliche Reproduktion seitens des Staates und seiner Apparate bildet. Überhaupt ist es ein Alleinstellungsmerkmal der kapitalistischen Produktionsverhältnisse, dass in ihnen die Ökonomie eine eigengesetzliche, von den Intentionen der Akteure unabhängige Sphäre bildet, die sich alle anderen gesellschaftlichen Bereiche unterordnet: Die gesellschaftstheoretische Idee vom Primat der Produktion ist daher eine Wahrheit, die vor allem durch den Kapitalismus offenbar wurde.

Es soll hier nicht bestritten werden, dass Althusser und Balibar diese Differenz der kapitalistischen Produktionsweise zu den vorhergehenden gesehen haben. Gerade die Diskontinuität und die spezifische (Über-)Determination, die die nicht-teleologische Aufeinanderfolge der Gesellschaftsformationen ausmachen, sind ja für das strukturale Verständnis prägend. Doch es ist genau diese Diskontinuität, die Marx in den *Grundrissen* zu der Aussage reizte, dass die Anatomie des Menschen ein Schlüssel zur Anatomie des Affen sei und eben nicht ein falscher Historizismus der Kontinuität. Denn Marx wird hier des Problems gewahr, dass gerade bei der Erkenntnis geschichtlicher Prozesse oder Phänomene – in seinem speziellen Fall: der abstrakten Arbeit – immer die Gefahr droht, die eigenen spezifischen Formbestimmungen der Praxis auf die vergangenen zu übertragen und dadurch selber mythologisch zu werden. Dies wäre der Mythologie nicht unähnlich, die Adam Smith und die bürgerlichen Ökonomen befällt, wenn sie die ursprüngliche Akkumulation als Geschichte sparsamer Fleißbienchen erzählen, die an die Stelle des wirklichen gewalttätigen Übergangsprozesses der Enteignung tritt. Andererseits kann die Geschichte nicht anders dargestellt werden als aus der Perspektive der erfolgten Entwicklung, ohne dass man dabei gleich von einer Höherentwicklung oder einem Fortschritt ausgehen muss. Die Anatomie des Menschen im Verhältnis zu der des Affen zeigt zunächst nur die spezifische Form der Differenzierung einer Art von einer anderen unter internen und externen Bedingungen (von denen gar nicht so leicht auszumachen ist, welche letztlich die ausschlaggebenden waren). In diesem Sinne markiert die marxsche Formulierung einerseits eine erkenntniskritische Unausweichlichkeit, die andererseits wenigstens implizit die Forderung enthält, die gesellschaftstheoretischen Begriffe derart präzise zu fassen, dass sich in ihnen die übergeordneten allgemeinen Sachverhalte durch sich selbst spezifizieren und ein historisch Konkretes entwickeln.[36] Darum auch beginnt die Kritik der politischen Ökonomie mit dem Warencharakter der Arbeitsprodukte und nicht mit der Produktionsweise an sich, obgleich sie implizit vorausgesetzt wird. Mit dem Begriff der Überdetermination wollten Althusser und Balibar genau dieser Notwendigkeit, die Begriffe historisch zu spezifizieren, Rechnung tragen, indem sie zeigten, dass die Produktionsverhältnisse immer derart spezifisch eingerichtet sind, dass auch die Politik oder die Ideologie gesellschaftsdeterminierende Funktionen übernehmen können.[37]

Wieso jedoch bestreiten sie, dass die wissenschaftlichen »Entdeckungen« von Marx selber auf einer geschichtlichen Entwicklung fußen? Wenn die Theorie vorwiegend als eine gesellschaftliche Praxis gefasst werden kann, wenn gezeigt worden ist, dass gerade die Wissenschaftlichkeit des Wissens ein spezifischer und stetig anwachsender Bestandteil kapitalistischer Produktion ist, dann sind doch auch die wissenschaftlichen Revolutionen als Teil der gesellschaftlichen Praxis ein historisches Produkt. Offenbar will Althusser vor allem den Wahrheitswert der wissenschaftlichen Erkenntnis vor allzu kruden Relativismen bewahren.[38] Dabei weist er einerseits die historizistischen Argumente zurück, nach denen eine Erkenntnis nur für ihre Zeit gelte (Argumente, mit denen man gerne auch die marxistische Gesellschaftstheorie erledigt wissen will) und die nicht selten von einem naiven Fortschritts- oder Annäherungsglauben[39] befallen sind. Andererseits wendet er sich gegen die wissenssoziologisch-politizistischen Vorstellungen, für die Wissenschaft ein bloßes Machtverhältnis konkurrierender Ansätze und Gruppen ist und vor allem ein Instrument der Praxis darstellt – wobei dann auch folgerichtig das eigene Denken und Wissen frech den eigenen Zielen und Wünschen manipulativ eingepasst würde. Auch hier zeigt sich die Berechtigung von Althussers Zurückweisung vor allem mit Blick auf die verheerenden Auswirkungen für die Wissenschaft, wenn beispielsweise eine kommunistische Staatspartei im jährlichen Turnus ausgibt, was gerade Bestandteil der marxistisch-leninistischen Wahrheit ist und was nicht. Der objektive Gehalt einer wahren Erkenntnis ist immer gegen jede Form von Relativismus, Skeptizismus und Politisierung zu verteidigen. Immer wenn Menschen die Möglichkeit von Wahrheit leugnen, leugnen sie vor allem ihren eigenen Intellekt. Auf der anderen Seite sollte man dieser Beharrlichkeit zum Trotz nicht erneut vom unhistorischen Charakter der Wissenschaft noch von der Neutralität des Wissens ausgehen. Dass die Wissenschaft kein Subjekt hat, scheint kein hinreichendes Kriterium zu sein, um sie von der Ideologie streng zu scheiden, ebenso wenig der Umstand, dass »die Ideologie als System von Vorstellungen sich von der Wissenschaft darin unterscheidet, dass die praktisch-gesellschaftliche Funktion sich in ihr gegenüber der theoretischen Funktion (oder auch der Erkenntnisfunktion) durchsetzt«.[40] Gerade die verkommene institutionelle Realität der wissenschaftlichen Praxis, ihre finanzielle Abhängigkeit und ihr Lieferantendasein sowie ihr ideologisch durchtränktes Selbstbildnis – das Althusser als ihre »spontane Ideologie« bezeichnet – führen die absolute Fragilität der Scheidelinie von Ideologie und Wissenschaft vor Augen. Auch das komplizierte Verhältnis von theoretischer und angewandter Wissenschaft zeigt, dass sich eine Wissenschaft nicht nur auf ihren immanenten theoretischen Grundlagen weiterentwickelt, sondern in einem permanenten problematischen Verhältnis zu ihrem spezifischen Objekt steht, das auch ein praktisches Verhältnis ist. Gerade in den Sozialwissenschaften kann dieses problematische Verhältnis in einer gesellschaftlichen Umwälzung bestehen, die es erfordert, neue Begriffe zu bilden: so wie der junge Marx von dem Problem des Privateigentums zur Anatomie der bürgerlichen Gesellschaft, schließlich zur kapitalistischen Produktionsweise kommt.

Dass die gesellschaftstheoretischen Begriffe von der gesellschaftlichen Entwicklung ganz gewiss nicht unberührt bleiben, betrifft auch die Staatstheorie von Althusser selbst. Denn die Erkenntnis des voll entfalteten Zusammenhangs der ideologischen Staatsapparate kann nur ein Produkt des integralen kapitalistischen Wohlfahrtsstaates sein, wie er sich im Laufe des 20. Jahrhunderts herausgebildet hat. Die juristische und institutionelle Integration der Arbeitskraft in das öffentliche Leben der bürgerlichen Gesellschaften war ein Prozess, der zwar vom Standpunkt ihrer Reproduktion notwendig war, sich jedoch erst allmählich mit dem Anwachsen der technisch-wissenschaftlichen Erfordernisse an die Arbeitskraft einerseits und entlang erbitterter politischer Kämpfe der Arbeiterklasse andererseits herausbildete. In kapitalistischen Gesellschaften gehört es zur politischen Logik sozialer Kämpfe, dass sie die Form von Kämpfen um Rechte annehmen; doch damit werden zugleich auch neue Verpflichtungen erkämpft. Redliche bürgerliche Staatstheoretiker wie Georg Jellinek haben schon zu Beginn des 20. Jahrhunderts feststellen können, dass im Vergleich etwa zu den absolutistischen Herrschaftsformationen – entgegen den liberalen Staatsillusionen – die Verfügung und die Kontrolle der modernen Staaten über die verstaatlichten Individuen immer weiter zunimmt und immer weitere Lebensbereiche umfasst und reguliert.[41] In diesem Sinne ist auch das, was man gerne als Privatsphäre missversteht, eine durchaus staatlich regulierte und gesetzlich geduldete Sphäre, die immer unter latenter Aufsicht medizinischer, sozialhygienischer, ehe- und erziehungsrechtlicher Normen – seien sie nun als äußere aufgezwungen oder als innere vollwertig akzeptiert – steht, der Pfuhl, in dem die persönlichen Neurosen gedeihen und zugleich mehr schlecht als recht vor anderen versteckt werden können. Althusser schreibt dazu: »Der Staat [...] ist als solcher weder öffentlich noch privat, er ist vielmehr die Bedingung jeder Unterscheidung zwischen dem Öffentlichen und dem Privaten.«[42] Solche Formulierungen scheinen in krassem Gegensatz zu klassisch-marxistischen Thesen zu stehen, denen zufolge die Bereiche, die als privat gelten, der materiellen Produktion selber entspringen. Doch Althusser äußerte dies nicht unberührt von der Erfahrung der Herausbildung totalitärer Staaten als alternativen kapitalistischen Produktionsregimen. Zugleich sind diese Formulierungen ein Produkt der Nachkriegszeit, denn nach der Befriedung der europäischen Bürgerkriege 1871–1945 erfuhr die Verstaatlichung der Individuen einen weiteren Intensivierungsschub. Es ist daher kein Zufall, dass sich die theoretischen Attacken von Althusser, aber auch von Intellektuellen wie Michel Foucault, Gilles Deleuze und Felix Guattari vor allem auf die Mechanismen des Staates erstreckten, auf seine normalisierende und biografisierende Funktion. Diese Attacken sind nicht nur dem anarchistischen Esprit der antiautoritären Protestbewegung zu verdanken, sondern auch als eine direkte Reaktion auf diese zunehmende Verstaatung zu verstehen. Zugleich wird der Staat aber bei diesen Autoren – mit Ausnahme von Foucault, dessen historische Arbeiten zur Gouvernementalität von unschätzbarem Wert für ein historisch-materialistisches Staatsverständnis sind – als ein statisches, schon seit Urzeiten existierendes »seelenloses Ungeheuer«[43] aufgefasst. So schreibt auch Althusser, dass der repressive Staatsapparat »seit den ersten bekannten Staaten der Antike seiner uns geläufigen Gestalt sehr ähnlich geblieben ist«[44], während die ideologischen Staatsapparate weniger ausdifferenziert waren, im Feudalismus im Wesentlichen auf die katholische Kirche begrenzt. Unhinterfragt bleibt dabei, ob diese Unterscheidung überhaupt sinnvoll für die vorkapitalistischen Gesellschaftsformationen zu treffen ist, auch wenn im Großen und Ganzen ungefähr klar ist, was damit gemeint ist. Doch mit einer derartig behaupteten Wesensgleichheit der modernen Staaten mit den antiken und feudalen Herrschaftsgefügen wird die Erkenntnis der je spezifischen Aneignungsweise der Mehrprodukte über die politische Gewalt sowie des personalen Charakters der Amtsgewalt in diesen Epochen verbaut. Fraglich bleibt, ob von den alten Gemeinwesen überhaupt sinnvoll als von Staaten gesprochen werden kann, ob damit nicht ein zutiefst modernes Staatsverständnis auf diese Gemeinwesen rückübertragen wird. Mit solchen Äußerungen zum Staat fällt die Theorie Althussers hinter die angeblich »historizistischen«, tatsächlich erkenntniskritischen Einsichten von Marx aus den *Grundrissen* zurück. Es sind genau solche Äußerungen, die viele Theoretiker die strukturalistische Gesellschaftstheorie Althussers wider seine eigenen erkenntnistheoretischen Intentionen als statische und positivistische Modelltheorie der Gesellschaft haben missverstehen lassen.[45]

Ein letztes damit zusammenhängendes Problem betrifft den Begriff der *Tendenz*. Ihm ist nach Balibars Propädeutik zwar eine ausgezeichnete Position innerhalb der Grundbegriffe des historischen Materialismus zugewiesen, doch erfährt er innerhalb des gesamten Theoriekollektivs keine inhaltliche Ausgestaltung über diese Propädeutik hinaus. Dabei sind beispielsweise die Kategorien des Kapitals nicht bloß Strukturkategorien, sondern in sich dynamische Kategorien, die die Entwicklungsdynamik kapitalistischer Gesellschaften und ihre historischen Formationen auf der ökonomischen Ebene entscheidend determinieren. So zieht etwa die Notwendigkeit des Kapitals, den Profit auf der Ebene des relativen Mehrwerts zu steigern, mit ebenso großer Notwendigkeit die Automatisierung der Produktion und damit die gesamtgesellschaftliche Verbilligung und das Überflüssigwerden der Arbeitskraft nach sich – ein Prozess, der immer größere und innerlich zusammenhängende Wirtschaftskrisen zeitigt, denen, global betrachtet, das Versagen der staatlichen Regulierung korrespondiert. Während einerseits schubweise ganze Weltregionen bürgerkriegsähnlichen Zuständen anheimfallen, werden in den Zentren des Wohlstands die staatliche Subjektivierung und Disziplinierung der Arbeitskraft weiter vorangetrieben und auf entbehrungsreiche Zeiten vorbereitet, bis auch dort weite Teile der Bevölkerung nicht mehr in die Zyklen von Produktion und Konsumtion integriert werden können und entweder mithilfe von Renten, die die Staatsverschuldung vorantreiben (wie das allseits beliebte Grundeinkommen), am Leben oder aber gewaltsam »draußen« gehalten werden. Ein Vorgeschmack zu dieser Katastrophenpolitik gibt derzeit die europäische Flüchtlingspolitik, von deren Maßnahmen nicht gesagt werden kann, dass sie nicht irgendwann auch die »Unnützen« und »Faulen« betreffen. Niemand hat diesen inneren begrifflichen Zusammenhang von allgemeiner Theorie und historischer Tendenz in den letzten zwanzig Jahren – zumindest in der deutschen Debatte – deutlicher hervorgehoben als Robert Kurz, zuletzt in seinem herausragenden Essay *Geld ohne Wert*,[46] dessen Krisentheorie immer wieder als Zusammenbruchstheorie denunziert worden ist, ohne dass man dem je etwas anderes entgegnet hätte als ein »Man kann nie wissen ...«. Dabei hielt sich Kurz ganz strikt, wenn auch nicht unkritisch gegenüber Marx, an eine Praxis, die dessen theoretische Größe auszeichnet: nämlich die zeitgenössischen gesellschaftlichen und politischen Ereignisse auf der Grundlage der theoretischen Einsicht in die gesellschaftliche Entwicklungstendenz des Kapitals zu beurteilen. Stattdessen bildete sich innerhalb der akademischen Linken eine Arbeitsteilung von reiner Theorie einerseits – die am liebsten immer wieder die philosophischen und erkenntnistheoretischen Grundlagen der Wertformanalyse im *Kapital* interpretiert – und von empirischer Analyse andererseits heraus, in denen dann publizistische Stichworte wie Neoliberalismus und Finanzkapitalismus für wissenschaftliche Begriffe ausgegeben werden. Durch diese Arbeitsteilung, in die sich der Althusserianismus auf der Seite der »reinen Theorie« hervorragend einpassen lässt, wird der schlechte Dualismus von Theorie und Empirie in der theoretischen Praxis reproduziert, die durch das konsequent verfolgte Theorieverständnis Althussers eigentlich unmöglich sein sollte: Diesem Verständnis zufolge hat nämlich ein Begriff kein empirisches Außen, auf das er »angewandt« wird oder an dem er sich abmessen ließ, sondern er macht durch seine Entfaltung das offenbar, was erfahrbar ist. Ein solches Theorieverständnis kommt aber nur zu sich selbst, wenn die Theorie der Geschichte das Geschichtliche, das Dynamische, eben die Tendenz in sich aufzunehmen versteht.

Nicht dass es unmöglich oder unfruchtbar wäre, die gesellschaftstheoretischen Begriffe auf einer ganz allgemeinen Ebene in ihrer Konstellation zu entwickeln. Gerade das macht ja auch die hier nachvollzogenen Leistungen des reifen Marx, der Marxinterpretationen Althussers und Balibars sowie der Reproduktionstheorie Althussers aus. Doch muss diese Auffassung des historischen Materialismus als Theorie der Abfolge der ökonomischen Gesellschaftsformationen, als Einheit von Gesellschaftstheorie und Geschichtswissenschaft, über sich selbst hinausgetrieben werden – und zwar im Auftrag der Denunziation von Herrschaft, Fremdbestimmung, Gewalt und sinnlosem gesellschaftlichem Leiden, kurzum: im Auftrag des marxschen Imperativs. Damit kommt die vorliegende Darstellung in die Verlegenheit, selbst nur propädeutisch zu sein und dort nur andeutungshaft zu verbleiben, wo sie am meisten fordert: nämlich in der Darstellung geschichtlicher Entwicklungen. Doch sollte zunächst aus Anlass der intensiven Beschäftigung mit Althusser eine Interpretation angeboten werden, die Althusser würdigt und mit einer deutschen – dialektischen – Theorietradition ins Verhältnis setzt, ohne dabei schon auf der Oberfläche des begrifflichen Gefüges abzuprallen. Die Leserinnen und Leser mögen entscheiden, ob dieser Anlass gerechtfertigt ist, und darüber urteilen, ob die hier präsentierte Auslegung jenseits festgefahrener Grabenkämpfe immerhin einige Stichhaltigkeit besitzt.

Anmerkungen

1 Auch wenn sich nach dem Scheitern der Protestbewegung wieder allerhand sozialdemokratisch-habermasianische Ansätze einerseits und autoritäre leninistische und maoistische Positionen andererseits etablierten.

2 Ingo Kramer: Symptomale Lektüre. Louis Althussers Beitrag zu einer Theorie des Diskurses. Wien 2015, S. 67.

3 Schließlich muss sich der Großteil dieser redlichen Forscher, wie zu Nietzsches Zeiten die englischen Moralpsychologen, die Frage gefallen lassen: Was wollen diese Leute eigentlich?

4 So erwiderte etwa Alfred Schmidt auf den von Nicos Poulantzas auf einem Kolloquium zum Kapital in Frankfurt am Main referierten strukturalistischen Ansatz: »Daß die Struktu-

ren die einzelnen Menschen zu ihren bloßen ›Trägern‹ herabsetzen, das macht für Sie die wissenschaftliche Norm aus, während es bei Marx zur Kritik steht.« Der »Geschichtsprozess« basiere »letztlich auf den Akten der Individuen«, »die zwar ihre Geschichte selber machen, aber nicht unter selbstgewählten Bedingungen«. Dabei kommt es doch genau darauf an, diese Bedingungen zu erkennen, statt auf diesen menschelnden Allgemeinplätzen zu verharren! Nicos Poulantzas: Theorie und Geschichte. Kurze Bemerkungen über den Gegenstand des Kapitals. In: Walter Euchner / Alfred Schmidt (Hg.): Kritik der politischen Ökonomie heute. 100 Jahre Kapital. Frankfurt/Main 1968, S. 72 f.

5 »Eben weil die Individuen nur ihr besonderes, für sie nicht mit ihrem gemeinschaftlichen Interesse zusammenfallendes suchen, überhaupt das Allgemeine illusorische Form der Gemeinschaftlichkeit, wird dies als ein ihnen ›fremdes‹ und von ihnen ›unabhängiges‹, als ein selbst wieder besonderes und eigentümliches ›Allgemein‹-Interesse geltend gemacht ...« Karl Marx / Friedrich Engels [1845–1846]: Die deutsche Ideologie. In: Marx-Engels Werke. Bd. 3. Berlin 1990, S. 34.

6 Louis Althusser [1965]: Für Marx. Frankfurt/Main 2011, S. 34 ff.

7 Louis Althusser [1965]: Das Kapital lesen. Bd. I. Hamburg 1972, S. 127.

8 Étienne Balibar: Über die Grundbegriffe des Historischen Materialismus. In: Ders. / Louis Althusser: Das Kapital lesen. Bd. II. Hamburg 1972, S. 405.

9 Ebd., S. 286 f.

10 Marx zit. n. ebd., S. 367.

11 Ein wesentlicher Bestandteil von Deleuze' Erkenntniskritik besteht darin, in der Frage nach dem Wahrheitswert etwa eines neuen Theorems vor allem dessen Fähigkeit, ein wahres Problem stellen zu können, hervorgehoben zu haben – und zwar indem das Problem so formuliert ist, dass es nicht die Antwort auf eine vorgängige Lösung ist, sondern indem seine Formulierung die Bedingungen enthält, es zu lösen. Gilles Deleuze: Differenz und Wiederholung. München 2007, S. 198–215. Eine Hervorhebung, die den wissenschaftstheoretischen Prämissen Althussers, dass eine Wissenschaft sich vor allem innerhalb ihres begrifflichen Ensembles fortentwickelt, gar nicht entgegengesetzt ist, dennoch aber den Horizont der Erfahrung und des Realen miteinbezieht. Es wird sich dahingehend noch zeigen, dass Althussers Wissenschaftsverständnis sich tendenziell selber uninteressierter gibt, als es tatsächlich ist.

12 Von hier aus entwickelt auch Foucault seine Theorie der Disziplinarmacht, die in der Analyse der repressiv-ideologischen Mechanismen sehr viel historischer und konkreter ist als die Überlegungen Althussers, aber zu dem Preis, dass sie nicht mehr gesellschaftstheoretisch rückgebunden sind; zumindest äußert sich Foucault diesbezüglich überaus vorsichtig. Vgl. Michel Foucault: Überwachen und Strafen. Die Geburt des Gefängnisses. Frankfurt/Main 1976, S. 173–250.

13 Louis Althusser: Ideologie und ideologische Staatsapparate. Hamburg 2016, S. 54.

14 Ebd., S. 55.

15 Ebd., S. 75.

16 Louis Althusser: Über die Reproduktion. Hamburg 2012, S. 99 f.

17 Eugen Paschukanis: Allgemeine Rechtslehre und Marxismus. Versuch einer Kritik der juristischen Grundbegriffe. Freiburg 2003, S. 111 ff.

18 Karl Marx [1890]: Das Kapital. Kritik der politischen Ökonomie. Erster Band. Buch 1: Der Produktionsprozeß des Kapitals. In: Marx-Engels-Werke. Band 23. Berlin 2005, S. 99.

19 »Das RECHT ist ein ›Ausdruck‹ der Produktionsverhältnisse, auch wenn es sich im System seiner Regeln in keiner Weise auf die besagten Produktionsverhältnisse bezieht, sondern diese ganz im Gegenteil geradezu verschwinden lässt.« Althusser: Reproduktion. A. a. O., S. 98.

20 Ebd., S. 79 ff.

21 Paschukanis: Allgemeine Rechtslehre. A. a. O., S. 117.

22 Althusser: Reproduktion. A. a. O., S. 111.

23 So endet das Fragment über das Recht: »Unsere Analyse des Wesens und der ›Funktionsweise‹ des RECHTS hat uns damit, ganz ohne dass wir es speziell darauf angelegt hätten, auf zwei Realitäten treffen lassen, außerhalb derer die Existenz und Funktionsweise des Rechts im eigentlichen Sinne unbegreiflich wären. Diese Realitäten sind der Staat einerseits und die Ideologie andererseits.« Ebd., S. 112.

24 Heide Gerstenberger beschreibt zum Beispiel die Praxis des lawfare als wichtigen Bestandteil der britischen Kolonialpolitik in Indien. Heide Gerstenberger: Markt und Gewalt. Die Funktionsweise des historischen Kapitalismus. Münster 2017, S. 313.

25 Sigmund Freud: Jenseits des Lustprinzips. In: Ders.: Das Ich und das Es und andere metapsychologische Schriften. Frankfurt/Main 1985, S. 139.

26 Vgl. Althusser: Ideologische Staatsapparate. A .a. O., S. 97.

27 Der Zusammenhang von Unterwerfung und Freiwilligkeit wird immer sehr anschaulich in der Feindseligkeit erfahrbar, der man begegnet, wenn man an den Kohärenzversuchen des Alltagsbewusstseins zu rütteln versucht oder diese ins Wanken geraten. Wenn es überhaupt ethische Leitsätze kritischer Theorie geben kann, dann bestehen sie in dem Appell an die grundsätzliche Offenheit der Erfahrung und in dem Misstrauen gegenüber allem Schlechten, das sich als Gutes ausgibt – doch solche Sätze hängen von wirklichen theoretischen Einsichten nur sehr wenig ab und sind leichter zu lehren als zu leben.

28 »Aber da wir gesehen haben, dass sogar im Fall einer Klassengesellschaft die Ideologie auf die herrschende Klasse selbst wirkt und dazu beiträgt, sie als Klasse zu gestalten und ihre Haltungen zu verändern, um sie ihren wirklichen Existenzbedingungen anzupassen (z. B. in der Ausgestaltung der juristischen Freiheit), ist es auch ganz klar, dass die Ideologie (als ein System von Massenvorstellungen) in jeder Gesellschaft unentbehrlich ist, um die Menschen zu bilden, sie zu verändern und sie überhaupt dazu in die Lage zu versetzen, den Anforderungen ihrer Existenzbedingungen zu genügen.« Althusser: Für Marx., aA. a. O., S. 300 f.

29 Beide Ebenen sind im Grunde genommen schon von dem von Althusser zutiefst verehrten Spinoza entwickelt worden. Die erste Ebene wird in der Ethik als das System der inadäquaten Ideen entwickelt und mit seiner Affektenlehre verbunden, an die Althusser in seiner Polemik gegen den Cartesianer zweifellos anknüpft. Die zweite Ebene wird dann unter anderem in dem Theologisch-politischen Traktat weiterverfolgt, wo er zeigt, wie die affektbeladenen inadäquaten Vorstellungen der Menschen mit ihrer Bereitschaft, sich heteronomen religiösen Sekten und Dogmen zu unterwerfen, verbunden ist. Dort stellt Spinoza auch die Frage, die nach Deleuze und Guattari die Grundfrage aller politischen Philosophie bilden müsste: warum die Menschen für ihre eigene Knechtschaft kämpfen, als wäre es ihr Glück. Spinoza: Theologisch-politischer Traktat. Leipzig 1967, S. 10. Auf dieser Ebene wäre nach meiner Auffassung auch die Ideologiekritik anzusiedeln.

30 Marx-Engels-Werke, Bd. 3. A .a. O., S. 31.

31 »[...] es ist klar, daß die Emanzipation des Proletariats unmöglich ist ohne die Theorie der Bedingungen dieser Befreiung, d. h. die marxistische Wissenschaft von den Gesellschaftsformationen. Hier wird die Verbindung des revolutionären Unternehmens zur wissenschaftlichen Erkenntnis durch die Gemeinsamkeit des Gegenstandes gesichert. Aber man hat kein Recht, daraus eine revolutionäre Tugend der Wissenschaft im Allgemeinen abzuleiten.« Jacques Rancière: Wider den akademischen Marxismus. Berlin 1975, S. 34.

32 Althusser: Ideologische Staatsapparate. A .a. O., S. 71.

33 Karl Marx [1857–1858]: Grundrisse der politischen Ökonomie. In: Marx-Engels-Werke, Bd. 42. Berlin 2015, S. 383.

34 Wie Negt und Kluge schreiben, bildet das »proletarische Leben« – also der Block von Interessen und Erfahrungen aus der eigenen gesellschaftlichen Tätigkeit, aus den persönlichen

Beziehungen, den Sozialisationserfahrungen usw. – »keinen Zusammenhang, sondern ist durch die Blockierung seiner wirklichen Zusammenhänge gekennzeichnet. Die Form des gesellschaftlichen Erfahrungshorizontes, die diesen Blockierungszusammenhang nicht aufhebt, sondern befestigt, ist die bürgerliche Öffentlichkeit.« Alexander Kluge / Oskar Negt: Öffentlichkeit und Erfahrung. Zur Organisationsanalyse von bürgerlicher und proletarischer Öffentlichkeit. Frankfurt/Main 1973, S. 10. Sobald kritische Theorie einmal diesen Blickpunkt fallengelassen hat, wird sie affirmativ.

35 Marx: Das Kapital. A .a. O., S. 90.

36 So viel übrigens zum Verhältnis des marxschen Denkens zu Hegel: Es war vor allem Letzterer, der immer wieder darauf aufmerksam gemacht hat, dass sich die Wahrheit eines Begriffes nicht im Verhältnis zur Realität, die er bezeichnet, entfaltet, sondern durch seine Konkretion, das heißt durch seine Macht, als etwas Allgemeines in sich selber wesentliche Besonderheiten und Einzelheiten zusammenzuschließen. Dass das begrifflich Konkrete ein spezifisches Allgemeines sein muss und nicht etwa ein Ding ist, war derjenige Befreiungsschlag Hegels, der die Philosophie dem erkenntnistheoretischen Empirismus endlich wieder entriss. Es gibt keinen Begriff des Stuhls.

37 So schreibt etwa Balibar, dass in vorkapitalistischen Gesellschaften die Ökonomie vor allem die gesellschaftsdeterminierende Instanz determiniert. Althusser/Balibar: Das Kapital lesen. Bd. II. A .a. O., S. 299. Ein Beispiel wären die griechischen Poleis, in denen tatsächlich die politischen Beziehungen die maßgeblich gesellschaftsdeterminierenden Beziehungen sein konnten, aber nur, weil die ökonomischen Grundlagen – nämlich die Bewirtschaftung des individuellen Eigentums der Wehrbürger durch Abhängige und Sklaven – sie zur uneingeschränkten Teilnahme an Krieg und Politik befähigten. Die Ökonomie des patriarchalen Eigentums und der Sklaverei determiniert gewissermaßen die Politik zum Determinierenden.

38 Vgl. Althusser: Das Kapital lesen. Bd. I. A .a. O., S. 82. Dort beschreibt er, dass seine wissenschaftstheoretische Betrachtungsweise des Kapitals vor allem Rechenschaft über den Erkenntniseffekt der Kritik der politischen Ökonomie abgeben soll – es geht also um den Wahrheitswert dieser Theorie, über die eine bloße Wissenschaftsgeschichte, sei sie nun marxistisch begründet oder anders, in der Regel wenig zu sagen hat.

39 Dann fallen so Sätze wie, dass die Wissenschaften sich der Wahrheit – vorgestellt als Ding an sich – immer weiter annähere, ohne sie je erreichen zu können. Doch gerade die Annahme einer absoluten Scheidelinie zwischen Erkenntnisobjekt und Realobjekt erlaubt am Ende wieder die Annahme einer Sphäre der Dinge an sich, die übrigens das ganze erkenntnistheoretische Geheimnis des postmodernen Bimbams ausmacht: Wie du die Welt denkest, also hast du sie.

40 Althusser: Für Marx. A .a. O., S. 295.

41 Georg Jellinek: Allgemeine Staatslehre. Berlin 1914, S. 326 ff.

42 Althusser: Ideologische Staatsapparate. A .a. O., S. 56.

43 Michel Foucault: Die Geburt der Biopolitik. Geschichte der Gouvernementalität II. Frankfurt/Main 2006, S. 19. So beschreibt Foucault die Staatsauffassung, die er kritisiert, vermutlich unter Anspielung auf Deleuze' und Guattaris Theorie des Urstaates.

44 Althusser: Ideologische Staatsapparate. A. a. O, S. 66.

45 So spricht beispielsweise Ingo Elbe in Zusammenhang mit dem Althusserschüler Nicos Poulantzas von einer „strukturmarxistischen Baukasten"-Theorie. Vgl. Ingo Elbe: Gestalten der Gegenaufklärung. Untersuchungen zu Konservatismus, politischem Existenzialismus und Postmoderne. Würzburg 2020, S. 147ff.

46 »Es kann weder darum gehen, in positivistischer Manier die binnenhistorische Abfolge der empirischen Krisen zu ›erzählen‹ ohne Rekurs auf die kategoriale Ebene oder sogar als (revisionistische) Frontstellung gegen diese. Noch ist es umgekehrt erlaubt, die kate-

goriale Bestimmung der Krise oder ihres Mechanismus völlig getrennt von der realen historischen Binnenentwicklung des Kapitals zu begreifen und darzustellen; gewissermaßen als (scheinorthodoxe) ahistorische Logik, die nur indirekt historisch wäre in der leeren Abstraktion, dass der Kapitalismus irgendwann einmal entstanden sein und irgendwann auch wieder zu Ende gehen muss, während seine innere Geschichte nur als eine Abfolge von zufälligen Ereignissen oder höchstens als ein ewiges Auf und Ab von Konjunkturen und Strukturbrüchen auf der Basis des Immergleichen erscheint ... [...] Es geht also darum, dass die empirische Entwicklung samt den darin eingeschlossenen empirischen Krisen zugleich eine Entwicklung und Bewegung der Realkategorien durch die Zeit ist; die Kategorien selbst sind an sich historisch-dynamische. Genauer gesagt: Der Dualismus von kategorialer und empirischer Ebene ist allein dem theoretisch-analytischen ›Darstellungsproblem‹ geschuldet, das die abstrakten Kategorien gedanklich isolieren muss, um überhaupt Erkenntnis zu ermöglichen. In der Wirklichkeit jedoch sind beide in der gedanklichen Reproduktion verschiedenen Momente ganz ungeschieden; die ›Empirie‹ ist diejenige der Kategorien, und die Kategorien sind diejenige der Empirie.« Robert Kurz: Geld ohne Wert. Grundrisse zu einer Transformation der Kritik der politischen Ökonomie. Berlin 2012, S. 239 f.

Paschukanis revisited

Eine kritische Würdigung im Lichte Louis Althussers

Von Matthias Peitsch

Das Hauptwerk des sowjetischen Rechtstheoretikers Eugen Paschukanis, *Allgemeine Rechtslehre und Marxismus* von 1924, ist bis heute eine Wegmarke im marxistischen rechtstheoretischen Diskurs. Alter, Entstehungsort und Persönlichkeit des Autors können seiner Funktion als Bezugspunkt oder Antipode nichts anhaben. Seiner wohlmeinenden Rezeption in der Staatsableitungsdebatte der 1970er und der Neuen Marx-Lektüre der 2000er Jahre stehen deutliche Zurückweisung[1] und distanzierende Würdigung[2] gegenüber. Zwar handelt es sich um eine Binsenweisheit, dass es verschiedene Marxismen mit entsprechend vielen rechts- und staatstheoretischen Ansätzen gibt. Doch lassen sich die unterschiedlichen Haltungen zu Paschukanis' Hauptwerk nicht allein darauf zurückführen, die Ursache liegt vielmehr auch in der *Allgemeinen Rechtslehre* selbst. Dafür spricht die – vielzitierte, aber selten ernst genommene – Einschätzung ihres Autors, wonach es sich um eine »Skizze« handele, einen »ersten Versuch einer marxistischen Kritik der grundlegenden Rechtsbegriffe«.[3]

In diesem Beitrag möchte ich weder den Huldigungen noch den Verteufelungen ein weiteres Exemplar hinzufügen. Stattdessen geht es mir darum, die »Mehrdeutigkeit«[4] von Paschukanis' Text auszuleuchten, um für weitere Diskussionen Erkenntnishindernisse wie Potenziale zu markieren. Dieser Ansatz enthält bereits die Antwort auf die naheliegende Frage, was ein Aufsatz über Paschukanis in einem Buch über Louis Althussers Rechtskritik verloren hat. Anders als Arbeiten, die sich mit der Kombination bzw. Kombinierbarkeit der rechtstheoretischen Gehalte von Althussers Studien und der *Allgemeinen Rechtslehre* befassen,[5] stellt der vorliegende Text den Versuch dar, das Verständnis von Paschukanis' Beitrag zur marxistischen Rechtstheorie durch eine symptomale Lektüre[6] im Sinne Althussers zu vertiefen. Dieses Lektüreverfahren untersucht den Text anhand der Formationsregeln des wissenschaftlichen Diskurses.[7] Es fördert dabei das Nichtgesagte, Unbewusste und die Kontexte in Gestalt des »abwesend Anwesenden« zutage.[8] Dies geschieht, indem die Lektüre die im untersuchten Diskurs implizit beantwortete Frage rekonstruiert.[9] Diese Rekonstruktion der Fragestellung und ihre Zuordnung zu einer bestimmten Problematik erlaubt es auch, innerhalb eines Textes die Anwesenheit unterschiedlicher wissenschaftlicher Diskurse auszumachen,[10] deren unfriedliche Koexistenz dem Autor, der Autorin mitnichten bewusst sein muss.[11]

Über Paschukanis' Verbleib in vorgängigen Diskursen

Nichtunterscheidung von Erkenntnis- und Realobjekt

Ein Erkenntnishindernis in der *Allgemeinen Rechtslehre* ist die Nichtunterscheidung von Erkenntnis- und Realobjekt. Deren Trennung durch Althusser beruht auf der Einsicht, dass theoretische Praxis, wie sie Paschukanis betreibt, nicht eine außerhalb der Theorie liegende ›Wirklichkeit‹ bearbeitet – wie es die erkenntnistheoretische Unterscheidung von Subjekt und Objekt nahelegt –, sondern ihren ganz speziellen Rohstoff transformiert: vorgängige Erkenntnisse anderer theoretischer Praxen. Letztere sind von der außertheoretischen Wirklichkeit – dem Realobjekt – zu unterscheiden[12] und nicht auf sie zurückführbar. Stattdessen ist jede Tatsache als immer schon »diskursiv vermittelt« auszuweisen.[13] Die *Allgemeine Rechtslehre* gibt von der grundsätzlichen Einsicht in die Natur ihres Rohstoffes auch beredt Ausdruck. So finden sich in ihr ganz überwiegend Auseinandersetzungen mit den Werken verschiedenster Rechtstheoretiker und nicht zuletzt von Marx selbst. Doch obwohl Paschukanis' Arbeit de facto von der Annahme getrieben ist, dass die Erkenntnis eines Gegenstandes in der Theorie erfolgt und erfolgen muss, legen seine methodischen Reflexionen ein völlig anderes Vorgehen nahe. In ihnen beruft er sich auf eine außertheoretische Wirklichkeit, die ihm angeblich seine Erkenntnisse liefert – ganz im Sinne eines Empirismus à la John Locke.[14] Paschukanis nimmt für sich in Anspruch, die Wirklichkeit besser zu ›sehen‹ als seine Zeitgenossen.

Die Nichtunterscheidung von Erkenntnis- und Realobjekt zeigt sich an einer Vielzahl von Stellen. Charakteristisch ist die im Vorwort zur zweiten russischen Auflage enthaltene Kritik an der bisherigen Rezeption der marxschen »Konzeption des ›Warenhüters‹«[15], deren »Ergebnisse [...] nicht zur Aufklärung der grundlegenden prinzipiellen Eigenschaften des rechtlichen Überbaues als objektiven Phänomens« genutzt würden.[16] Folgender Passus zeigt, an welch grundlegender Stelle Paschukanis das Realobjekt gegen die bisherigen Theorien in Stellung bringt:

> »Dabei ließ man zwei Dinge außer acht: Erstens, daß das Prinzip der Rechtssubjektivität [...] nicht nur ein Mittel des Betrugs und ein Produkt der Heuchelei der Bourgeoisie ist, [...] sondern zugleich auch ein real wirkendes Prinzip, das in der bürgerlichen Gesellschaft verkörpert ist [...]. Zweitens, daß der Sieg des Prinzips nicht nur [...] ein ideologischer Prozeß ist (das heißt ein ganz in die Geschichte der Ideen, An-

> schauungen usw. gehörender), als vielmehr ein realer Prozeß der Verrechtlichung der menschlichen Beziehungen, der [...] tiefgehende allseitige Veränderungen objektiver Natur mit sich bringt.«[17]

Das Rechtssubjekt ist zwar einerseits ein »Produkt der Heuchelei«, also irgendwie unwahr und »Ideologie« im Sinne von »Ideen, Anschauungen«, nicht materiell greifbar, aber andererseits – und das ist der springende Punkt – eben auch ›objektiv‹, »real wirkend«, Moment eines »realen Prozesses der Verrechtlichung«. Dem unwahren Ideellen wird das Wirkliche des Rechtssubjekts gegenübergestellt. Das Rechtssubjekt existiert nicht nur in den Büchern der Gelehrten, sondern auch in der ›Wirklichkeit‹. Damit hat Paschukanis das eigene Forschungsprogramm formuliert: Es gilt, dieses Wirkliche aufzuspüren und zu benennen, das sich von bloßen Lügen und gedanklichen Grillen unterscheidet und sie enttarnen kann.

Diese gesuchte Realität erkennt Paschukanis im Verhältnis der Warenhüter zueinander:

> »Deckt also die Analyse der Warenform den konkreten historischen Sinn der Kategorie des Subjekts auf und legt sie die Grundlagen der abstrakten Schemata der juristischen Ideologie bloß, so geht der geschichtliche Entwicklungsprozeß der Waren-, Geld- und warenkapitalistischen Wirtschaft mit der Realisierung dieser Schemata in der Form des konkreten juristischen Überbaus einher.«[18]

Die juristische Ideologie als Teil des Reichs der Ideen besteht aus »abstrakten Schemata«, die sich im »konkreten« Überbau realisieren. Der obigen Gegenüberstellung von ideell und real gesellt sich also das Paar abstrakt/konkret hinzu. Allerdings mit einer entscheidenden Modifikation: Das Abstrakte realisiert sich im Konkreten. Aus einer Konfrontation wird ein Prozess, in dem das Gedankliche, Abstrakte zu einem Realen, Konkreten wird. Paschukanis' Versuch, die Wirklichkeit der Ideen zu finden, resultiert in der Verwirklichung von Ideen in Gestalt von »Gesetzen, Gerichten, Prozessen, Rechtsanwälten usw.«.[19] Der Prozess, in dem die Realisierung erfolgt, erscheint als eine chronologische Abfolge.

Allerdings könnte man hier einwenden, dass Paschukanis durchaus zwischen dem Rechtssubjekt als Kompagnon des Warenhüters und dem rechtlichen Überbau in Gestalt der materiellen Gegebenheiten des Justizapparats unterscheidet – und allein Letzteren als Verwirklichung gedanklicher Abstraktionen beschreibt. Doch dann drängt sich die Frage auf, woher diese Abstraktionen kommen: »Mit anderen Worten: die durch logische Abstraktionen ausgedrückte Rechtsform ist ein Produkt der realen oder konkreten Rechtsform [...] der realen Vermittlung der Produktionsverhältnisse.«[20] Die wirklichen, realen Tauschbeziehungen werden einer logischen Abstraktion unterzogen, deren Ergebnis die Rechtsform in Begriffen ist, die sich wiederum im Überbau ›historisch‹ realisiert. Die Arbeit des Theoretikers ist es mithin, den Gegenstand von all seinem notwendig vorhandenen verunreinigenden Beiwerk zu reinigen und den eigentlichen Kern herauszustellen.[21] Das Verhältnis von Wirklichkeit und Erkenntnis wird also in folgendem Schema gedacht:

Unreine Wirklichkeit (Tauschbeziehung) *Abstraktion* →
Reine Erkenntnis (Rechtsform in Begriffen) *Verwirklichung* →
gereinigte Wirklichkeit (Überbau)

Es wird deutlich, dass in dieser Logik der Beschaffenheit der gesellschaftlichen Wirklichkeit eine wesentliche Bedeutung zukommt.[22] Die Veränderung des Realobjekts geht mit der Veränderung des Begriffs einher, was wiederum reale Veränderungen zur Folge haben kann (diese oder jene Entwicklung des Überbaus). Wie verändert sich nach Paschukanis also das Realobjekt? In der Zeit. Das heißt, die Entwicklung des Begriffs wird als Resultat einer ›historischen‹ Entwicklung erklärt:

»Dabei [bei der Anwendung der methodologischen Erwägungen auf die Rechtslehre; MP] dürfen wir nicht außer acht lassen, daß die dialektische Entwicklung der Begriffe der dialektischen Entwicklung des Geschichtsprozesses selbst entspricht. Die geschichtliche Entwicklung bringt nicht nur eine Wandlung des Inhalts der Rechtsnormen [...] mit sich, sondern auch eine Entwicklung der Rechtsform als solcher. [...] Erst nach allmählicher Entwicklung erreicht sie ihre maximale Blüte, ihre maximale Differenziertheit und Bestimmtheit.«[23]

Der linear gedachte Geschichtsprozess ist also wie eine Zunahme an Erkenntnis zu denken. Steht am Anfang ein weitgehend unreines Objekt, so gewinnt es mit der Zeit an Klarheit, um schließlich besonders einleuchtend zu sein. Zugleich wird eine gewisse Kontinuität behauptet, die durch das Abfallen der Verunreinigungen zutage tritt. Ist der (zu Beginn des historischen Prozesses reichlich vorhandene) Sand erst einmal ausgesiebt, kommt zum Vorschein, was schon immer da war.

Die Probleme einer solchen Konzeption drängen sich auf; der herkömmlichen Geschichtswissenschaft stellen sie sich permanent: Was ist der zu berücksichtigende (wesentliche) Teil der Wirklichkeit? Wie lassen sich trotz der bestehenden Kontinuität Veränderungen denken?

Zugleich liefert diese Vorstellung von Theorie und Wirklichkeit Antworten auf verschiedene Fragen, von denen mir zwei besonders relevant erscheinen:

1. Die Abfolge von Theorien ist Ausdruck einer historischen Veränderung der Wirklichkeit. So löste etwa nach Paschukanis der Rechtspositivismus die Naturrechtstheorien ab, als die Bourgeoisie reaktionär wurde.[24] 2. Die Einsicht in den relevanten Teil der Wirklichkeit ermöglicht es, eine Genealogie der Gegenwart zu verfassen. Besonders Letzteres ist ein wesentlicher Teil von Paschukanis' Arbeit. Alle ›historischen‹ Passagen dienen bei diesem unerschrockenen und konsequenten Denker dazu, die Anwesenheit der zentralen Begriffe des Rechts in der Gegenwart zu erklären. Anders als Ingo Elbe, der den »darstellungsstrategischen Status« der »Äußerungen über ein ›vorstaatliches‹ Recht« für unklar hält,[25] sehe ich in ihnen einen Beleg für Paschukanis' hier dargelegte Grundannahme über das Verhältnis von Erkenntnis- und Realobjekt. Die sich immer weiter ausdifferenzierende Rechtswissenschaft ist ein Produkt der sich immer weiter ausdifferenzierenden Wirklichkeit. Das ist konsequent, da für Paschukanis die »Wahrheit im offenen Buch der Phänomene selbst *gelesen* werden kann, wenn schon nicht direkt, so doch ziemlich mühelos«[26].

Widerspiegelungstheorie

Jede theoretische Praxis, die nicht zwischen Erkenntnis- und Realobjekt unterscheidet, muss die Frage beantworten, wie die Wirklichkeit in Erkenntnis transformiert wird.[27] Wie bereits erwähnt, sieht Paschukanis im Aussieben der Wirklichkeit die Arbeit des Theoretikers und bezeichnet dies als Vorgang der logischen Abstraktion.

In der Vorstellung einer unreinen Wirklichkeit, die von der Theorie gereinigt wird, ist aber auch die Annahme enthalten, dass der saubere Kern des Objekts in der Empirie selbst steckt: »Jene grundlegenden juristischen Abstraktionen, die durch die Entwicklung des juristischen Denkens hervorgebracht werden und die näheren Definitionen der juristischen Form als solche darstellen, spiegeln ganz bestimmte und sehr komplizierte gesellschaftliche Verhältnisse wider.«[28]

Die juristischen Begriffe sind also eine Widerspiegelung einer ganz bestimmten Wirklichkeit, deren Offenlegung die *Allgemeine Rechtslehre* dient.

Zugleich wirft die Widerspiegelungsmetapher ein Problem auf. Sie legt nahe, dass Wirklichkeit und Erkenntnis einander entsprechen. So hatte Paschukanis ja auch die historische Entwicklung der Theorie erklärt. Der auf ihn einprasselnden Kritik, die sich auf die Verkehrung der Wirklichkeit durch das juristische Denken beruft, entgegnet Paschukanis stets, dass hinter dieser Verkehrung gesucht werden müsse. Schließlich könne der Schein nicht als Ergebnis bloßer Manipulation erklärt werden.[29] Wie aber ist die Entsprechung von Erkenntnis und Wirklichkeit in der Widerspiegelung mit dem Moment der Verkehrung übereinzubringen? Hier gerät Paschukanis in erhebliche Schwierigkeiten: »Von diesem Moment [dem historischen Übergang von der Sippe zum Staat; MP] ab fängt die Figur des juristischen Subjekts an, nicht das zu scheinen, was sie in Wirklichkeit ist, das heißt nicht die Spiegelung eines hinter dem Rücken der Menschen entstehenden Verhältnisses, sondern eine künstliche Erfindung der menschlichen Vernunft.«[30] Das Rechtssubjekt ist hiernach die Widerspiegelung des Tauschverhältnisses.[31] Die Naturalisierung des Letzteren durch den historischen Prozess lässt das von ihm unterschiedene Rechtssubjekt als Resultat einer menschlichen Erfindung erscheinen. Die Verkehrung (eine Gegebenheit erscheint als Erfindung) rührt also aus der Trennung von Ökonomie und Recht, deren ›eigentlich‹ bestehender Zusammenhang unsichtbar wird. Marxistische Rechtstheorie muss dann diese Verbindung rekonstruieren und sichtbar machen. Klassische Rechtswissenschaft hingegen spiegelt nur die rechtliche Seite der Wirklichkeit wider und ist deshalb notwendigerweise unzureichend: »Darum ist jetzt jede juristische Staatstheorie, die *alle* Funktionen des Staates erfassen will, notwendigerweise inadäquat. Sie kann keine treue Spiegelung aller Tatsachen des staatlichen Lebens sein, sie gibt nur einen ideologischen, das heißt verzerrten Widerschein der Wirklichkeit.«[32] Das ideologische Moment der Verzerrung oder Verkehrung ergibt sich aus der Zwieschlächtigkeit des Untersuchungsobjekts selbst. Dessen juristische Seite wird zwar durch die Rechtswissenschaft zutreffend erfasst, verbleibt aber unzulänglich in ihrer Isolation:[33]

> »Zweifellos ist der Begriff der moralischen oder gleichwertigen Persönlichkeit ein ideologisches Gebilde und als solches der Wirklichkeit nicht adäquat. Eine ebensolche ideologische Entstellung der realen Wirklichkeit ist auch das egoistische wirtschaftende Subjekt. Nichtsdestoweniger sind diese beiden Bestimmungen doch einem spezifischen gesellschaftlichen Verhältnis adäquat, sie drücken dieses nur abstrakt und folglich einseitig aus. [...] So war die Entdeckung der ideologischen Natur eines Begriffs nur die Kehrseite der Feststellung seiner Richtigkeit.«[34]

Diese so klar scheinende Stelle bringt das Problem der Widerspiegelungs- als Erkenntnistheorie auf den Punkt: Die Abstraktheit der Rechtsbegriffe ergibt sich aus dem Aussieben der Wirklichkeit. Zugleich ist sie Ausdruck der ideologischen Natur der Rechtswissenschaft, deren Begriffe die Wirklichkeit nicht komplett, sondern nur einseitig widerspiegeln. Fraglich ist dann, welche logische Bearbeitung der Wirklichkeit ein nicht ideologisches Ergebnis zutage fördern kann. Antwort: Eine solche, die die Wirklichkeit in ihrer Vielschichtigkeit rekonstruiert. Die durch Abstraktion gewonnenen Begriffe werden wieder mit ihren Verunreinigungen in Gestalt von Ökonomie und Moral zusammengeschüttet, um zum Ausgangspunkt einer unreinen Wirklichkeit zu gelangen.[35] Das ist auch nur konsequent, da ja die Annahme einer Spiegelung impliziert, dass schon im Ausgangsmaterial die Erkenntnis in irgendeiner Form enthalten sein muss.

Komplexe Wirklichkeit *Abstraktion* →
Einseitiger Begriff *Rekonstruktion* →
Komplexe Wirklichkeit

Soll das eigene Vorhaben nicht in einem Zirkelschluss münden, in dem zusammengehört, was schon immer zusammengehörte, muss Paschukanis Methodenreflexion fehlgehen. Die Rechtstheorie ist keine bloße Lüge. Sie gibt eine Wirklichkeit zutreffend wieder. Das Problem ist, dass sie nur einen Teil der Wirklichkeit widerspiegelt.[36] Gerade das macht ihre ideologische Natur aus und bewirkt die Verzerrung/Verkehrung. Der Marxismus beginnt dort, wo diese Wirklichkeit als Teil der sonstigen Realität gezeigt wird. Hierin steckt immerhin die Erkenntnis, dass die gesellschaftliche Wirklichkeit aus verschiedenen Instanzen besteht, die jeweils Gegenstand theoretischer Reflexion sein können und deren Zusammenhang in der Theorie zu konstruieren ist.[37]

Die Widerspiegelungskonzeption errichtet jedoch um diese Einsicht herum ein Erkenntnishindernis: Sie kann nicht erklären, warum die ›logische Bearbeitung‹ just dieses Teils der Wirklichkeit erfolgt – schließlich wird die gesellschaftliche Totalität als der Spiegelung in Begriffen fähiges Objekt gedacht. Warum kommt es überhaupt zur Aufgliederung der Wirklichkeit in verschiedene gesellschaftswissenschaftliche Disziplinen, wenn sie mit etwas Mühe auch als flächiges Ganzes rekonstruiert werden kann? Hierauf kann Paschukanis genau wie Hans Kelsen[38] nur mit der Unterschiedlichkeit der Methoden antworten: »Ein und dieselbe Tatsache, zum Beispiel die Pachtung von Grund und Boden, kann den Gegenstand sowohl volkswirtschaftlicher als auch juristischer Untersuchungen bilden. Darum beruht der Unterschied der Wissenschaften weitgehend auf dem Unterschied ihrer Methoden, ihrer Einstellung zur Wirklichkeit.«[39] Nicht die Unterschiedlichkeit der Objekte,[40] sondern die verschiedenen Betrachtungsweisen konstituieren eine Disziplin. Die juristische Betrachtungsweise als Sozialwissenschaft ist dann die Konstruktion der »konkreten Wirklichkeit mit ihrem ganzen Reichtum an Formen, Beziehungen und Abhängigkeiten als Ergebnis der Kombination einfachster Abstraktionen«.[41] Deren Entstehung wird jedoch inkonsequent mit der historischen Existenz der entsprechenden Tauschbeziehungen – also einer spezifischen Wirklichkeit – erklärt.[42] Paschukanis' redliches Bestreben, die Existenz der Rechtstheorie an ein ganz bestimmtes Objekt zu knüpfen, steht im krassen Widerspruch zu seiner ausformulierten Erkenntnistheorie. Er kann schlichtweg nicht erklären, warum die in der Rechtstheorie stattfindende Systematisierung den in einem realen Verhältnis vor sich gehenden Beziehungen inadäquat sein soll. Dass er an der ›Wahrheit‹ der Ideologie festhält, zeichnet ihn aus. Seine traditionelle erkenntnistheoretische Prämisse[43] verhindert, dass er die in der ›Wahrheit‹ liegende Verkehrung aufzeigt.

Marxismus als Historismus

Wie bereits erwähnt, zwingt die fehlende Differenzierung zwischen Erkenntnis- und Realobjekt dazu, der Geschichte einen zentralen Stellenwert einzuräumen. Sie ist die Wirklichkeit, deren Veränderung die Entwicklungen in der Theorie erklären kann. Zugleich sind Unklarheiten in der Erkenntnis mit ihrer Hilfe zu beantworten. Diese Konzeption von Empirie als linearem Ablauf der Zeit knüpft unmittelbar an den rechtshistorischen Diskurs an. Damit eröffnet die *Allgemeine Rechtslehre* die Möglichkeit, in ihn eingegliedert bzw. aus ihm heraus kritisiert zu werden. Paschukanis' positive Bezugnahmen auf Maurice Hauriou[44] sind als das zu lesen, was sie sind: die Behandlung des Rechtsproblems innerhalb der rechtshistorischen Problematik des frühen 20. Jahrhunderts.[45] Wenn Paschukanis' übrige Einsichten auf Basis dieser ›historischen‹ Erklärung des Rechts[46] kritisiert werden,[47] geschieht das aufgrund der in der *Allgemeinen Rechtslehre* enthaltenen Problematik selbst.

So speist sich ein wesentliches Argument gegen den Rechtspositivismus, dessen Rechtsbegriff sich auf die Norm und nicht auf das Subjekt stützt, aus der unterstellten späteren Entstehung des Gesetzes:

> »Demnach ist es zur Analyse der grundlegenden Definitionen des Rechts nicht nötig, vom Begriff des Gesetzes auszugehen [...], da ja der Begriff des Gesetzes selbst als eines Gebots der politischen Macht ein Zubehör eines Entwicklungsstadiums ist, in dem die Teilung der Gesellschaft in Bürgerliches und Politisches bereits geschehen [...] ist und in dem folglich die grundlegenden Momente der Rechtsform schon realisiert sind.«[48]

Dem Rechtspositivismus macht Paschukanis also zum Vorwurf, ein historisch nachrangig entstandenes Phänomen zum wesentlichen Moment des Rechts zu erklären. Darin steckt umgekehrt die bereits angedeutete Annahme, dass die ›zuerst‹ empirisch nachweisbare Gegebenheit den theoretischen Vorrang beanspruchen darf. Durch den Rechtspositivismus zur Stellungnahme gezwungen, dekonstruiert Paschukanis nicht die Frage nach der Relevanz der historischen Vorgängigkeit dieses oder jenes Moments der Rechtsform, sondern bezieht zugunsten des Rechtssubjekts Stellung und positioniert sich damit innerhalb eines bekannten Diskurses. Die Rechtslehre bleibt, was sie schon immer war, und der Marxismus erweist sich an dieser Stelle lediglich als die ›genauere‹ Geschichtswissenschaft. Dass deren Befund sich zufällig mit jenen Rechtstheorien deckt, die die Genese des Rechts aus der Entstehung von Marktbeziehungen herleiten, zeigt, dass Paschukanis hier die klassische Problematik weder verschiebt noch verlässt.

Nun mag eingewandt werden, dass es sich bei der Vorrangigkeit des Rechtssubjekts vor der Norm um ein abseitiges Thema innerhalb der Rechtstheorie handelt. Allerdings führt Paschukanis die Geschichte als linearen Prozess an entscheidenden Stellen auch in die genuin marxistische Fragestellung ein:

> »So ist die innerhalb einer gegebenen Gesellschaftsformation und durch deren Kräfte erfolgte Aneignung eines Produkts eine grundlegende Tatsache oder, wenn man will, ein Grundgesetz. Aber die juristische Form des Privateigentums nimmt dieses Verhältnis erst auf einer bestimmten Entwicklungsstufe der Produktivkräfte und der mit dieser zusammenhängenden Arbeitsteilung an.«[49]

Die Formen des »Stoffwechsels der Menschen mit der Natur«[50], die die Unterscheidung verschiedener Produktionsweisen ermöglichen, reformuliert Paschukanis hier in auffälliger Art und Weise. Die Entstehung der Form des Privateigentums knüpft er nicht an die Produktionsverhältnisse, sondern an die in einem linearen Geschichtsablauf gedachte Entwicklung von Produktivkräften und Arbeitsteilung. Letztere sind bei ihm ebenso omnihistorisch wie die Kategorie der Produktionsweise selbst, sodass das Bild einer technizistischen Entsprechung von an sich neutralen Gegebenheiten (Produktivkraft und Arbeitsteilung) und ihrer juristischen Form im Kapitalismus entsteht. Dieser Lapsus folgt aber direkt aus dem historizistischen Argumentationsgang: Wenn die Rechtsform als Embryo schon bei den Tauschbeziehungen der Assyrer mit den Babyloniern fungierte, kann ihre ›Entwicklung‹ nur mit solchen Tatsachen in Zusammenhang stehen, die bereits zwischen Euphrat und Tigris vor 7000 Jahren existierten. Da sich die Produktionsweisen aber aufgrund der in ihnen herrschenden Produktionsverhältnisse unterscheiden und Paschukanis keine Kontinuität zwischen Kapitalismus und Altertum behauptet, bleiben nur die Produktivkräfte als entwickelndes Moment übrig. Die Entwicklung der Arbeitsteilung stellt ohnehin keine marxistische Kategorie da; der Mythos der ungeteilten Arbeit bei Robinson Crusoe wurde mit dem *Kapital* dekonstruiert. Die Erklärung des Rechts und seiner Begriffe aus der linear gedachten historischen Entwicklung des Realobjekts hat hier zur Folge, sich von der zentralen Rolle der Produktionsverhältnisse für die Erklärung der Formen einer Produktionsweise zu verabschieden.[51]

Interessenkonflikt als Quelle der Rechtsform

Neben der linear konzipierten Geschichte findet sich an zentraler Stelle der *Allgemeinen Rechtslehre* noch eine weitere Problematik, deren Überwindung Paschukanis nicht gelungen ist: die Erklärung der Rechtsform aus der Existenz interpersonaler Verhältnisse. Paschukanis grenzt sich wortreich von der von ihm als zu überwinden gedachten Konzeption des Zusammenhangs von Ökonomie und Recht ab:

»Die streng empirische und technische Auffassung des Zusammenhangs dieser beiden Momente [Prinzip der Rechtssubjektivität und Waren- und Geldwirtschaft; MP] findet ihren Ausdruck in Betrachtungen darüber, daß die Entwicklung des Handels Garantien des Eigentums, gute Gerichte, gute Polizei usw. fordere. Geht man aber den Dingen tiefer auf den Grund, so ist es klar, daß nicht nur die eine oder andere technische Einrichtung des Staatsapparates dem Bodes des Marktes entwächst, sondern daß auch zwischen den Kategorien der Waren-Geldwirtschaft und der juristischen Form selbst ein unlösbarer innerer Zusammenhang besteht. In einer Gesellschaft, in der es Geld gibt, in der folglich die private Einzelarbeit nur durch die Vermittlung eines allgemeinen Äquivalents zur gesellschaftlichen wird, sind schon die Bedingungen für eine juristische Form mit ihren Gegensätzen zwischen Subjektivem und Objektivem, zwischen Privatem und Öffentlichem gegeben.«[52]

Während also die vorgängigen Theorien lediglich die Entstehung der dem Überbau zugehörigen juristischen Institutionen zum Schutz des Rechtssubjekts aus den ökonomischen Erfordernissen folgern, behauptet Paschukanis einen inneren Zusammenhang zwischen der Rechtssubjektivität und der Ökonomie selbst. Letztere charakterisiert er als ein »auf der Gegensätzlichkeit privater Interessen aufgebaute[s] gesellschaftliche[s] Milieu«[53]. Der Kapitalismus wird also als Tummelplatz gegensätzlicher Privatinteressen bestimmt. Dabei handelt es sich bei ihm nicht bloß um einen randständigen Aspekt, sondern die Produktionsweise sei hierauf »aufgebaut«. So heißt es an anderer Stelle:

»Eine grundlegende Voraussetzung der rechtlichen Regelung ist somit die Gegensätzlichkeit privater Interessen. Diese ist sowohl die logische Voraussetzung der Rechtsform als auch die reale Ursache der Entwicklung des juristischen Überbaus. Das Verhalten der Menschen kann durch die kompliziertesten Regeln bestimmt werden, aber das juristische Moment in dieser Regelung fängt dort an, wo die Differenzierung und Gegensätzlichkeit der Interessen anfängt.«[54]

Rechtssubjektivität wird als die Form gedacht, in der gegensätzliche private Interessen prozessieren. Letztere bilden den Inhalt, dessen Form das Recht ist.[55] Problematisch ist hieran der Ausgangspunkt der Betrachtung: das Gegenüber der isolierten Warenhüter als Ursache der Rechtssubjektivität selbst darzustellen.[56] Paschukanis Formulierungen sind hier merkwürdig eindeutig. Das Milieu sei auf dem Interessengegensatz ›aufgebaut‹. Dieser bilde die logische ›Voraussetzung‹ der rechtlichen Regelung. Der ständige Markt erzeuge »die Notwendigkeit einer Regelung des Verfügungsrechts über die Waren, folglich des Eigentumsrechts«[57]. Wenn man eine lineare Kausalität unterstellt, legt dies nahe, dass der private Interessengegensatz die Rechtsform erfordere.[58] Hier knüpft die Staatsableitungsdebatte begeistert an, und hieran artikuliert sich der Vorwurf der ›Zirkulationsfixiertheit‹[59] und der funktionalistischen Ableitung.[60]

Wichtiger ist es zu sehen, dass sich Paschukanis hier auf dem festen Boden einer altbewährten Problematik befindet. Der intersubjektive Interessengegensatz als Existenzgrund des Rechts, das als Mittel dient, diesen Gegensatz zu prozessieren, ist rechtstheoretisch wohlbekannt. Schon die Gesellschaftsvertragstheorien von John Locke oder Jean-Jacques Rousseau sahen im Recht ein Mittel zur Ermöglichung des gesellschaftlichen Verkehrs,[61] und so formuliert denn auch Paschukanis: »Dies [Auch das Faustrecht ist ein Recht;[62]MP] ist kein Paradox, denn das Recht ist ebenso wie der Tausch ein Hilfsmittel des Verkehrs zwischen den isolierten sozialen Elementen.«[63] Paschukanis fügt dem seit dem 17. Jahrhundert vorherrschenden rechtstheoretischen Diskurs an dieser Stelle nur die von Marx übernommene Einsicht hinzu, dass der Interessengegensatz der Individuen der Warenförmigkeit der Produkte entspricht.[64] Die Erklärung des Rechtsphänomens bleibt vollständig innerhalb des bereits existierenden theoretischen Feldes. Dieses ist gekennzeichnet durch die isolierten, interessengeleiteten Individuen, deren ökonomisch notwendige Tauschbeziehung durch das Recht bewerkstelligt wird. Während seine theoretischen Gegenspieler die Notwendigkeit juristischer Institutionen aus den Bedürfnissen der ökonomischen Individuen folgern, leitet Paschukanis auch ihre Rechtssubjektposition hieraus ab. Entscheidend ist, dass er die Fragestellung ›Wie ist der Verkehr isolierter, mit gegensätzlichen Interessen versehener Individuen möglich?‹ nicht berührt. Seine Antwort deutet zwar die Dekonstruktion der Fragestellung an, indem er das Subjekt als solches problematisiert. Indem er dies aber im Rahmen der vorgegebenen Problematik tut, fällt Paschukanis darauf zurück, eine bestimmte Form von Subjektivität aus der bewährten Konfrontation der Individuen selbst herzuleiten.

Was für weitreichende Konsequenzen das Verbleiben in der althergebrachten Problematik hat, zeigt sich daran, dass auch das zeitweise Fortbestehen der Rechtsform in postkapitalistischen Verhältnissen mit der Kontinuität dieses Gegenübers konfligierender Interessen begründet wird: »Solange die Aufgabe des Aufbaus einer einheitlichen planmäßigen Wirtschaft nicht gelöst ist, solange die marktmäßige Verbindung zwischen den einzelnen Unternehmungen [...] bestehen bleibt, solange bleibt auch die Rechtsform in Kraft.«[65] Der radikalen Konsequenz aus dem erkannten Zusammenhang von Waren- und Rechtsform – nämlich dem Absterben des Rechts in postkapitalistischen Verhältnissen – stellt Paschukanis eine Kontinuitätsthese an die Seite, die nur deshalb überzeugt, weil in seiner eigenen Geschichtserzählung der Kern der Rechtsform – nämlich der Gegensatz privater Interessen – mit kapitalistischen Verhältnissen im Besonderen nichts zu tun hat. Letztere bewirken lediglich eine Ausdehnung zu der ominösen »entwickeltsten Gestalt«,[66] aber die Quelle der Rechtsform in Gestalt von tauschenden Subjekten existiert eben in Paschukanis' historischer Perspektive schon bei den Nomaden des Altertums.

Auch in seiner eigenen Antwort auf die vielzitierte ›Paschukanis-Frage‹[67] folgert Paschukanis aus der Konfrontation der Warenhüter die Form des bürgerlichen Staates:

> »Jede weitere Vervollkommnung der bürgerlichen Staatlichkeit [...] kann auf ein einziges Prinzip zurückgeführt werden, wonach von zwei Tauschern auf dem Markte keiner das Tauschverhältnis eigenmächtig regeln kann, sondern daß hierfür eine dritte Partei erforderlich ist, die die von den Warenbesitzern als Eigentümer einander gegenseitig zu gewährende Garantie verkörpert und dementsprechend die Regeln des Verkehrs zwischen Warenbesitzern personifiziert.«[68]

Auch hier bewegt sich Paschukanis auf sicherem Terrain. Die Form des Staates wird als Antwort auf ein interpersonales Problem konzipiert. Es ist das Zusammentreffen der Individuen, das in der bürgerlichen Gesellschaft der Warenhüter den Staat als dritte Gewalt erforderlich macht. Das gesellschaftliche Verhältnis, das den Formen des Rechts und der Staatlichkeit zugrunde liegt, ist nach Paschukanis ein interpersonales Verhältnis – der Warentausch. Ganz im Sinne seiner eigenen Widerspiegelungskonzeption besteht hier ein völlig transparenter Funktionszusammenhang von Waren-, Rechts- und Staatsform.

Mit der Herleitung der Rechtssubjektivität aus der Konfrontation interessengeleiteter Individuen beantwortet Paschukanis seine revolutionäre Frage danach, wie aus dem »zoologischen Individuum Mensch ein Subjekt von Rechten und Pflichten«[69] werden konnte, vollständig innerhalb der althergebrachten Problematik. Damit eröffnet er die Möglichkeit, innerhalb dieses theoretischen Feldes kritisiert zu werden. Es drängt sich ja tatsächlich die Frage auf, wie Interessenkonflikte unter Individuen beigelegt werden sollen, wenn die aus diesem Grunde existierende Form (das Recht) nicht mehr existiert.[70]

Allgemeine Rechtslehre als Symptom des epistemologischen Bruchs

Nach dem bisher Erörterten könnte man fragen, warum die Auseinandersetzung mit Paschukanis denn überhaupt noch lohnt. Schließlich ist die auf der Nichtunterscheidung von Erkenntnis- und Realobjekt fußende historisierende Erklärung der Rechtsform aus dem Interessenkonflikt der Warenhüter ein wesentlicher Inhalt der *Allgemeinen Rechtslehre*. Was bleibt noch, wenn dieser Inhalt vorgängigen Diskursen zuzuordnen ist und daher keine oder nur geringe Aussagekraft für eine marxistische Rechtstheorie beanspruchen kann? Jedoch kennzeichnet es gerade den Charakter der Arbeit als Symptom eines epistemologischen Bruchs, dass sie sowohl Elemente der klassischen[71] wie auch der marxistischen Rechtstheorie enthält.[72] Im Folgenden gehe ich auf die letzteren ein.

Theorie

Ich habe bereits auf die Merkwürdigkeiten hingewiesen, die sich aus der Nichtunterscheidung von Erkenntnis- und Realobjekt und der entsprechenden Erkenntnistheorie in Gestalt einer Widerspiegelungskonzeption ergeben. Allerdings ist es charakteristisch für das Nebeneinander der verschiedenen Problematiken zugehörigen Passagen, dass Paschukanis an anderer Stelle das Verhältnis von Theorie und Wirklichkeit in höchst eigentümlicher Weise fasst: »Somit sind also die allgemeinen Begriffe der politischen Ökonomie nicht nur ideologische Elemente, sondern solche Abstraktionen, aus denen die objektive ökonomische Wirklichkeit wissenschaftlich, das heißt theoretisch konstruiert werden kann.«[73] Der Autor der *Allgemeinen Rechtslehre* grenzt sich hier von Auffassungen ab, die die juristischen Grundbegriffe als bloße ›Ideologie‹ (d. h. schriftliche Lüge – eine genaue Untersuchung des Ideologiebegriffs in Paschukanis' Arbeit wäre m. E. auch sehr lohnend, kann hier aber nicht geleistet werden) abtun. Den Begriffen der politischen Ökonomie steht die objektive ökonomische Wirklichkeit gegenüber. Allerdings stehen diese beiden Kategorien in einem bestimmten Verhältnis zueinander: Die Letztere lässt sich mithilfe der Ersteren konstruieren. Wissenschaft ist hier nicht die Abstraktion von realen Vorgängen, sondern vielmehr der Weg, die Realität in Begriffen zu schaffen. Darin steckt der Keim der Einsicht in die kategoriale Trennung von Erkenntnis- und Realobjekt. Paschukanis fasst hier das marxsche Vorgehen in der *Kritik der politischen Ökonomie* höchst präzise und im Gegensatz zur eigenen explizit gemachten Erkenntnistheorie zusammen.

Neue Fragestellung

Dass schon die Frage nach der Herleitung des Rechtssubjekts selbst (und nicht lediglich der juristischen Institutionen in Gestalt von Gericht, Gesetz, Staatsanwältin und Rechtsanwalt) einen Bruch mit dem theoretischen Feld des Homo Juridicus bedeutet, dessen ist sich Paschukanis vollauf bewusst: »Die dogmatische Jurisprudenz stellt folglich die Frage überhaupt nicht, kraft welcher Ursachen sich der Mensch als zoologisches Individuum in ein juristisches Subjekt verwandelt hat. Sie geht vom Rechtsverkehr als von einer fertigen, von vornherein gegebenen Form aus.«[74] Was die Rechts- und nicht die Staatsform betrifft, kann dies als Paschukanis-Frage bezeichnet werden. Das Rechtssubjekt als selbstverständliche Voraussetzung des Nachdenkens über das Recht wird von dem ›zoologischen Individuum‹ unterschieden und dadurch in seiner theoretischen Erklärungsbedürftigkeit ausgewiesen. Dass Paschukanis' Antwort nicht in Gänze überzeugt, ändert nichts daran, dass seine Frage einen neuen wissenschaftlichen Diskurs eröffnen kann. Jede Theorie, die das freie, gleiche und selbstbestimmte Subjekt zur stillschweigenden oder expliziten Prämisse macht, fällt dahinter zurück.

Vereinbarkeit von Rechts- und Warenform

Eine weitere wesentliche Erkenntnis von Paschukanis liegt in der Einsicht in die Vereinbarkeit, ja wechselseitige Verwiesenheit von Rechts- und Warenform. Hierfür findet er eine Vielzahl von Formulierungen. So sei eine geschäftliche Abmachung »objektive ökonomische Tatsache – ein ökonomisches Verhältnis, das mit seiner ebenso objektiven juristischen Form unlöslich verbunden ist«.[75] »Das juristische Verhältnis zwischen den Subjekten ist nur die Kehrseite des Verhältnisses zwischen den zur Ware gewordenen Arbeitsprodukten.«[76]

> »Die Herrschaftssphäre, die die Form des subjektiven Rechts angenommen hat, ist ein gesellschaftliches Phänomen, das dem Individuum auf derselben Grundlage zugeschrieben wird, auf der der Wert – ebenfalls ein gesellschaftliches Phänomen – dem Ding als Arbeitsprodukt. Der Warenfetischismus wird durch den Rechtsfetischismus ergänzt.«[77]

Paschukanis zeigt hier und in der oben angeführten ›Erklärung‹ der Rechtsform, dass die Existenz des Rechts mit der Warenform nicht nur vereinbar ist, sondern einhergeht. Es handelt sich in der Grundstruktur um einander adäquate gesellschaftliche Formen. Zugleich zeigen die verschiedenen Beschreibungen auch eine gewisse Unsicherheit darin, wie diese gegenseitige Verwiesenheit zu denken ist. Nach Kramer geht Paschukanis davon aus, dass »das Rechtssubjekt auf Ebene des Imaginären [das] Pendant [der fetischisierten Form einer quantifizierten Größe, in der sich die Gesellschaftlichkeit der Produktion zeigt,] in der Ideologie« beschreibe.[78] »In der gedanklichen Abstraktion von seiner organischen Verbindung mit den anderen Gesellschaftsmitgliedern geht das Rechtssubjekt als isolierter Eigentümer mit den Gütern um.«[79] Zutreffend konstatiert Kramer, dass hier die juristische Ideologie als »funktional mit der Gesellschaftsform verbunden« und »Symptom eines tieferliegenden Gesellschaftszusammenhangs«[80] in Gestalt des Tauschaktes gedacht wird.[81] Diese durch die Einsichten der Althusser'schen Ideologietheorie[82] ermöglichte Interpretation des Zusammenhangs von Waren- und Rechtsform überzeugt. Kramer weist aber auch zu Recht darauf hin, dass Paschukanis selbst den »Gesellschaftszusammenhang«, der sich in der juristischen Ideologie ausdrückt, den Naturrechtstheorien entnimmt.[83] Dieser Verbleib in der vorgängigen Problematik des Homo Juridicus kann und muss mithilfe Althussers aufgelöst werden.

Dennoch liegt in der Frage nach dem Verhältnis von Waren- und Rechtsform ein wesentlicher Schritt auf dem Weg zu einer marxistischen Rechts- und Staatstheorie. Das wird spätestens deutlich, wenn Paschukanis die Klassenherrschaft in »Gestalt der offiziellen Staatsmacht als besonderer, von der Gesellschaft losgelösten Gewalt« und damit als »mittelbare, reflektierte Herrschaft«[84] zum Ausgangspunkt seiner Analyse der Staatsform erklärt. Dieses mittelbare, reflektierte Moment ist eben die Klassenherrschaft durch die Reproduktion der Rechtssubjektivität. Indem Paschukanis die Frage nach dem Staat so stellt, entzieht er sich manipulationstheoretischen Ansätzen jeder Couleur.[85]

Produktionsweise als gegliedertes Ganzes

Die Einsicht in die Verschränktheit von Waren- und Rechtsform steht in einem unmittelbaren Zusammenhang mit einer weiteren Prämisse marxistischer Rechtstheorie, die Paschukanis ausformuliert. Es geht um die Auffassung der Produktionsweise als eines komplex strukturierten Ganzen mit Dominante.[86] Hier kann Paschukanis nicht nur mithilfe Althussers besser verstanden, sondern auch als Beispiel einer von Althusser ausformulierten Lesart Marx'scher Totalitätskonzeption angesehen werden.[87]

In der Einsicht in die gegenseitige Verwiesenheit von Waren- und Rechtsform ist nämlich die Erkenntnis enthalten, dass eine Produktionsweise als strukturiertes Ganzes und nicht etwa im Sinne einer Hegel'schen Keimzelle zu begreifen ist. Nicht eine Gesetzmäßigkeit artikuliert sich in verschiedenen Formen,[88] sondern eine Gliederung von Strukturen bildet das Ganze einer Produktionsweise.[89] Der Behauptung »einer sehr nahen Beziehung« [90] von Rechtssubjekt und Warenbesitzer liegt schließlich auch ihre prinzipielle Unterscheidung zugrunde. Diese betont Paschukanis in verschiedenen Formulierungen. So sei die Rechtsphilosophie mit ihrer Grundlage des Subjekts »eigentlich, im Grunde genommen« [91] die Philosophie der Warenwirtschaft. Während hier noch eine Identität zwischen Warenhüter und Rechtssubjekt nahegelegt wird – wenn auch mit der distanzierenden Anmerkung ›im Grunde genommen‹ –, finden sich an anderer Stelle klare Abgrenzungen der verschiedenen Ebenen einer Produktionsweise. In einem historischen Passus legt Paschukanis etwa dar, dass im Mittelalter »die Grenze, die die Sphäre des Juristischen von den angrenzenden Sphären trennt, vollkommen verwischt wird«.[92] Hier zeigt sich deutlich, dass das Juristische eben eine ›Sphäre‹ unter mehreren darstellt.

Im Zuge der Ableitung der Rechtsform aus dem Warentausch finden sich eine Vielzahl von Formulierungen, die die schon erwähnte Verwiesenheit und Trennung von Ökonomie und Recht unterstreichen: »Der Tauschakt konzentriert folglich wie in einem Brennpunkt die sowohl für die politische Ökonomie als auch für das Recht wesentlichsten Momente.«[93] Recht und politische Ökonomie sind unterschiedliche Gegenstände. Der Tauschakt ist deshalb so wichtig, weil er deren ›wesentlichste‹ Aspekte vereint. Darin ist bereits eine Distanzierung von der Erklärung der Momente aus dem Tausch zu erkennen. Letzterer ist dann nur noch das Moment der Artikulation.

Die dabei gewählten Formulierungen unterstreichen das Nebeneinander verschiedener Strukturen, deren Zusammenhang in der Theorie zu rekonstruieren ist:

> »Die tatsächliche Herrschaft bekommt einen ausgeprägt juristischen Öffentlichkeitscharakter, sobald neben und unabhängig von ihr Verhältnisse entstehen, die mit dem Tauschakt zusammenhängen, das heißt private Verhältnisse par excellence. Indem die Gewalt als Garant dieser Verhältnisse auftritt, wird sie zu einer gesellschaftlichen, öffentlichen Gewalt, zu einer Gewalt, die das unpersönliche Interesse der Ordnung vertritt.«[94]

Der ökonomischen und juristischen Sphäre des Privaten gesellt sich die öffentliche Gewalt als dessen Garant hinzu. Dies betont den bestehenden Zusammenhang der verschiedenen Formen, die aber in ihrer Eigenständigkeit zu begreifen sind. Während viele Autor*innen Paschukanis als einen Denker interpretieren, der die Formen Recht, Staat und Moral auf die ökonomische Sphäre des Warentauschs reduzieren möchte, belegen seine Ausführungen, dass er gerade die Einheit der prinzipiell getrennten Ebenen untersucht.

Besonders deutlich zeigt sich das in dem Kapitel über »Recht und Moral«.[95] Ausgehend von dem berühmten Marx-Zitat, wonach in der Zirkulation »Freiheit, Gleichheit, Eigentum und Bentham« herrschten,[96] stellt Paschukanis klar:

> »Tatsächlich ist der Mensch als moralisches Subjekt, das heißt als gleichwertige Persönlichkeit, nichts weiter als die Vorbedingung für den Tausch nach dem Wertgesetz. Eine solche Bedingung ist auch der Mensch als Rechtssubjekt, das heißt als Eigentümer. Endlich sind diese beiden Bestimmungen aufs engste mit einer dritten verbunden, in der der Mensch als egoistisches wirtschaftendes Subjekt figuriert. Alle drei nicht aufeinander reduzierbaren und scheinbar widersprechenden Bestimmungen drücken die Gesamtheit der zur Realisierung des Wertverhältnisses notwendigen Bedingungen aus, das heißt eines Verhältnisses, in dem die Beziehung der Menschen zueinander im Arbeitsprozeß als eine dingliche Eigenschaft der ausgetauschten Produkte erscheint.«[97]

Moral- und Rechtssubjekt sind also nicht einfach identisch mit dem Homo oeconomicus des Warentauschs, sondern von ihm zu unterscheiden und in ihrer Einheit mit ihm zu begreifen. Das Ausspielen der einen Sphäre gegen die andere (also das vielbemühte ›Primat der Politik‹ ebenso wie Bill Clintons Ausspruch »It's the economy, stupid«)[98] ist in dem Zusammenhang von Moral, Recht und Ökonomie selbst angelegt. Paschukanis begreift aber, dass – bei aller moralischen Entrüstung über die Kälte der Ökonomie – das Subjekt des Rechts und das der Moral genauso zur Reproduktion der kapitalistischen Produktionsweise notwendig sind wie der kalkulierende Homo oeconomicus. Es bleibt damit sein Verdienst, das Rechtssubjekt als eigenständiges, für die Reproduktion notwendiges Moment der kapitalistischen Produktionsweise erkannt zu haben, das in seinem Zusammenspiel mit ihren übrigen Instanzen zu analysieren ist. Wie die »dialektische Totalität« von Recht, Moral und Ökonomie im Warentausch[99] zu konstruieren ist, bleibt bei Paschukanis jedoch offen. Seine an der Kritik der politischen Ökonomie orientierte Fokussierung auf den Tausch kann nur als Ausgangspunkt dienen.[100]

Ich danke André Kistner, Anne-Kathrin Krug und Hrvoje Šantek für ihre hilfreichen Anmerkungen zu verschiedenen Fassungen dieses Textes. Ozeni Athanasiadou danke ich für ihre nicht nachlassende Kritik an Paschukanis, die für mich ein wesentlicher Impuls für seine Abfassung war.

Anmerkungen

1 So z. B. Andreas Arndt: Rechtsform gleich Warenform? Zur Methode in Paschukanis' Allgemeine Rechtslehre und Marxismus. In: AG Rechtskritik (Hg.): Rechts- und Staatskritik nach Marx und Paschukanis. Recht – Staat – Kritik I. Berlin 2017, S. 41–50, hier S. 44.

2 Vgl. etwa Sonja Buckel: Subjektivierung und Kohäsion. Zur Rekonstruktion einer materialistischen Theorie des Rechts. Weilerswist 2007, S. 115. Die Autorin bezieht sich zwar positiv auf Paschukanis, gibt aber seinen Formbegriff auf, um sein Potenzial mit Gramsci »über ihn hinaus fortzuführen« (vgl. auch in diesem Sinne: S. 228 und 250).

3 Eugen Paschukanis: Allgemeine Rechtslehre und Marxismus. Versuch einer Kritik der juristischen Grundbegriffe. Freiburg 2003, S. 34; ähnlich auch auf S. 35.

4 Vgl. hierzu im Kontext der Diskursanalyse Louis Althussers: Ingo Kramer: Symptomale Lektüre. Louis Althussers Beitrag zu einer Theorie des Diskurses. Wien 2014, S. 43.

5 Vgl. hierzu z. B. Stefan Krauth: Kritik des Rechts. Stuttgart 2013; Kramer: Symptomale Lektüre. A. a. O., S. 43 ff; Ders.: Eugen Paschukanis und die Frage einer marxistischen Soziologie. In: AG Rechtskritik (Hg.): Rechts- und Staatskritik. A. a. O., S. 91–115, insb. S. 110 f.

6 Kramer: Symptomale Lektüre. A. a. O., passim.

7 Ebd., S. 66. Zu den Regeln des wissenschaftlichen Diskurses: Louis Althusser: Three Notes on the Theory of Discourses. In: Ders.: The Humanist Controversy and other Writings. Hg. von Francois Matheron u. G. M. Goshgarian. London, New York 2003, S. 33–84, insb. S. 50. In Bezug auf die Rechtstheorie: Matthias Peitsch: Prämissen der Rechtstheorie. Der Homo Juridicus und seine Kritik im historischen Materialismus. Wien, Berlin 2020, S. 18–45.

8 Kramer: Symptomale Lektüre. A. a. O., S. 67.

9 Diese Frage bzw. diese Fragen erfasst Althusser mit dem Begriff der Problematik, der »im Innern eines Denkens, das objektive System der inneren Bezüge seiner eigenen Themen frei[legt]: das System der Fragen, welche die Antworten bestimmen, die diese Ideologie

gibt. Man muss einer Ideologie also zunächst die Frage nach ihren Fragen stellen, um – auf dieser inneren Ebene – den Sinn ihrer Antworten zu verstehen.« Louis Althusser: Über den jungen Marx. Fragen der Theorie. In: Ders.: Für Marx. Frankfurt/Main 2011, S. 55–104, hier: S. 78, Fußnote 30.

10 Vgl. zu der Möglichkeit dieser unfriedlichen Koexistenz im marxschen Kapital: Louis Althusser: Marx' Denken im Kapital. In: Prokla 50 (1983), S. 130–147, insb. S. 143 f.

11 Vgl. zu Letzterem im Kapital: Jacques Rancière: Der Begriff der Kritik und die Kritik der politischen Ökonomie von den Manuskripten von 1844 bis zum Kapital. Louis Althusser / Étienne Balibar u.a.: Das Kapital lesen. Münster 2015, S. 105–208 (192).

12 Louis Althusser: Einführung: Vom ›Kapital‹ zur Philosophie von Marx. In: Ders./Étienne Balibar u.a.: Das Kapital lesen. Reinbek 1972, S. 11–93 (81):

13 Kramer: Symptomale Lektüre. A. a. O., S. 108. Vgl. hierzu auch: Peitsch: Prämissen der Rechtstheorie. A. a. O., S. 18–21.

14 Schon Nicos Poulantzas hat Paschukanis' Empirismus in diesem Sinne kritisiert: Nicos Poulantzas: Aus Anlaß der marxistischen Rechtstheorie. In: Norbert Reich (Hg.): Marxistische und sozialistische Rechtstheorie. Frankfurt/Main 1972, S. 181–200, hier S. 183.

15 Paschukanis: Allgemeine Rechtslehre und Marxismus. A. a. O., S. 37.

16 Ebd., S. 38.

17 Ebd.

18 Ebd., S. 38 f.

19 Ebd., S. 39.

20 Ebd., S. 41.

21 »Im Gegenteil führt Engels gerade den Nachweis, daß der Feudalismus niemals seinem Begriff entsprach, trotzdem aber nicht aufhörte, Feudalismus zu sein. Der Begriff des Feudalismus selbst ist eine Abstraktion, der reale Tendenzen jener Gesellschaftsordnung zugrunde liegen, die wir feudal nennen. In der geschichtlichen Wirklichkeit mischen und kreuzen sich diese Tendenzen mit unzähligen anderen Tendenzen und können demzufolge nicht in ihrer logisch reinen Gestalt, sondern nur in größerer oder geringerer Annäherung daran beobachtet werden.« Ebd., S. 75, Fußnote 1. Dieses Verständnis von Abstraktion als Extraktion des Objekts aus dem Gegebenen – also ein bloßes Sehen – kennzeichnet für Althusser einen bloßen »Empirismus der Erkenntnis«. In: Louis Althusser: Einleitung in die Philosophie für Nichtphilosophen. Wien 2018, S. 118.

22 »Wir kennen so das reale historische Substrat jener gedanklichen Abstraktionen, deren wir uns bedienen, und können uns zugleich davon überzeugen, daß die Grenzen, in denen die Anwendung dieser Abstraktionen eine Sinn hat, mit dem Rahmen der realen historischen Entwicklung zusammenfallen und von diesem bestimmt sind.« Paschukanis: Allgemeine Rechtslehre und Marxismus. A. a. O., , S. 65.

23 Ebd., S. 69.

24 »So kann die historische Richtung [des juristischen und nationalökonomischen Denkens; MP] in beiden Fällen als eine Manifestation des feudal-aristokratischen und zum Teil der kleinbürgerlich-zünftigen Reaktion betrachtet werden. Ferner: als in der zweiten Hälfte des 19. Jahrhunderts das revolutionäre Feuer der Bourgeoisie endgültig erlosch, hörte auch die Reinheit und Präzision der klassischen Doktrinen auf, einen Anreiz auf sie auszuüben. Die bürgerliche Gesellschaft sehnt sich nach einer Stabilisierung und einer starken Hand. Darum steht im Mittelpunkt des Interesses der juristischen Theorie schon nicht mehr die Analyse der Rechtsform, sondern das Problem der Begründung der bindenden Kraft der Rechtsvorschriften.« Ebd., S. 67. Vgl. meine Kritik in Peitsch: Prämissen der Rechtstheorie. A. a. O., S. 47–56.

25 Ingo Elbe: Marx im Westen. Die neue Marx-Lektüre in der Bundesrepublik seit 1965. 2. korr. Auflage. Berlin 2010, S. 384. Noch weiter geht Andreas Harms, der annimmt, dass

»Paschukanis' rechtsgeschichtliche Überlegungen keinen tragenden Begründungszusammenhang liefern wollen«. In: Andreas Harms: Warenform und Rechtsform. Zur Rechtstheorie von Eugen Paschukanis. Freiburg 2009, S. 68

26 Louis Althusser: Der Gegenstand des ›Kapital‹. Ders./Balibar: Das Kapital lesen (1972), S. 94–267, insb. S. 164.

27 Vgl. dazu, inwiefern das Subjekt-Objekt-Problem eine genuin juristische Fragestellung ist: Louis Althusser: Philosophie und spontane Philosophie der Wissenschaftler. In: Ders: Gesammelte Schriften. Band 4: Philosophie und spontane Philosophie der Wissenschaftler. Berlin 1985, S. 13–150, insb. S. 96 f.

28 Paschukanis: Allgemeine Rechtslehre und Marxismus. A. a. O., S. 55.

29 Vgl. ebd., S. 140.

30 Ebd., S. 118, Fußnote 4.

31 Vgl. jedoch zu den in dieser Textstelle steckenden Einsichten in die Beziehungen der verschiedenen Rechtsformen zueinander: Peitsch: Prämissen der Rechtstheorie. A. a. O., S. 366 ff.

32 Paschukanis: Allgemeine Rechtslehre und Marxismus. A. a. O., S. 137 f.

33 So auch Harms: Warenform und Rechtsform. A. a. O., S. 170.

34 Paschukanis: Allgemeine Rechtslehre und Marxismus. A. a. O., S. 153 f.

35 So spricht Harms in Anlehnung an Dietrich Böhler zu Recht von einem »in drei Schritten verlaufende[n] Verfahren«. In: Harms: Warenform und Rechtsform. A. a. O., S. 106.

36 Während Paschukanis die Abstraktion als Ausschnitt der Wirklichkeit begreift, kann Althusser das Konkrete als alleinige Daseinsform der von ihm unterschiedenen Abstraktion (also der gesellschaftliche Verhältnisse) begreifen. Vgl. Althusser: Einleitung in die Philosophie für Nichtphilosophen. A a. O., S. 81 u. 92 f.

37 Vgl. in Bezug auf die Rechtstheorie Peitsch: Prämissen der Rechtstheorie. A. a. O., S. 39 ff.

38 Kelsen leitet die Rechtlichkeit einer Tatsache denn auch konsequent aus dem Bezug auf eine Norm als rechtliches Deutungsschema ab. Vgl. Hans Kelsen: Allgemeine Rechtslehre. Einleitung in die rechtswissenschaftliche Problematik. Neudruck der 1. Auflage (Leipzig, Wien 1934). Aalen 1985, S. 5, 8 ff.

39 Paschukanis: Allgemeine Rechtslehre und Marxismus. A. a. O., S. 63.

40 Dies legt jedoch Kramers Interpretation des Methodenkapitels in Allgemeine Rechtslehre und Marxismus nahe, was mir eher vom Ergebnis her gedacht zu sein scheint, da Paschukanis ja de facto das Recht an ein spezifisches Objekt koppelt. Vgl. Kramer: Paschukanis und die Frage einer marxistischen Soziologie. A. a. O., S. 106.

41 Paschukanis: Allgemeine Rechtslehre und Marxismus. A. a. O., S. 63.

42 Vgl. ebd., S. 65 ff.

43 Zu Recht weist Harms darauf hin, dass Paschukanis' Reflexionen über die »Möglichkeit reiner Erkenntnis« nicht über »gewisse wissenschaftsgeschichtliche Anmerkungen, welche die Dogmengeschichte der Rechtswissenschaft betreffen«, hinausgelangen. In: Harms: Warenform und Rechtsform. A. a. O., S. 175. Ich hoffe, mit diesem Beitrag auf den Grund dafür aufmerksam machen zu können.

44 Vgl. Paschukanis: Allgemeine Rechtslehre und Marxismus. A. a. O., S. 122, 123, 134 und 136.

45 Sehr aufschlussreich ist daher auch Anatol Rappoport: Die marxistische Rechtsauffassung. Den Haag 1972, S. 41 ff. Rappoport vergleicht das Warentauschtheorem Paschukanis' mit anderen Erklärungen des ›Aufkommens‹ der ersten Rechtsform, die alle dieselbe Frage beantworten wollen.

46 Für den Hinweis, dass die Herleitung des Gegebenen aus der Existenz desselben vor X Jahren als »schlechte Genealogie« zu bezeichnen ist, danke ich Nikos Tzanakis Papadakis.

47 Vgl. zum Beispiel für eine solche ›historische Kritik‹: Heide Gerstenberger: Zur Analyse der gesellschaftlichen Formen ›Recht‹ und ›Staat‹. In: AG Rechtskritik (Hg.): Rechts- und Staatskritik. A. a. O., S. 60–68, insb. S. 62 f.

48 Paschukanis: Allgemeine Rechtslehre und Marxismus. A. a. O., S. 40.

49 Ebd., S. 109.

50 Karl Marx [1890]: Das Kapital. Kritik der politischen Ökonomie. Erster Band. In: Marx-Engels-Werke. Band 23. Berlin 1968, S. 192.

51 Ähnlich kritisiert auch Andreas Fisahn, dass Paschukanis die Rechtsform an den Tausch und nicht an das Kapitalverhältnis knüpfe. Andreas Fisahn: Der kapitalistische Staat als bürokratischer Staat. Überlegungen zu Staat und Marktgesellschaft. In: AG Rechtskritik (Hg.) : Rechts- und Staatskritik. A. a. O., S. 69–81, insb. S. 72 f. und 74 f. So auch: Nadja Rakowitz: Einfache Warenproduktion. Ideal und Ideologie. Freiburg 2000, S. 164, Fußnote 71.

52 Paschukanis: Allgemeine Rechtslehre und Marxismus. A. a. O., S. 40.

53 Ebd., S. 70.

54 Ebd., S. 79.

55 Vgl. ebd., S. 83.

56 Rakowitz weist zutreffend darauf hin, dass hier »Kapitalismus [...] also wieder als einfache Warenproduktion gedacht« ist, betont aber, dass der Zusammenhang von Zirkulationsbestimmungen und Rechtsformen zutreffe. In: Rakowitz: Einfache Warenproduktion. A. a. O., S. 165, Fußnote 73.

57 Paschukanis: Allgemeine Rechtslehre und Marxismus. A. a. O., S. 122.

58 So vereindeutigen ihn denn auch Teile der Rezeption wie beispielsweise: China Miéville: Between Equal Rights. A Marxist Theory of International Law. Leiden 2005, S. 92 f.

59 Zum Beispiel Burkhard Tuschling: Rechtsform und Produktionsverhältnisse. Zur materialistischen Theorie des Rechtsstaates. Frankfurt/Main 1976, S. 12 f. Dagegen zum Beispiel: Fisahn: Der kapitalistische Staat als bürokratischer Staat. In: AG Rechtskritik (Hg.) : Rechts- und Staatskritik. A. a. O., S. 72 f.; André Kistner: Eugen Paschukanis – Probleme einer historischen Dialektik des Rechts. In: Ebd., S. 116–135, insb. S. 126 f.

60 Zu Letzterem siehe zum Beispiel die luzide Analyse von Jens Christian Müller-Tuckfeld: Gesetz ist Gesetz. Anmerkungen zu einer Theorie der juridischen Anrufung. In: Henning Böke / Jens Christian Müller / Sebastian Reinfeldt (Hg.): Denk-Prozesse nach Althusser. Hamburg 1994, S. 182–205, insb. S. 189.

61 Vgl. Peitsch: Prämissen der Rechtstheorie. A. a. O., passim.

62 Vgl. Karl Marx: Einleitung zu den »Grundrissen der politischen Ökonomie«. In: Marx-Engels-Werke. Band 42, S. 23.

63 Paschukanis: Allgemeine Rechtslehre und Marxismus. A. a. O., S. 134.

64 Zwar hat Elbe recht, dass Paschukanis betont, dass nicht »allein der Gegensatz von Privatinteressen [hin]reicht [...], um die Rechtsform hervorzubringen, diese müssen näher als Interessen von Warenbesitzern charakterisiert werden« (in: Elbe: Marx im Westen. A. a. O., S. 380. So auch Harms: Warenform und Rechtsform. A. a. O., S. 112). Allerdings hängt diese Bedingung vollständig in der Luft, wenn eine Kontinuität zwischen dem Tausch der Nomaden im Altertum und der UdSSR im 20. Jahrhundert in der Rechtsförmigkeit gesehen wird. Paschukanis' Herleitung des juristischen Charakters kapitalistischer Verhältnisse krankt an ihrer ›historischen‹ Perspektive.

65 Paschukanis: Allgemeine Rechtslehre und Marxismus. A. a. O., S. 131.

66 Kistner stimmt Paschukanis zu, wenn er argumentiert, die »Spuren des formellen Rechts« hätten sich in der Spätantike noch nicht »auf alle gesellschaftlichen Bereiche« ausgedehnt (vgl. Kistner: Paschukanis. In: AG Rechtskritik (Hg.) : Rechts- und Staatskritik. A. a. O., S. 120, ähnlich: S. 128). Vorformen des ›eigentlichen‹ (also kapitalistischen) Rechts sind dann vertragsschließende Rechtssubjekte, von denen es nur nicht ganz so viele gibt wie

heute. (So auch schon: Tuschling: Rechtsform und Produktionsverhältnisse. A. a. O., S. 13.) In dieser Perspektive droht die Konzeption von Bruch und Diskontinuität in der Einheit der ›langen Linie‹ der Geschichte unterzugehen.

67 Warum »bleibt die Klassenherrschaft nicht das, was sie ist, das heißt die faktische Unterwerfung eines Teiles der Bevölkerung unter die andere [sic!]? Warum nimmt sie die Form einer offiziellen staatlichen Herrschaft an, oder – was dasselbe ist – warum wird der Apparat des staatlichen Zwanges nicht als privater Apparat der herrschenden Klasse geschaffen, warum spaltet er sich von der letzteren ab und nimmt die Form eines unpersönlichen, von der Gesellschaft losgelösten Apparats der öffentlichen Macht an?« Paschukanis: Allgemeine Rechtslehre und Marxismus. A. a. O., S. 139.

68 Ebd., S. 149.

69 Ebd., S. 111.

70 Andreas Fisahn: Herrschaft im Wandel. Überlegungen zu einer kritischen Theorie des Staates. Köln 2008, S. 338. So argumentiert zum Beispiel auch Ulrike A.C. Müller: Recht als Graswurzelpraxis. Die Notwendigkeit von Praxisbeobachtung für Kritik und von Recht für emanzipatorische Gesellschaften. In: Kritische Justiz 4 (2016), S. 509–519. Auch Miéville setzt sich mit all denjenigen Autor*innen auseinander, die Paschukanis vorwerfen, keinen alternativen Konfliktlösungsmechanismus zu entwickeln (Miéville: Between Equal Rights. A. a. O., S. 99 ff.) Und auch Kistner verweist darauf, dass nur das ökonomische und damit für das Recht konstitutive Interesse gemeint sei und nicht jeder x-beliebige Wunsch (Kistner: Eugen Paschukanis. A. a. O., S. 130 f.). Das trifft zwar zu, lässt aber die Frage unbeantwortet, warum eine gegensätzliche Positionen vermittelnde Form nicht auch für die Lösung aller anderen individuellen Gegensätze tauglich sein soll. Die Existenz des Rechts aus Gründen des Ausgleichs der Interessen zu erklären legt nahe, es auch für postkapitalistische Verhältnisse und die dann noch existierenden Bedürfnisse und Wünsche zu fordern.

71 Vgl. Peitsch: Prämissen der Rechtstheorie. A. a. O. Hier habe ich die klassische Rechtstheorie als Problematik des Homo Juridicus ausgewiesen.

72 Auch Harms unternimmt den Versuch, neben dem Befund der Prägung von »Paschukanis' Hauptwerk [...] durch eine problematische [...] Marx-Rezeption« die »Studie als Fortschreibung Marxscher Theoriebildung« zu erfassen. In: Harms: Warenform und Rechtsform. A. a. O., S. 158.

73 Paschukanis: Allgemeine Rechtslehre und Marxismus. A. a. O., S. 72.

74 Ebd., S. 111.

75 Ebd., S. 42.

76 Ebd., S. 84.

77 Ebd., S. 117.

78 Kramer: Paschukanis und die Frage einer marxistischen Soziologie. A. a. O., S. 102.

79 Ebd., S. 102.

80 Ebd. 2017, S. 102.

81 Ebd., S. 103.

82 Louis Althusser: Ideologie und ideologische Staatsapparate. In: Ders.: Ideologie und ideologische Staatsapparate. 1. Halbband. Hamburg 2010, passim.

83 Kramer: Paschukanis und die Frage einer marxistischen Soziologie. A. a. O., S. 102.

84 Paschukanis: Allgemeine Rechtslehre und Marxismus. A. a. O., S. 138.

85 Elbe zeigt, wie sich Paschukanis sowohl von einer leninistischen wie auch von einer mehrheitssozialdemokratischen Staatskonzeption abgrenzt. Vgl. Ingo Elbe: Der Staat des Kapitals. Eine Argumentationsskizze im Anschluss an Paschukanis. In: In: AG Rechtskritik (Hg.): Rechts- und Staatskritik. A. a. O., S. 51–60.

86 Althusser, Louis: Über die materialistische Dialektik. In: Ders.: Für Marx. Frankfurt/Main 1968, S. 100–167, insb. S. 140.

87 So konstatiert auch Sven Ellmers, dass Allgemeine Rechtslehre und Marxismus als aussichtsreicher Versuch eine materialistischen Staatstheorie im Sinne der Althusser'schen Totalitätskonzeption anzusehen ist. Vgl. Sven Ellmers: Die formanalytische Klassentheorie von Karl Marx. Ein Beitrag zur ›neuen Marx-Lektüre‹. 2., durchgesehene Aufl. Duisburg 2009, S. 98 f.

88 Vgl. zu dieser Struktur des Widerspruchs bei Hegel: Louis Althusser: Widerspruch und Überdeterminierung. In: Ders.: Für Marx. A. a. O., S. 52–99, insb. S. 68 f.

89 Hierzu Althusser: Über die materialistische Dialektik. In: Ders.: Für Marx. A. a. O., S. 140 f.

90 Paschukanis: Allgemeine Rechtslehre und Marxismus. A. a. O., S. 36.

91 Ebd., S. 37.

92 Ebd., S. 52.

93 Ebd., S. 121.

94 Ebd., S. 137.

95 Vgl. hierzu auch: Matthias Peitsch: Weitere Elemente der Marx'schen Rechtskritik. Eine Replik auf Imke Rickert. In: Kritische Justiz 3 (2021), S. 361–365, insb. 364 f.

96 Marx: Das Kapital. A. a. O., S. 189.

97 Paschukanis: Allgemeine Rechtslehre und Marxismus. A. a. O., S. 151

98 »Löst man diese Bestimmungen von dem realen gesellschaftlichen Verhältnis los, das sie ausdrücken, und versucht sie als selbstständige Kategorien zu entwickeln [...], so erhält man als Ergebnis einen Wirrwarr von Widersprüchen und einander aufhebenden Sätzen. Aber im realen Tauschverhältnis vereinigen sich diese Widersprüche dialektisch zu einer Totalität.« Ebd., S. 151 f.

99 Ebd., S. 152.

100 Vgl. für eine an Althusser, Michel Foucault und Jean-Joseph Goux orientierte Antwort auf diese eigentliche Paschukanis-Frage: Peitsch: Prämissen der Rechtstheorie. A. a. O., passim.

Über die Autor*innen

Katja Diefenbach ist Professorin für Kulturphilosophie/Philosophie der Kulturen an der Europa-Universität Viadrina in Frankfurt (Oder). Zu ihren Forschungsschwerpunkten gehören französische Philosophie und Epistemologie, insbesondere hinsichtlich des Verhältnisses von Poststrukturalismus und Marxismus, das auch in dekolonialer Perspektive bearbeitet wird. Neben zahlreichen Artikeln zählt der Band *Spekulativer Materialismus. Spinoza in der postmarxistischen Philosophie* (Turia + Kant 2018) zu ihren jüngeren Publikationen. https://www.kuwi.europa-uni.de/de/lehrstuhl/vs/kulturphilosophie/index.html

André Kistner lebt und arbeitet freiberuflich in Berlin. Seine Forschungsschwerpunkte sind die Kritik der politischen Philosophie und die politische Ökonomie des Sozialismus. Er ist Mitbegründer der AG Rechtskritik. Zuletzt erschien von ihm in dem Sammelband *Herrschaft oder Organisation* der Aufsatz *Die enteignete Öffentlichkeit – ein Ideal der Politischen Philosophie.*

Ingo Kramer ist der Herausgeber von *Louis Althusser: Philosophie und Marxismus. Ein Gespräch mit Fernanda Navarro.* Wien 2019. Ebenfalls im Wiener Passagen Verlag erschien seine Monographie *Symptomale Lektüre. Louis Althussers Beitrag zu einer Theorie des Diskurses.* Wien 2014.

Anne-Kathrin Krug ist juristische wissenschaftliche Mitarbeiterin in der Berichterstattungsstelle Menschenhandel, die im Deutschen Institut für Menschenrechte (DIMR) eingerichtet ist. Von 2011 bis 2021 war sie Rechtsanwältin in Berlin und organisierte Lesekreise zu Karl Marx' *Das Kapital* Band 1-3, u.a. für die Rosa-Luxemburg-Stiftung. Sie ist Mitbegründerin der AG Rechtskritik.

Hanna Meißner ist Professorin für interdisziplinäre Frauen*- und Geschlechterforschung an der TU Berlin. In ihrer aktuellen Forschung befasst sie sich mit Perspektiven solidarischer Sozialität in gegenwärtigen Auseinandersetzungen um die Bedingungen gesellschaftlicher und individueller Reproduktion. Zuletzt veröffentlichte sie: *Governing the Common.* In: *Coils of the Serpent*, 10, 34-53. https://ul.qucosa.de/api/qucosa%3A79712/attachment/ATT-0/

Jens Christian Müller-Tuckfeld, Studium der Rechtswissenschaft und Soziologie, Wissenschaftlicher Mitarbeiter am Institut für Kriminalwissenschaften der Johann Wolfgang Goethe-Universität Frankfurt/M. (Professur für Rechtstheorie, Rechtssoziologie, Strafrecht und Strafprozessrecht), derzeit Fachanwalt für Arbeitsrecht in Wiesbaden. Verschiedene Veröffentlichungen zu rechtstheoretischen, rechtssoziologischen, strafrechtlichen, kriminologischen und politischen Themen.

Matthias Peitsch ist Jurist und forscht zu Fragen materialistischer Rechts- und Staatstheorie. Neben verschiedenen Aufsätzen veröffentlichte er zuletzt *Prämissen der Rechtstheorie. Der Homo Juridicus und seine Kritik im historischen Materialismus* (Turia + Kant 2020).

Christian Schmidt ist wissenschaftlicher Referent am Centre for Social Critique der Humboldt-Universität zu Berlin und Privatdozent am dortigen Institut für Philosophie. Zu seinen Arbeitsschwerpunkten gehören Sozial- und Rechtsphilosophie. Zuletzt veröffentlichte er unter anderem *Karl Marx zur Einführung* (Junius 2018) und gemeinsam mit Lutz Fiedler *Postsäkulare Politik? Emanzipation, jüdische Erfahrungen und religiöse Gemeinschaften heute* (Wallstein 2021).

Laurent de Sutter ist Professor of Legal Theory an der Vrije Universiteit Brussel und der Sciences-Po Paris. Er ist der Autor von mehr als 25 preisgekrönten Büchern, die in dreizehn Sprachen übersetzt wurden. Zudem gibt er die Reihen *Theory Redux* bei Polity Press und *Perspectives Critiques* bei Presses universitaires de France heraus. Auf Deutsch veröffentlichte er zuletzt *Metaphysik der Hure* (Merve 2018), *Was Ist Pop'Philosophie?* (Merve 2019) und *Nach dem Gesetz* (Matthes & Seitz 2020).

Frieder Otto Wolf lehrt immer noch Philosophie an der Freien Universität Berlin und arbeitet an einem radikal erneuerten Marxismus. Zugleich vertritt er einen praktischen Humanismus. www.friederottowolf.de